河北省社会科学基金项目

经济管理学术文库 • 管理类

农村财务治理中信息不对称问题研究

Research on the Problem of Information Asymmetry in Rural Financial Governance

齐金勃　李百超／著

图书在版编目（CIP）数据

农村财务治理中信息不对称问题研究/齐金勃，李百超著．—北京：经济管理出版社，2019.9

ISBN 978－7－5096－6846－7

Ⅰ.①农… Ⅱ.①齐… ②李… Ⅲ.①农村—财务管理—不对称信息—研究—中国 Ⅳ.①F322

中国版本图书馆 CIP 数据核字（2019）第 193914 号

组稿编辑：曹 靖
责任编辑：曹 靖 郭 飞
责任印制：黄章平
责任校对：王淑卿

出版发行：经济管理出版社
（北京市海淀区北蜂窝 8 号中雅大厦 A 座 11 层 100038）
网 址：www. E－mp. com. cn
电 话：（010）51915602
印 刷：北京晨旭印刷厂
经 销：新华书店
开 本：720mm×1000mm/16
印 张：16.5
字 数：277 千字
版 次：2019 年 9 月第 1 版 2019 年 9 月第 1 次印刷
书 号：ISBN 978－7－5096－6846－7
定 价：68.00 元

前言

农村财务治理对于我国农村经济发展和社会稳定具有重要意义。现阶段，许多农村社会矛盾、农村经济发展障碍最终都会归结到农村财务治理不完善上来。农村财务治理深刻影响着农村社会治理的公平与效率，客观上已经成为现阶段影响农村经济社会治理大局的一项基础性、重要性内容，而解决农村财务治理问题的关键环节是解决农村财务治理中信息不对称问题。

本书的主要研究内容和结果如下：

（1）对相关文献进行了系统梳理和综述，将研究问题确定为农村财务治理中信息不对称问题。

（2）提出了农村财务治理中信息不对称问题的多学科理论基础，包括信息不对称理论、委托代理理论以及产权理论、财权理论、利益相关者理论、博弈理论、社会资本理论等。进一步界定了农村财务治理和农村财务信息等概念，提出了农村财务治理中信息不对称问题的新概念。

（3）分析了农村财务治理中的委托代理关系。运用委托代理理论和博弈理论对农村财务治理中委托人（村民）与代理人（村干部）的目标和行为进行了对比分析。提出由于村民和村干部信息不对称且双方的目标和行为选择存在差异，使得村干部有机会利用信息优势追求自己的最大利益，从而导致农村财务治理中的委托代理关系出现问题。而农村财务治理机制的不完善，又会进一步加剧农村财务治理中的信息不对称，形成恶性循环。

（4）深入分析了农村财务治理中信息不对称问题引致的后果、问题产生的根源及具体影响因素。农村财务治理中信息不对称问题会导致委托人缺位、治理低效、加剧农村集体经济运营风险、滋生村干部腐败、影响农村社会稳定等一系列问题。提出农村集体产权不清晰、农村集体资本结构不合理、农村财务法律制度不完善是产生农村财务治理中信息不对称问题的根源。提出农村财务治理机制中的农村集体财权配置、农村财务监督制度、农村财务激励制度、农村财务信息公开制度以及农村社会资本等对农村财务治理中信息不对称问题具有重要影响。

（5）基于信息不对称、委托代理等相关理论和对农村财务治理中信息不对称问题具体影响因素的分析，构建出解决农村财务治理中信息不对称问题的措施体系，包括合理配置农村集体财权、健全农村财务监督制度、完善农村财务激励制度、提升农村财务信息公开质量以及全面规范农村社会资本等，为解决农村财务治理中信息不对称问题提供了参考依据。

本书的主要特色如下：

（1）研究视角及方法创新。本书首次综合运用经济学、管理学、法学、社会学等多学科视角和方法对农村财务治理中信息不对称问题进行了研究。

以往的农村财务和信息不对称研究多采用单一经济学视角及单一学科方法。本书认为，农村财务治理中信息不对称问题成因复杂，单一学科视角及方法研究难以全面系统地揭示其本质特征。鉴于此，本书在以经济学为主要研究视角，运用委托代理、信息不对称等理论和方法进行研究的基础上，首次综合运用农村经济学、财务管理学、法学、社会学等多学科理论和方法，从多个视角对农村财务治理中信息不对称问题的后果、影响因素进行了深入的研究，并构建出解决农村财务治理中信息不对称问题的措施体系。

（2）首次将财权概念引入农村财务治理当中，提出农村集体财权的概念。揭示出合理配置农村集体财权是解决农村财务治理中信息不对称问题的关键因素和农村财务治理的基础。进而提出合理配置农村集体财权必须改革现有农村集体产权制度，首次构建出以村民为中心具有分权制衡作用的新型农村集体组织结构，提出以村民为中心合理配置农村集体财权的原则和内容。

（3）针对农村普遍存在家族、宗族等关系网并对农村财务治理有重大影响的现状，首次将社会学的社会资本概念引入农村财务治理研究当中，提出解决农村财务治理中信息不对称问题，必须要规范治理农村社会资本，以减少其消极作用并发挥其积极作用。

（4）在全面分析农村财务治理中信息不对称问题具体影响因素的基础上，构建出解决农村财务治理中信息不对称问题的措施体系，其中包括合理配置农村集体财权、健全农村财务监督制度、完善农村财务激励制度、提升农村财务信息公开质量以及全面规范农村社会资本等。

目　录

第1章　引言

1.1　研究背景、问题提出与研究意义

1.1.1　研究背景

伴随着我国经济加速转型发展，社会处于向现代化社会大转型、大变革时期，传统治理理念、治理方式失效，治理能力已与现代化的发展形势不相适应。在我国农村地区，农村财务治理历来是广大农民群众普遍关心的热点问题，也是乡村治理的重点与难点问题之一。现阶段，我国农村财务治理在促进农村稳定、农业发展方面发挥了重要的推动作用，但也存在许多问题，例如：农村财务治理的目标不符合农村集体组织性质的要求，没有充分做到民主化、公平化，没有充分维护村民利益；农村财务治理的内容方面，专项资金管理不规范，集体资产安全性及利用效率较低，村干部违纪违法行为突出（见表1－1），农村集体经济组织债务沉重且呈现增长趋势（见表1－2），民主监督和农村财务信息公开不到位等现象突出。

农村财务治理存在的以上问题，造成农村集体经济利益、村民自治权利和财产权益、农村社会秩序稳定等方面受到严重影响。如果任由其继续存在甚至发展，就会影响到农村社会的改革、发展和稳定。

表 1－1　2017 年我国农村集体经济审计情况

被审计村数（万个）	违纪违法金额（亿元）	违纪违法村比重（%）	审计查出贪污案件（件）	受处分人数（人）	受刑事追究人数（人）
39.1	6.4	1.6	268	3579	151

资料来源：中国农村经营管理统计年报［M］．北京：中国农业出版社，2018.

表 1－2　2015～2017 年我国农村集体经济组织负债情况

年份	负债总额（万亿元）	当年新增负债额（万元）	村均负债额（万元）
2015	1.13	1100	187.1
2016	1.26	1300	224.4
2017	1.38	1200	245.8

资料来源：中国农村经营管理统计年报［M］．北京：中国农业出版社，2018.

党中央、国务院多次提出顺应农村经济社会结构、城乡利益格局以及农民思想观念方面发生的重大变革，重视农村基层党建工作，进一步推进农村基层民主政治建设，使农村社会管理科学化水平得以提升，建立健全符合国情、规范有序、充满活力的乡村治理机制。特别是对农村财务治理提出明确要求，以清产核资、资产量化、股权管理为主要内容，加强农村集体“三资”（资金、资产、资源）管理，进一步做到制度化、规范化与信息化，使农村集体财务预决算、收入管理、开支审批、资产台账和资源登记等制度得以完善，农村集体资产承包、租赁、处置和资源开发利用的民主程序得以规范，并重视农村集体“三资”信息化监管平台建设。党的十九大报告提出实施乡村振兴战略，以产业兴旺、生态宜居、乡风文明、治理有效、生活富裕为总要求，推进农业农村现代化，提出强化农村基层基础工作，健全自治、法治、德治相结合的乡村治理体系。2016 年 12 月，中共中央、国务院印发《关于稳步推进农村集体产权制度改革的意见》，提出构建归属清晰、权能完整、流转顺畅、保护严格的中国特色社会主义农村集体产权制度，保护和发展农民作为农村集体经济组织成员的合法权益；科学确认农村集体经济组织成员身份，明晰集体所有产权关系，发展新型集体经济；管好用好集体资产，建立符合市场经济要求的集体经济运行新机制，促进集体资产保值增值；落实农民的土地承包权、宅基地使用权、集体收益分配权和对集体经济活动的民主管理权利，形成有效维护农村集体经济组织成员权利的治理体系。2019

年6月，中共中央办公厅、国务院办公厅印发《关于加强和改进乡村治理的指导意见》，提出按照实施乡村振兴战略的总体要求，坚持和加强党对乡村治理的集中统一领导，坚持把夯实基层基础作为固本之策，坚持把治理体系和治理能力建设作为主攻方向，坚持把保障和改善农村民生、促进农村和谐稳定作为根本目的，建立健全党委领导、政府负责、社会协同、公众参与、法治保障、科技支撑的现代乡村社会治理体制。以上内容为新时代农村财务治理理论研究的进一步创新明确了方向。

1.1.2 问题提出

当前学术界对我国农村财务治理已经有了初步的研究和分析。虽然不同研究领域的学者从不同的研究角度，对农村财务治理改革路径和方向提出许多建议，但是学者们对农村财务治理的内涵、目标、主体以及机制等方面的认识仍有分歧，很多问题仍无定论。目前并不丰富的研究文献，主要集中于对村民民主理财等具体问题的研究，缺乏对农村财务治理问题的深层次理论研究，更是缺乏对农村财务治理中信息不对称问题的专门理论研究。

中国农村集体资产存在着所有权和经营管理权的分离，于是在农村集体资产上存在委托人（村民）与代理人（村干部）之间的委托代理关系。根据委托代理理论，信息不对称是产生代理问题的重要原因。村民与村干部之间存在委托代理关系，因信息不对称而产生代理问题，农村财务治理成为必要。而在农村财务治理过程中，农村财务治理机制的不完善等因素进一步加剧了村民与村干部之间的信息不对称，即出现了农村财务治理中信息不对称问题（不是指存在信息不对称的现象，而是指信息不对称被加剧的问题），该问题导致农村财务治理出现许多问题，并使代理问题更为严重。这决定了可以从村民与村干部之间的委托代理关系视角，运用委托代理理论来研究农村财务治理中信息不对称问题。因此，本书所研究的问题就是农村财务治理中信息不对称问题。

本书立足农村财务治理的现实情况，运用信息不对称理论、委托代理理论及其他相关理论对农村财务治理中信息不对称问题进行分析和研究，结合调查和有关案例，剖析农村财务治理中信息不对称问题的后果、根源及其具体影响因素，提出政策建议。期望能够为解决农村财务治理中信息不对称问题提供一定的理论支撑和参考。

1.1.3 研究意义

1.1.3.1 理论意义

（1）促进农村财务治理理论研究进一步发展。

研究农村财务治理中信息不对称问题，涉及经济学、管理学、法学、社会学等学科。本书与以往单一的研究方法不同，采取多学科并用的综合研究方法，运用信息不对称理论、委托代理理论等理论和方法，分析我国农村财务治理中信息不对称问题的影响因素，构建解决农村财务治理中信息不对称问题的措施体系，以研究内容的深入和研究方法的创新促进我国农村财务治理研究理论的发展。

（2）推动“三农”问题理论研究进一步深入。

“三农”问题包括农村、农业、农民三大问题，涉及农村地区发展种植业以及养殖业等，改善身份为农民的人员的生存状态，促进农村产业发展以及社会进步等问题。其中的农村问题包括农村土地问题、基层政权问题等，农业问题包括粮食安全问题、农业政策问题等，农民问题包括农民素质问题、农民增收问题等。研究农村财务治理中信息不对称问题，涉及“三农”问题中的诸多方面，例如村民自治、村民委员会法律地位等。对农村财务信息治理中不对称问题及其解决措施开展深入研究，可以在一定程度上推动新时代“三农”问题理论研究的深入发展。

1.1.3.2 实践意义

（1）促进农村财务治理过程规范化、制度化。

本书分析农村财务治理中信息不对称问题的具体影响因素，并有针对性地提出解决农村财务治理中信息不对称问题的措施，有助于全面维护农村集体与村民的权益。此外，研究农村财务治理中信息不对称问题，涉及国家有关农村财务治理的法律法规、财务制度等方面存在的问题，对这些问题进行分析并提出相应的完善对策，有助于促进农村财务治理的规范化、制度化。

（2）促进乡村治理机制的建立。

中央文件提出建立健全符合国情、规范有序、充满活力的乡村治理机制的目标。农村财务治理是建立我国乡村治理机制的重要环节，而研究农村财务治理中

信息不对称问题，涉及村民自治、农村法律制度、农村社会资本等问题，而这些问题也是建立乡村治理机制不可避免的问题。因此，研究农村财务治理中信息不对称问题，对于促进乡村治理机制的建立具有重要意义。

（3）促进农村经济社会全面健康发展。

通过分析农村财务治理中信息不对称问题并提出解决措施，可以促进农村集体组织依法规范运行，完善对村干部经济行为的监督制约机制，能够从源头上预防违纪违法案件的发生，有效遏制各种腐败现象，有利于农村集体组织廉政建设，促进农村经济社会健康全面发展而进一步实现乡村振兴。

1.2 研究现状综述

1.2.1 文献收集与整理

2018年4月10日，笔者在中国知网数据库输入检索条件：（文献 = Y）并且（（题名 = 农村或者题名 = 村级）并且（题名 = 财务））进行检索，检索结果是，期刊论文有5708篇，硕士论文有111篇，博士论文有2篇。自2003年农业部、民政部、财政部、审计署四部门联合发布《关于推动农村集体财务管理和监督经常化规范化制度化的意见》以来，我国学者关于农村财务的研究始终持续不断，且发表论文数量总体呈上升趋势。论文发表年度趋势见图1－1。

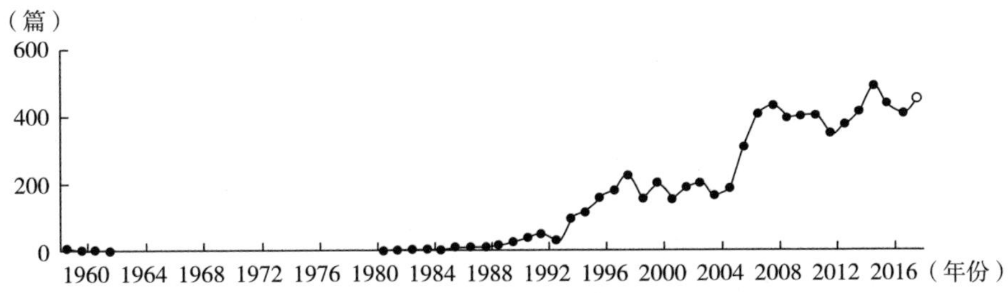

图1－1 农村财务文献发表年度趋势

资料来源：根据中国知网数据库检索数据结果（2018年4月10日）绘制而得。

然而，上述文献主要集中在农业经济、会计、审计等学科，缺乏综合运用法学、经济学、财务管理学、社会学、政治学等多学科研究农村财务的文献。上述文献关键词排名前十位的依次是：财务管理、农村、对策、农村财务管理、村级财务管理、农村财务、村级财务、管理、农村经济、建议，说明现有文献的研究多集中在农村财务管理的具体问题上，而有关农村财务治理基本理论的研究文献不多，研究农村财务治理目标、治理主体等基本理论的文献更为罕见，仅有的文献也只涉及农村财务治理的某个侧面，如农村财务治理机制变迁、乡村典章与农村财务治理机制等，缺乏专门研究农村财务治理中信息不对称问题的文献。

1.2.2 研究现状及评述

农村财务治理的结果直接表现为农村财务管理的质量，因此本书首先总结农村财务管理的相关研究，以此为基础，再总结分析农村财务治理的相关研究。

1.2.2.1 农村财务管理理论研究现状及评述

（1）农村财务管理存在的问题研究现状及评述。

叶光山（2016）认为，农村财务管理工作基础薄弱，存在财务白条抵库以及坐收坐支现象；扶贫资金运行中存在问题；村级资金缺乏，财政增收困难；村级财务从业者的职责界定不明确，财务人员的业务水平偏低。李涛（2016）认为监督职能弱化且存在财务信息失真现象，村财务的监督职责没有充分发挥，村两委内部监督不到位，村民理财小组监督缺失，缺少专业审计人员。谭静（2016）认为问题村级财务人员更换频繁，财务人员随着村干部的更换而变动，甚至一任村干部频繁地更换财务人员，有些村虽然具备独立设置财务机构的条件，但不按规定设置，有一些村虽设置了财务机构，但在财务人员的选派以及任免等方面不够规范。邱汀林（2017）的观点是财务制度执行不到位，财务收入、财务支出不规范，集体资产与现金管理不规范等。李超（2017）认为，财务决策权错层，村级组织成为政府利益在基层的代言人，与宪法规定的村民自治原则不适配等。陈小伟（2017）将问题总结为制度落实不到位，财务管理中存在财务审批制度落后、执行不严的现象，财务开支制度执行不力等。

分析上述学者的观点，可将农村财务管理存在的问题总结为：农村财务制度建设方面，制度不健全，例如缺乏预算管理制度；农村财务制度执行方面，制度落实不到位；农村财务人员管理方面，农村财务人员整体素质不高，业务水平低；农村财务监督方面，农村财务监督不到位，农村财务信息公开程度低或流于形式；财务责任追究方面，缺乏有效管理，责任追究难以落实。

（2）农村财务管理存在问题的原因研究现状及评述。

马建军（2017）总结为村级财务制度不够完善，缺乏管财和理财等方面的基本制度，即使有涉及内容也非常概括，没有明确的可操作意见，在实际的运行过程中无参考依据；财务专业人才培养缺乏长效机制，财务工作无法得到可持续的发展等。袁春燕（2017）总结为农村财务管理监督渠道不完善且无完善的惩罚措施，司法纪检监督渠道不完善，群众民主监督方式不完善等。张慧军（2018）总结为农村会计制度改革滞后；相关经济法律没有对村集体经济组织属性进行明确规定，导致村级财务工作的法律依据不清晰等。李为毅（2018）将农村财务存在问题的原因总结为基层干部认识不到位、农村基层民主法治观念淡薄，村干部缺乏现代的服务观念等。蔺雪娜（2018）总结为农村财务制度不够完善，对于债权债务的管理等具体的操作细则和监管机制还需进一步地完善和健全；财务缺乏有效监督机制等。陈小伟（2017）总结为财务机构设置不合理、村级会计从业人员紧缺、集体资产管理效益不高、村干部不懂经营业务等。

根据以上学者分析，农村财务管理存在问题的原因可以归纳为以下几个方面：法律方面的原因，现行法律对于农村集体经济的属性、产权性质未进行明确界定，农村基层民主法治观念淡薄；制度层面的原因，农村会计制度改革滞后，财务制度不完善；管理体制方面的原因，乡镇政府监管不到位；监督机制方面的原因，缺乏有效的监督机制，民主理财形式化，村监会成员不能发挥应有的监督作用；思想认识方面的原因，村干部对财务管理工作不够重视，对财务管理工作的认识不到位；专业人才机制方面的原因，财务人才培养缺乏长效机制，村干部及财务管理人员素质不高，缺少理财意识。

（3）对策建议研究现状及评述。

黄丽玲（2016）提出完善村账代理制度体系建设、建立健全财务人才培养长效机制、建立多重监督、健全追责机制等。杨凌云（2017）提出合理机构设置、完善落实监督管理制度、完善农村财务信息公开制度等。李益求（2017）提出加快农村财务管理信息化建设，通过联网便于上级部门动态掌握农村基层的财务信息，这样上级部门可以更准确有效地发现问题，并有利于问题得到及时解决，畅通监督审计渠道，更好地保障农村财务活动科学、准确，并符合时效性的要求，推进农村财务管理手段的现代化、信息化、科学化。董丽（2017）提出完善财务监督体系、建立专门的村级财务监督队伍等。夏文杰（2017）提出完善村级财务管理制度、完善村级财务监督体系、加强村级资产管理等。吴梅（2017）提出加强日常审计、接受社会监督等。

根据以上学者分析，对农村财务管理完善提出的建议可以归纳为以下几个方面：法律方面的措施，完善农村财务管理方面的法律法规，通过立法明确界定农村集体经济的属性、产权性质，加强法治宣传，提高村干部和村民的民主法治观念；制度层面的措施，改革农村会计制度，完善财务制度，完善村级财务管理内部控制制度、财务审批制度、预算支出制度等；管理体制方面的措施，理顺农村财务管理机制，规范乡镇政府与农村的关系，强化乡镇政府监管职能，协调财政部门与农业经管的关系，做到各负其责；监督机制方面的措施，坚持民主理财原则，财务管理贯彻阳光、透明的要求，农村财务信息充分公开，加强对农村财务的民主监督；思想认识方面的措施，加强村级领导班子的培训，使其转变思想观念，增强其理财意识，促使村干部重视财务管理工作，鼓励村民积极参与农村财务管理；专业人才机制方面的措施，推行公开选聘，建立定期考核制度，稳定农村财务人员队伍，为农村财务人员培训和继续教育提供充足的经费保障，同时为了确保培训质量，还应不断增强对师资的培训力度。

1.2.2.2 农村财务治理理论研究现状及评述

（1）财务治理理论研究现状及评述。

第一，国外财务治理理论研究现状及述评。

国外学者对财务治理的研究通常与企业理论及资本结构理论有关，而没有独立的财务治理理论体系，现就其与财务治理相关的公司治理理论及资本结构理论进行分析与评述。

利益相关者治理模式。布莱尔（1995）的主要观点是，一个有效的公司治理结构应像对待主要所有者那样，给予利益相关者合适的激励、权利和责任。这是由于企业除主要股东以外的包括中小股东等利益相关者都拥有自身权益并承担企业风险，均与企业有着密切利害关系。而科克伦、沃特克在其 1988 年发表的《公司治理文献回顾》一文中，认为公司治理涉及的主要问题是公司的出资人、管理人与其他利益相关各方相互之间财产利益如何分配及权利义务责任如何划分等问题。世界经合组织《亚洲公司治理白皮书》的立场是，公司各个参与者的责任和权利应当得到明确，并且应详细规定内部机构决策的规则和程序。以上学者和机构在阐释公司治理概念及内涵时，认为利益相关各方与股东同等重要，都可以引入利益相关者治理模式当中，其主要理念是企业利益相关各方通过缔结诸多合同而建立联系，在确保相关各方共同利益条件下追求企业价值最大化。

股东中心治理模式。按照詹森和麦克林（1976）两位学者发表的《企业理论：经理行为与所有权结构》一文中的观点，出资者与管理者之间的委托代理关系是公司治理应侧重解决的问题，而保证出资者与管理者的利益一致是公司治理的重中之重，两者利益是否平衡决定了公司治理是否成功及高效。而法玛和詹森（1983）两位学者特别强调，代理成本如何在所有权与经营权分离背景下得到降低，应当作为公司治理研究的重要研究范围。施莱佛和维什尼（1997）两位学者一致的观点是，保障公司出资者得到相应的回报是公司治理的首要任务，公司治理应保证全体出资者的财富得以增值。虽然以上各学者的看法不完全一致，但是大同小异，只是关于公司治理理论侧重点有些许差别，在整体上归入“股东中心治理模式”是没有问题的。以上学者一致认可的理念就是，在企业出资人与管理者存在利益冲突的情况下，怎样保证出资人利益的最大化。

资本结构的激励理论。该理论认为代理成本之所以产生，原因是管理者不是企业出资者或完全出资者，也就是存在外部股权。在该情形中，即使管理者的努力程度再高，公司的发展业绩再好，然而，由于全部成本由管理者承担，而其仅取得部分收益，所以，对管理者本人来讲，这是自身不经济。而当管理者在职消费时，他得到了全部好处，却只承担部分成本，对管理者本人来讲，这就是自身经济。根据以上分析，管理者的工作积极性必然不高，甚至热衷于在职消费成为其追求。假设管理者是企业完全出资者，以上问题虽然有可能解决，可是在实践中却难以实现。因此，在存在外部股权的情况下，企业市场价值与管理者是完全出资者时的情况下是不一样的。这两者之间的差额就是外部股权的代理成本。

资本结构的控制权理论。资本结构一方面影响收益分配，另一方面影响企业的控制权归属，所以说它在企业中非常重要。假设企业通过股权方式融资，则投资者就是企业的股东，掌握着企业的剩余控制权。假设企业采用无投票权的优先股方式进行融资，那么经营者拥有剩余控制权。假设企业通过发行债券的方式进行融资，那么在及时偿付债券本息的前提下，经营者掌握控制权。从这个意义上说，分配企业剩余控制权就是很关键的问题。谁掌握了剩余控制权，谁就能够对企业财权配置产生重大的影响。资本结构控制权理论中有一个重要的结论，即现实中的融资契约是不完全的，不能涵盖未来可能出现的各种情形，于是有关控制权安排的内容成为融资合同不可缺少的部分，能够影响合同各方的未来行为。这其中的启示是：在设计融资合同时应充分考虑一个再谈判机制的建立问题以规范未来行为，即对控制权进行事前安排，使受损失的一方可以获得控制权，充分保护投资者的利益。

资本结构的信号模型理论。与其他利益相关者不同，经营者能够拥有更多可供投资和经营决策参考的有关信息，而此类信息在传递到市场的过程中是完整、及时、有效的，市场方面才能对企业价值的大小做出合理的分析。在非对称信息条件的情形中，资本结构不同，其传递给企业价值的信号也不同，最终使各种市场参与者对企业价值的判断分析也不同。

随着当代各种经济理论的发展，西方学者关于公司财务理论的研究成果较为丰富，有关公司治理理论也逐步形成系统。从总体上分析，西方学者常常将公司财务和公司治理结合在一起进行研究，而且其重要研究基础是资本结构。但是，由于西方发达国家的许多企业在治理模式、治理机制、治理效率等方面已经比较成熟，而且较为完善。西方学者清楚公司财务与公司治理之间的关联性和互动性较强。即使他们认为在公司治理领域财务方面存在问题，但这些问题对于他们来说既不突出，也不是很重要，所以缺乏在财务领域独立开展深入而系统研究的必要性，没有单独发展出财务治理的概念，更不要说建立独立完整的财务治理理论体系了。分析这里面的影响因素，这与西方学者往往重视实证方法，而不重视规范分析和系统理论研究方法，存在着重要的关系。

第二，国内财务治理理论研究现状及述评。

财权及财权配置研究。财权概念是财务治理理论的关键。法人财产权和企业所有权存在着差异，从而导致财权产生，这也是其学者们争论的重点。财权应当归谁支配，是财权配置需要解决的问题。作为财务治理理论的基础，关于财权及财权配置的各种不同观点，导致了对财务治理进一步研究的差异。

伍中信（1998）提出了财权流理论。根据他的观点，财权流理论是对本金理论的进一步研究，是财务本质、财务理论在现代企业制度背景下的新体现。

而根据张兆国、黄永波（2004）两位学者的观点，企业所有权的核心内容是企业财权，健全现代企业法人治理结构第一位应解决的问题，就是财权的合理配置。要对企业各利益相关者各自的财务决策权、财务执行权、财务监督权以及收益分配权进行清晰界定，现代企业财务治理机制需要利益相关者的共同参与。

根据白华、余国杰（2004）两位学者的观点，财权属于财务控制权，在企业控制权当中处于主导地位。随着企业的经营权与所有权发生分离，所有者和经营者都成为财务控制权的主体，财务控制权的主要内容包括重大财务执行、一般财务事项决策以及对财务人员的监督等方面的权利。

黄灿（2007）认为，财权配置是财务治理结构的核心，其理论基础源于企业产权理论、企业契约理论、公司治理理论。

王健（2013）认为，财权配置是企业财务契约和财务治理的中心，为了实现利益相关者各方的权益，需协调各方的利益关系，这就要求企业的财权配置结构是明确的，而这也正是各种利益冲突的焦点问题。

关于财权及其配置的研究角度，不论从出资者、所有者角度出发，还是从不同利益相关者角度出发，其核心理念都是研究企业财权在出资者与经营者两者之间如何进行有效的划分。

在国内，目前理论界对于财务治理概念的研究可以说是百花齐放、百家争鸣，可是在许多方面观点很不统一。但是，在财务治理是公司治理的重要组成部分，财权配置是财务治理核心等方面，学者们的观点是基本一致的，本书选取其中主要的代表性观点阐述如下：

根据张敦力（2002）提出的财务治理核心论，财务治理由委托代理治理、资本结构治理、股东治理、经营者治理四部分有机结合组成，在整个公司治理结构框架体系中，财务治理是最重要的子系统。

根据杨淑娥（2002）的观点，财务治理是通过在不同利益相关者之间动态地分配企业财权，调整利益相关者在企业财务方面的关系，从而影响到利益相关者的财务利益。根据杨淑娥的分析，财务治理的类型有两种，第一种类型是内部财务治理，第二种类型则是外部财务治理。她更进一步提出了一个观点，就是在静态方面，财务治理可以体现为财权配置的结构以及具体权利的分配；而在动态方面，财务治理则表现为，随着资本结构及契约关系的不断变化，财权的配置与制衡和激励与约束机制也相应地发生变化，从而最终导致财务治理结构也发生变化。所以，财务治理与契约关系即冲突又协调，处于一个不断修改、不断结合的过程之中。她还认为，财务治理是由治理的主体、治理的客体等部分有机地组成的。其研究成果为持续研究财务治理结构及体系打下了基础。

李心合（2003）以利益相关者理论为基础，认为维护中小股东、企业债权人等相对弱势利益相关者的利益具有重要意义。他还发展了财务控制权相机配置机制的观点，并在较深的层次上细化了对财权配置的研究。

根据龙衣新（2005）提出的财权配置一般框架，财务治理体系由治理结构、治理机制和治理行为规范三个方面构成。他强调，财务治理是公司治理和公司财务的交叉范围，财务治理理论具有重要的研究价值，一方面加强了公司治理的应用性，另一方面有助于公司财务理论体系的构建。

谢立本（2015）将财务治理理解为公司财务协同治理，即各利益相关者共同参与对公司财务的治理，用以协调公司各利益相关者之间的各种关系、制度设计和对财权的安排，公司决策机构、执行机构等机构和按责任进行配置的系列制度设计及安排是其核心。

学者们按照财务治理一般理论，对财务治理问题进行了深入的研究，提出了很多建设性的意见，许多研究成果具有较高的理论水平和较强的实践意义。学者们充分吸收了现代企业理论、公司治理理论和财务管理理论的研究成果，较早提出了“财权”一词，并从不同角度深入地分析了财权的内涵和外延，在财务治理机制、财务治理结构、财务治理行为等方面形成了许多研究成果，财务治理理论体系框架得以初步建立。然而，由于受西方公司治理理论模式的影响，我国许多学者对于财务治理的研究，往往局限在以财权配置为核心、以财务治理结构为主线、以财务治理效率为目的的研究层面上，对财务治理基础理论缺乏深入分析，对财务治理核心理论体系进行的综合研究也不够系统和全面，缺乏对财务治理与财务管理、财务内控及公司治理之间关系的深入剖析。

（2）农村财务治理理论研究现状及评述。

第一，农村财务治理的概念和框架研究现状及评述。

刘知林（2008a）认为，农村财务治理是指农村集体经济组织主要依靠组织内部对财务活动进行自主治理的过程。

潘自强（2009）在分析治理概念和本质特征的基础上，总结了农村财务治理的概念，认为农村财务治理是由一组规范农村各相关利益主体的正式和非正式关

系的制度安排构成的体系。他进一步指出，农村财务治理是村级财务治理中各组成要素之间相互作用的过程。

根据杜飞燕（2018）的分析，农村财务治理包含治理结构、治理制度、治理行为等各个方面，主要是研究农村财务各利益相关者，即村民代表会议、村民委员会、村党支部、村务监督委员会等在权责利方面的相互联系，完善农村财务制度及运行机制，满足农村财务治理利益相关者的需求，实现农村民主管理，服务乡村治理。

上述三个概念侧重点不同。刘知林提出的概念强调农村财务的自主治理，意在表明农村财务治理与农村财务管理存在明显不同。潘自强提出的概念强调农村财务治理的制度体系，包括各利益主体之间正式与非正式关系的制度。而杜飞燕认为农村财务治理由财务治理结构、财务治理制度、财务治理行为等构成。

第二，农村财务治理变迁研究现状及评述。

根据刘知林（2008a）的观点，农村财务治理在我国农村经济与社会治理中，是一项具有政治、经济与社会等方面价值的全局性、基础性的内容，他较为全面地分析了自 1949 年到 1978 年我国农村财务治理的发展与变化，最后总结出一个一般性的结论，就是农村财务治理的变迁动力是计划经济发展的内在需要，政府在机制变迁中始终居主导地位。刘知林（2008b）还认为，影响农村财务治理机制的主要因素有国家政策导向、行政管理部门理念、公平效率原则以及农村集体组织产权制度等。农村财务治理机制的传承和变迁需求与行政部门行为之间有高度协同的关系。农村财务治理机制的发展有着明显的路径依赖，并受到计划、财政、资源集聚等方面因素的重要影响。刘知林还分析了我国改革开放初至 20 世纪 90 年代初农村财务治理变迁和 20 世纪 90 年代中后期至 90 年代末的农村会计核算机制变迁，分别阐述了联村会计集中办公制、村级会计委派制、村级会计乡镇代理制的含义及变迁机理。

刘知林以财务学、历史学、制度经济学与制度变迁理论为考察视角，阐释了 1949 ~ 1978 年我国农村财务治理机制的阶段性变迁，提出要把握好政府的“介入度”与变迁方式，克服机制变迁中的“政府偏好”与“决策者判断”，对于目前完善农村财务治理具有重要参考价值。

第三，农村财务治理的现状及完善对策研究现状及评述。

潘自强（2010）分析了乡村典章制度产生的时代背景，并认为乡村典章制度是新时期农村治理，特别是农村财务治理的制度创新。他进一步阐述了浙江省新昌县乡村典章出台的意义，分析了乡村典章在农村财务治理中制度创新的基本内容、运行实践和取得的绩效，并总结了以下几点结论：农村建设和农村社会的治理，一方面要注重发挥村庄精英即农村能人的积极作用，另一方面应重视农村有关制度的建设与创新。

闻新国（2011）指出，农村财务治理的实践虽然取得了一定成效，可是农村财务治理模式在许多方面有缺陷，有效的治理机制到目前为止仍没有建立起来，并存在以下问题：行政监督与主体监督不协调、实践探索与自治方向不协调、技术措施与制度措施不协调等。农村财务治理进展没有取得实质性的突破，从深层次方面进行分析，是因为存在两个方面的障碍：一个障碍是农村产权方面的因素，另一个障碍是农村组织方面的因素。上述两大障碍在市场化转型的过程中表现得十分明显。根据我国目前农村集体组织的基本特点，及农村集体组织的过去、现实和未来承载的责任变迁，农村财务治理要想实现重大突破，应当在提高增量和改进存量两个方面同步开展，不仅能较好地解决当前问题，还能逐步化解深层次存在的种种问题。

杨春娟（2012）以村级治理为研究领域，在河北省范围内选取较有代表性的若干村庄，调查农村集体的财务收支状况，针对现阶段乡村治理下的农村财务困境，提出解决农村财务问题的建议是：加大对村级的国家财政投入来反哺农村；盘活农村集体资产，充分发挥农村本地资源优势，增强农村集体组织的经济实力。建立健全农村财务信息披露制度，加强农村财务的民主管理，加大对农村财务的监管力度。加强对财务人员的财务知识的教育培训，增强村干部的财经法律意识和廉政意识，确保规范和资金使用有序。

王海燕（2012）指出，随着我国经济的健康快速发展以及信息技术的创新，在农村财务治理过程中积极发展会计电算化技术，对于提高农村财务治理水平方面具有重要意义。

杜飞燕（2018）将农村财务治理中存在的主要问题归结为，部分村干部对农村财务治理目标不明确；村级组织参与财务治理方式与程序不具体；农村财务治理制度不完善；农村财务运行机制不健全。针对以上问题，提出构建完整的农村财务治理的框架体系，包括农村财务治理的目标、原则、内容、运行机制等。其中，农村财务治理的目标应是服务村级治理，正确处理权、责、利关系，实现民主管理；治理的原则是分类管理原则、重要性原则、党政分工不分家原则、组织协同原则、民主管理原则和因村制宜原则；治理的核心内容是农村集体的资金、资产和资源。

根据上述学者的分析，我国农村财务治理存在的问题有农村财务治理目标不明确、村级组织参与方式和程序不具体、农村财务治理制度不完善、农村财务运行机制不健全、自主理财与财务监督不到位、相关技术措施与制度措施不协调等。存在问题的原因有农村集体产权不清晰、农村集体组织法律地位不明确等。提出的完善建议有明确农村财务治理的目标、构建完整的农村财务治理框架体系等。

第四，农村财务治理机制研究现状。

根据刘知林（2008a）的观点，农村财务治理机制是指农村集体经济组织进行财务治理的方式方法、机构设计、制度安排、内部运行与人员配置等。

根据潘自强（2009）的观点，农村财务治理机制是农村财务治理过程中各组成要素之间相互作用的过程，主要包括：农村财务治理活动中的各个主体要素：村民大会、村民代表大会、村民委员会、村民理财小组等；农村财务各个主体要素在权力、责任、利益方面的相互联系、相互作用的关系；农村财务治理目标，即财务治理的各个主体通过对客体有意识的作用所要达到的目的等。从农村财务治理机制的构成来看，决策机制、信息披露机制、激励约束机制和监督机制构成了农村财务治理机制的基本内容。

杜飞燕（2018）认为，农村财务治理机制主要包括农村财务决策机制、农村财务信息披露机制、农村财务激励约束机制和农村财务监督机制。农村财务决策机制是农村财务工作的起点，是指为解决农村财务问题而做出的决策过程和程序，不同性质的农村财务事项应由农村基层不同的组织进行决策。农村财务信息披露机制是指及时、全面地公开农村财务信息，让广大村民了解掌握，并接受广大村民的询问和质疑。农村财务激励约束机制主要是激励和约束村干部和村财务人员，使其积极开展工作，以主人翁的意识对农村财务尽心负责，并积极为农村财务治理出谋划策。农村财务监督机制是指通过多种监督方式，以确保实现农村财务目标，维护广大村民的利益，促使农村财务健康运行，权、责、利三者之间的关系得以制衡。各机制之间相互联系、相互作用，构成了农村财务治理运行机制的有机整体。

上述学者分析了农村财务治理机制的构成，并强调农村财务治理机制是一个经济范畴的治理机制，与农村生产经营方式存在密切的联系，农村治理机制应当适应生产方式的需要，财务决策、财务监督等是其功能的主要方面。然而，改革开放四十多年来，农村财务治理中的政府意志被过于重视，农村财务治理机制的本来功能背离了村情民意。农村财务治理机制缺乏规范制约，功能发生虚化与弱化，治理绩效不高。基于以上情况，结合新农村建设新目标以及农村在转型期的特征，农村财务治理机制的变革方向是实现治理机制原本的经济功能。

1.2.3 现有研究的不足

学术界对农村财务管理及企业财务治理研究较多，而对农村财务治理研究较少，更缺乏对农村财务治理中信息不对称问题的专门研究。现有文献虽然从不同的角度对农村财务治理进行了一定研究，取得了一定研究成果，但也存在许多不足。关于农村财务治理的研究内容、研究方法和研究视角等方面，都有待于进一步地深化研究。

（1）研究内容方面的不足。农村财务治理的许多基本理论尚待进一步探索。例如，对农村财务治理、农村集体财权等概念缺乏准确而明晰的界定。概念界定是农村财务治理研究的核心与基础，后续研究的内容、视角、方法、理论基础等依赖于概念的清晰界定。要进一步拓展农村财务治理的研究范围，目前缺少运用信息不对称理论、委托代理理论研究农村财务治理中信息不对称问题的研究。这些问题需要深入的探索，这些问题的解决也关系到我国乡村振兴战略的实施和乡村治理机制的建立。

（2）研究视角与研究方法方面的不足。农村财务治理中信息不对称问题涉及财务治理、村民自治、农村法律制度、农村社会资本等多方面的问题。现有研究成果对于农村财务治理的研究大多集中于农村财务管理中的具体问题，且大部分仅从农业经济管理、会计学等单学科角度进行研究，而多学科相结合的研究文献却较为罕见，缺乏系统性研究成果特别是多学科视角进行研究的成果。需要不断拓展新的研究视角，积极探索新的研究方法，综合运用经济学、管理学、法学、社会学等学科，使用不同的理论和方法来分析此问题。

1.3 研究思路与技术路线

本书的研究思路如下：首先，通过文献查阅和实地调研，确定研究的问题为农村财务治理中信息不对称问题；其次，对农村财务治理中的相关概念进行界定，明确其内涵；再次，在论证农村财务治理中的委托代理关系的基础上，运用信息不对称理论、委托代理理论、博弈论和调研典型实例对农村财务治理中的委托人和代理人的目标和行为进行分析，论证改进农村财务治理的关键是解决农村财务治理中信息不对称问题；又次，深入剖析农村财务治理中信息不对称问题的后果和具体影响因素；最后，在分析农村财务治理中信息不对称问题和农村财务治理机制、农村社会资本相互影响的基础上，针对农村财务治理中信息不对称问题的具体影响因素，构建解决农村财务治理中信息不对称问题的措施体系。技术路线见图1-2。

1.4 研究内容与方法

1.4.1 研究内容

本书的研究内容主要包括：

（1）农村财务治理的文献梳理和总结。

通过对我国农村财务治理的文献整理，明确所研究的问题及其背景和意义，确定研究思路、研究方法和研究内容。

（2）相关理论基础和概念的界定。

分析信息不对称理论、委托代理理论及其他相关理论，进行相关概念的界定，为下一步研究奠定理论基础。

（3）农村财务治理中的委托代理关系的分析。

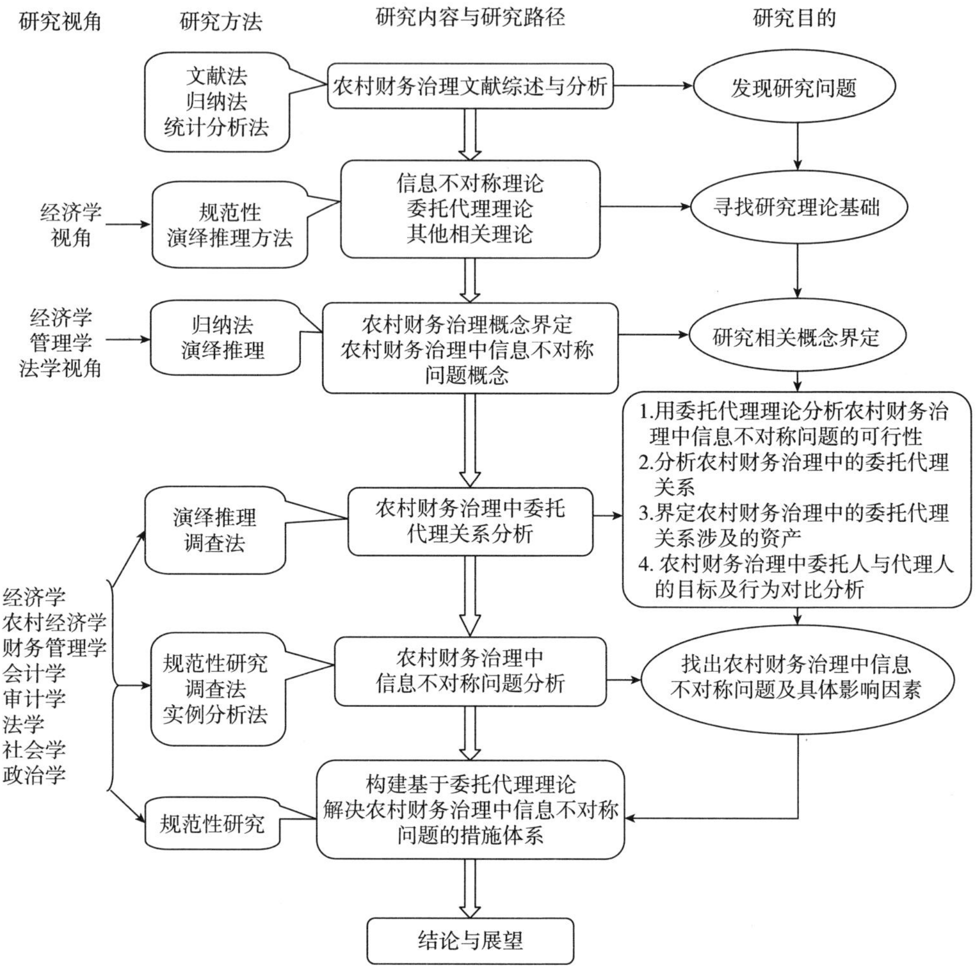

研究视角　研究方法　研究内容与研究路径　研究目的

文献法
归纳法
统计分析法
农村财务治理文献综述与分析
发现研究问题

经济学视角
规范性
演绎推理方法
信息不对称理论
委托代理理论
其他相关理论
寻找研究理论基础

经济学
管理学
法学视角
归纳法
演绎推理
农村财务治理概念界定
农村财务治理中信息不对称问题概念
研究相关概念界定

1.用委托代理理论分析农村财务治理中信息不对称问题的可行性
2.分析农村财务治理中的委托代理关系
3.界定农村财务治理中的委托代理关系涉及的资产
4. 农村财务治理中委托人与代理人的目标及行为对比分析

经济学
农村经济学
财务管理学
会计学
审计学
法学
社会学
政治学

演绎推理
调查法
农村财务治理中委托代理关系分析

规范性研究
调查法
实例分析法
农村财务治理中信息不对称问题分析
找出农村财务治理中信息不对称问题及具体影响因素

规范性研究
构建基于委托代理理论解决农村财务治理中信息不对称问题的措施体系

结论与展望

图1－2　技术路线

资料来源：笔者绘制。

分析农村财务治理外部环境的变化和农村各主体的角色转换，从客观条件和内在条件论证运用委托代理理论分析农村财务治理中信息不对称问题的可行性。在界定农村财务治理中委托代理关系及涉及的资产的基础上，运用委托代理理论、调查和案例对委托人（村民）和代理人（村干部）的目标和行为进行分析，论证了为实现农村财务治理目标，必须改进农村财务治理机制。而其中的关键是解决农村财务治理中信息不对称问题。

（4）农村财务治理中信息不对称问题的分析。

根据河北省的农村财务信息公开情况调研和相关资料，研究农村财务治理中信息不对称问题及其后果。分析农村财务治理机制中的农村集体财权配置、农村财务信息公开制度、农村财务激励制度、农村财务信息公开制度，以及农村社会资本等具体因素如何影响农村财务治理中信息不对称问题。

（5）解决农村财务治理信息不对称问题的措施体系的构建。

基于信息不对称、委托代理及其他相关理论和农村财务治理中信息不对称问题具体影响因素的分析，构建解决农村财务治理中信息不对称问题的措施体系，包括合理配置农村集体财权、健全农村财务监督制度、完善农村财务激励制度、提升农村财务信息公开质量以及全面规范农村社会资本。

1.4.2 研究方法

本书采用多学科的系统性研究，综合运用经济学、管理学、法学、社会学等多个学科方法进行系统研究，重点采用以下研究方法：

（1）多视角研究。

与以往采用单一的农业经济管理、农村财务或农村会计等单一视角进行研究的常规方法不同，本书从经济学、管理学、法学、社会学等多视角对农村财务治理中信息不对称问题在理论及实践方面进行了较为全面的研究。

（2）定性分析与定量分析相结合。

通过定性分析判断农村财务治理中委托代理关系，并结合定量分析，针对农村财务治理中代理问题及信息不对称问题的现状，通过对收集的数据等资料进行统计整理、分析并做出评价，研究农村集体组织各种内外因素对当前农村财务治理中信息不对称问题的影响。

（3）理论研究与实例分析相结合。

本书运用信息不对称理论、委托代理理论以及其他相关理论对农村财务治理中信息不对称问题进行研究，分析农村财务治理中信息不对称问题的具体影响因素，构建出解决农村财务治理中信息不对称问题的措施体系。注重实例分析，选取典型地区收集有关数据和信息，重点在河北省等地区的农村进行实地调查和深度访谈，并选择调查区域内农村财务治理中信息不对称问题的典型实例进行剖析。

1.5 主要创新点

本书的主要创新点包括如下内容：

第一，研究视角及方法创新。本书首次综合运用经济学、管理学、法学、社会学等多学科视角和方法对农村财务治理中信息不对称问题进行了研究。

以往的农村财务和信息不对称研究多采用单一经济学视角及单一学科方法。本书认为，农村财务治理中信息不对称问题成因复杂，单一学科视角及方法研究难以全面系统地揭示其本性特征。鉴于此，本书在以经济学为主要研究视角，运用委托代理、信息不对称等理论和方法进行研究的基础上，首次综合运用农村经济学、财务管理学、法学、社会学等多学科理论和方法，多视角对农村财务治理中信息不对称问题的后果、具体影响因素进行了深入研究，并构建出解决农村财务治理中信息不对称问题的措施体系。

第二，首次将财权概念引入农村财务治理，提出农村集体财权的概念。揭示出合理配置农村集体财权是农村财务治理中信息不对称问题的关键因素和农村财务治理的基础。进而提出合理配置农村集体财权必须改革现有农村集体产权制度，首次构建出以村民为中心具有分权制衡作用的新型农村集体组织结构，提出以村民为中心合理配置农村集体财权的原则和内容。

第三，针对农村普遍存在家族宗族等关系网络并对农村财务治理有重大影响的现状，首次将社会学的社会资本概念引入农村财务治理，提出解决农村财务治理中信息不对称问题，完善农村财务治理，必须要规范治理农村社会资本，以减少其消极作用并发挥其积极作用。

第四，在全面分析农村财务治理中信息不对称问题的具体影响因素的基础上，构建出解决农村财务治理中信息不对称问题的措施体系，包括合理配置农村集体财权、健全农村财务监督制度、完善农村财务激励制度、提升农村财务信息公开质量以及全面规范农村社会资本。

本章小结

本章在对相关文献进行梳理和综述的基础上，明确了所研究的问题为农村财务治理中信息不对称问题，并且分析了研究的背景和意义。根据所研究的问题，确定了研究的思路与技术路线、主要研究内容与研究方法。

第 2 章　理论基础和概念界定

农村财务治理中存在信息不对称问题和诸多代理关系，建立农村财务治理机制、实现农村财务治理的目标必须解决农村财务治理中信息不对称问题。然而当前，学术界对企业财务治理研究较多，而对农村财务治理研究较少，更是缺乏对农村财务治理中信息不对称问题的专门研究。农村财务治理的许多基本理论尚待进一步研究，相关概念需要界定。

笔者认为，寻找研究农村财务治理中信息不对称问题的理论基础是本书的逻辑起点。本章对信息不对称理论、委托代理理论等其他相关理论及其在本书中的运用进行了分析研究。指出信息不对称理论和委托代理理论是本书的主要理论基础，产权理论、财权理论、利益相关理论、博弈理论等也是本书理论基础的组成部分。

概念界定是农村财务治理研究的核心与基础，后续研究的内容、视角、方法、理论创新等依赖于概念的清晰界定。针对当前农村财务治理、农村集体财权等概念缺乏准确而明晰的界定。本章对财务、治理与财务治理，农村、农村财务与农村财务治理，信息、财务信息、农村财务信息以及农村财务治理中信息不对称问题等重要概念及概念群进行了界定，旨在为下一步的研究奠定基础。

2.1　理论基础

2.1.1　信息不对称理论

2.1.1.1　信息不对称理论的提出与发展

信息不对称理论出现于 20 世纪 70 年代。1970 年，在哈佛大学的《经济学（季刊)》中，乔治·阿克尔洛夫发表著名论文《次品市场：质量、不确定性和市场机制》。该论文成为一个重要标志，在商品市场领域中信息不对称的应用从此时开始，逆向选择理论也从此出现。在这篇堪称信息经济学的经典之作里，他从分析二手车市场入手，揭开了逆向选择发生的真相。在二手车市场上，卖方对于二手车的真正质量状况是了解的，而买方难以了解，他只知道二手车在市场上的平均质量状况，所以他只愿意根据平均质量状况，支付购买二手车的车款。如此一来，如果二手车的实际质量状况高于平均水平，这样的卖方就会选择退出交易，进入市场准则只有二手车质量低的卖方。出现的结果是，市场上出售的二手车质量不断下降，而买方愿意支付的价款金额就会越来越少，更多质量状况较高的二手车退出市场。

乔治·施蒂格勒认为，为了使传统的市场理论与一般均衡理论能够得到修正，有完全信息的假设应当替换为不完全信息的假设。

肯尼思·阿罗深入研究了非对称信息与市场失灵、不完全信息条件下风险转移等信息不对称问题。在微观信息经济学方面，他的研究成果非常受到学者们的重视。

迈克尔·斯彭斯在哈佛大学攻读博士学位期间，他于 1972 年完成题目为《劳动市场的信号》的博士论文，该论文研究了人才市场问题，分析了用人单位与应聘者之间信息不对称，深入剖析了信息不对称产生的根源。1973 年，迈克尔·斯彭斯富有创造性地提出信号传递理论。根据他的观点，在某些商品的交易过程中，交易的双方都可以依托市场发出信号，以传递产品质量的信息。

威廉·维克里研究了拍卖制度的有关问题。他的研究结果是，与其他拍卖制度不同，第二拍卖价格制度以及英式拍卖制度优点突出，而且更能激励拥有私人信息的一方对外公开信息，从而更有利于实现拍卖行为的效率。在信息不对称理论方面，詹姆斯·莫里斯做出了开创性的贡献。在隐藏行动理论方面，目前流行的委托代理的模型化方法，就由莫里斯最先创建。他于1974年、1975年、1976年连续发表的三篇论文，构建出委托代理的基本模型框架。

在信息不对称市场理论研究方面，约瑟夫·斯蒂格利茨做出了不少贡献，他发表了许多经典学术论文，深入研究了保险市场、金融市场、信贷市场、非自愿失业与发展经济学等方面的问题。约瑟夫·斯蒂格利茨研究的许多内容，都涉及信息不对称的市场交易。威廉·维克里、詹姆斯·莫里斯获得年度诺贝尔经济学奖，就是由于他们在不对称信息条件下激励理论方面所做出了开创性贡献。乔治·阿克尔洛夫、迈克尔·斯彭斯、约瑟夫·斯蒂格利茨在20世纪70年代对信息不对称的市场进行了研究，奠定了理论基础，研究成果突出，因而也获得了年度诺贝尔经济学奖。在这以后，信息不对称理论为经济理论的研究带来了一场突破，该突破在一定意义上是具有革命性的。

我国许多学者在信息不对称的理论及应用方面也开展了积极的研究。许志忠（1997）研究了信息不对称理论的基本内容，并论证了信息不对称理论所具有的经济学价值。曾国安（1999）对信息不对称理论进行了深入分析，重点研究了信息不对称产生的原因与经济后果等。辛琳（2001）分析了劳动力市场，通过构建模型的方法，研究了信息不对称理论与逆向选择、如何规避道德风险等。袁红（1998）运用信息不对称理论，对保险市场有关问题进行了研究，分析了存在于保险市场上的逆向选择和败德行为，总结出其危害后果，并针对解决逆向选择和败德行为，提出有关对策建议。路小红（2000）在分析信息不对称理论含义、历史发展及其基本内容的基础上，以保险市场为例进行了分析，并提出了解决信息不对称的对策。盛芳（2003）运用信息不对称理论，研究了信用经济的有关问题，并深入分析了信息不对称与信用危机两者之间的关系。胡豹（2003）等运用信息不对称理论的理论框架，对银企信用关系进行了研究，剖析了目前该关系发生扭曲的实际情况，为解决当前银企债务风险，提出的主要建议包括制度创新、改善微观经济运行环境、加强银企信用的培育。杨峰（2001）运用信息不对称理论研究了金融风险问题，分析了金融风险的现状及成因，提出了解决金融风险的若干对策。赵晓菊（1999）运用信息不对称理论基本原理，研究了银行经营所面临的金融风险，分析了其现状，并对金融风险的控制与管理提出对策。燕惠兰（2003）运用信息不对称理论，分析了信息不对称对证券市场的影响，认为信息处理能力决定证券市场的效率，针对证券市场的监管问题，提出了强制性信息披露的建议。李华（2003）运用信息不对称理论，分析了审计过程中市场主体之间的信息不对称问题，并提出了解决该问题的建议。程李梅（2003）在阐述信息不对称理论的基础上，研究了审计风险问题，总结出审计信息不对称的形式，分析了审计风险产生的根源，并提出了防范信息不对称下审计风险的建议。

近年来，信息不对称理论应用范围不断扩大，被广泛应用于治理、金融、保险、证券、财务等领域。在财务领域，段立明（2004）和孟庆南（2013）运用信息不对称理论研究了母公司对子公司财务控制，王茂超（2005）则研究了信息不对称的企业集团财务控制系统研究问题。在治理领域，赵雪悦（2017）以信息不对称理论为理论基础，并运用理论和实证相结合的研究方法，分析了我国上市公司治理中的信息不对称问题，探讨了股票价格行为所受到的影响，李美（2016）基于信息不对称的视角研究了公司治理缺陷与独立董事尽职问题，庞海英（2014）分析了公司治理与金融市场微观结构理论的基本内容，研究了信息不对称的度量问题，探讨了公司股权、治理结构与信息不对称的内在联系等。

2.1.1.2 信息不对称理论的基本原理

（1）不完全信息与不对称信息。

传统经济学认为，每个参与市场的人都拥有关于市场的全部信息。例如，消费者对于商品的成分、质量、用途等情况完全了解，也了解全部相关商品的市场价格，而商家则完全掌握市场状况、消费者的偏好与信誉程度等信息。在这种情形下，条件都完全确定，全部决策都是最优的，决策失误、投资风险等问题也不会出现。然而，以上情况只是一种理想的假定情形。在现实中，人们是难以完全了解经济信息的，甚至某些市场参与者故意掩盖真实信息。因此，在现实经济生活中，也不存在完全信息的市场。

不完全信息的形式有多种，不对称信息作为其典型表现形式，是指信息在非对称结构方面的不完全。所谓不对称信息，就是指部分参与者拥有的信息，而该信息另一部分参与者是不拥有的。需要注意的是，信息不对称不仅是指由于一个人的认识能力不足，导致他不可能知道在某时、某地发生的或将要发生的某种情况，而且更为重要的是这样一种情况，即一个人可以充分获得信息，但是，由于所花费的成本实在太大，所以不允许他去获得完全的信息。

（2）信息不对称的表现形式及特点。

第一，信息源占有不对称。在当今社会，信息的重要性日益明显，甚至比能源、材料更重要，而且信息还具有可以共享的特点。随着科学技术的进步，大量先进的通信设施设备广泛运用，大量的精确数据能够及时被收集，并可以作为行为决策的依据。通过采用先进的技术，及时收集大量的信息并进行加工。但是，在现实中，信息的分布极不均衡，不同的主体所获得信息的数量差异很大。因此，信息在分布方面体现出不均匀性，这就是信息的不对称。由于信息不对称的客观存在，造成了不同参与者获得的利益极不均衡的结果。在交易市场当中，如果某一方占有更多的信息源，那么信息不对称将变得更大。而如果发生极端情况，所有信息由一方掌握，而另一方却不掌握任何信息，那么信息不对称度是1。而如果各方掌握的信息完全相同，那么信息不对称度是0。

第二，信息的时间不对称。在商品交易过程中，市场参与者在接收商品信息时间方面存在明显的差异，有的市场参与者了解信息较早，而有的市场参与者了解信息较晚。交易者掌握信息越早，地位就越主动，也能够较早地准确选择交易决策，从而在交易中获取优势。而如果交易者掌握信息越晚，那么地位就越被动，在交易中就处于劣势。因此，在时间维度，信息不对称是一个动态的过程。此外，随着时间的推移，在交易过程中，双方之间不对称的信息虽然会发生变化，不对称也会逐渐缩小。然而，出于自身利益最大化的追求，交易参与者为了谋取私利，新的不对称信息会重新出现。可以这样说，在市场交易中，在市场参与者之间，信息的分布是一个动态的过程，即从“不对称”到“对称”再到“不对称”。在这个过程中，人们也总是在不断地努力，试图想出各种各样的解决信息不对称的办法。

第三，信息的不确定性。在当今社会，鉴于信息的重要性越来越明显，参与社会活动以及市场交易的人会尽可能多地收集信息，并进行合理的整理、提取、加工并利用，在这个过程中存在很多不确定的因素，导致信息存在着不确定性。第一个因素是庞大的信息数量，第二个因素是信息收集在时间、空间、方式等方面有很大不同，导致在数量、质量等方面信息呈现出不对称的特点。即使在同一交易市场上，由于参与者掌握商品信息的数量、质量的差异，势必导致参与交易的双方交易位势出现差异，也会导致交易成本、收益存在着不同。正是由于信息的不确定性是一种客观事实，大千世界故而是变幻莫测的。在市场交易过程中，信息的不确定性越大，则参与交易者的信息不对称也将越大。

第四，处理信息能力的不对称。具有竞争关系的人收集、分析、加工处理和应用信息，最终形成决策，在整个过程中，不同的人所体现的能力存在明显差异。即使是对同一种信息进行收集、整理、加工，由于参与处理信息的人的技术不同，而且决策者综合素质不同，导致最后的结论不完全一致甚至完全不同，所做出的判断和决策是相异或相反的。

第五，成本代价的不对称。由于当今社会的信息纷繁复杂，又由于信息的传递在时间和空间方面的不同，支付成本在收集有用的信息或优先获取信息过程中是非常必要的，所以，信息成本支付实力的不同会影响到获取信息多少及优劣。

（3）信息不对称产生的原因分析。

不对称信息的原因可以在社会劳动分工和专业化中找到答案。事实上，随着社会劳动分工的发展，专业化程度越来越高，不对称信息由此出现。一方面，随着社会劳动分工不断发展，劳动者所处行业不同，其掌握的行业信息方面也有很大不同；另一方面，随着专业化程度的不断提高，不同的专业信息也严重影响到信息的不对称分布。

在客观方面，经济活动管理存在信息不对称，是专业化为其提供了条件。由于经济活动具有高度的复杂性，专业化程度非常高，在参与市场交易时，一个人的专业水准即使再高，他也难以获得交易的完全信息。这种信息不对称现象，并不是市场参与者主观上主动所为，而是因为经济活动本身具有的高度不确定性。

在主观方面，由于社会分工的存在和不断发展，参与市场交易的主体获取信息的能力有很大差异，呈现不均匀分布状态，为信息在经济活动过程中出现不对称提供了条件。如在缔结合同前，由于交易一方利用自身优势拥有信息，而另一方不完全了解信息，那么就可能会做出错误的决策。

只有交易实际成立，参与交易者各自的效用函数才能得到满足。以上情况表明，不仅信息的不对称是一种客观存在的问题，而且市场参与者不能忽视该问题，除非市场失灵出现。这是因为，虽然参与交易双方掌握的信息存在很大不同，但是它们之间具有很强的互补性，做到彼此相互结合，才能实现满足交易双方各自效用函数的最大化。但是，在市场出现失灵的情况下，交易行为就不会出现。如此一来，交易双方的有效资源会出现浪费，潜在的损失还有可能发生。

（4）研究信息不对称的相关模型。

在现实经济生活中，处处都存在信息不对称现象。研究信息不对称性的相关模型主要从不对称信息发生的时间和不对称信息的内容两个角度进行。从不同的时间角度来看，信息不对称既可能发生在双方签订合同之前，也可能发生在双方签订合同之后，即事前不对称和事后不对称。于是相应的研究事前不对称信息的决策模型有逆向选择模型、信号传递模型、信息甄别模型，而研究事后不对称信息的决策模型被称为道德风险模型。从不同的内容角度来看，不对称信息既可以是某些主体实施的行为，也可以是某些主体拥有的知识。于是相应的研究不可观测行动的模型，被称为隐藏行动模型，而研究不可观测知识的模型，被称为隐藏知识模型或隐藏信息模型。

2.1.2 委托代理理论

2.1.2.1 委托代理理论概述

委托代理理论（Principal - agent Theory）涉及两个主体，分别是委托人（Principal）和代理人（Agent）。在不同的层面上，这两个主体的含义是不完全一样的。在信息经济学层面上，代理人是指拥有私人信息的参与人，委托人是指不拥有私人信息的参与人。信息经济学对委托人和代理人的内涵进行了拓展，委托代理模型的适用范围进一步得到扩大。

委托人与代理人的目标函数是不一致的，该问题是委托代理理论研究的核心，而该问题是由于信息不对称而产生的。一般来说，委托代理理论通常存在三个基本假设。第一个假设是代理人拥有信息，委托人不易直接观察代理人的行为。第二个假设是委托人与代理人之间信息不对称。第三个假设是代理人是理性经济人，追求自身效用最大化。

由于代理人的目标函数与委托人的目标函数不一致，在委托人处于信息劣势，不能对代理人进行完全监督的情况下，代理人有动机为了自身利益而有可能偏离委托人目标函数，委托人难以观察和监督，从而出现代理人损害委托人利益的问题即代理问题，又称为委托代理问题。

2.1.2.2 委托代理理论的产生与发展

关于委托代理理论的产生与发展，通常可以划分为以下三个阶段：

第一阶段，20世纪70年代之前的委托代理理论的萌芽期。亚当·斯密作为经济学开山之祖。1776年，他出版了经典著作《国富论》。亚当·斯密在该著作中的有关论述，涉及资本所有者与经营者的关系，成为代理理论的思想源头。亚当·斯密在该著作中提到，由于公司的管理者管理的资产不是自己的，而是他人的，所以公司管理者不能如同私人合伙制中合伙人一样管理企业。就像一个富人家的管家，他经常关心一些琐碎之事，而且会做一些事情，这些不利于忠诚于他的主人，甚至侵占主人的财产。

美国著名经济学家凡勃伦是制度经济学的鼻祖。1904年，他发表《企业论》一文。在该论文中，他研究了所有权与控制权二者分离的问题。他认为，企业产业设备等资产的所有者与经营者，都有自己各自追求的利益，而且具有重大差异，指出甚至一开始，经营者的利益就与他所在企业的长远利益存在冲突。凡勃伦第一次明确指出，代理问题产生的原因在于所有权与经营权的分离。

1932年，伯利和米恩斯收集了美国200家非金融公司的有关数据，并对数据进行了深入分析。两位学者的研究结果显示，由大股东拥有并控制的公司比例不到5%，受少数股东和管理者控制的公司占44%，而多达58%的公司财富由管理者掌握。两位学者根据分析，进一步得出结论：现代公司领域已经出现了所有权与控制权相分离的现象，公司在实际上已由控制者集团控制，该集团由职业经理人组成。当一个企业的所有权与控制权发生分离的时候，就产生了一个最直接的问题，即在没有控制权的情况下，对于拥有控制权的经营者，所有者如何进行有效的监督与制约，促使其在进行经营决策的时候，以实现所有者利益最大化为目标，防止其滥用经营决策权谋取私利。此后，在现代公司中如何有效地监督经理人的行为绩效表现，成为经济学界开始关注的问题。斯蒂格勒和弗里兰德对上述问题进行了总结，概括为所有权的分散以及所有权和控制权的分离，并称之为“两权分离”。同时，为这个问题起了一个名字，即“伯利—米恩斯命题”。但是，在该阶段学者们还仅局限于对“两权分离”问题的探讨，还没有形成真正意义上的委托代理理论框架。

第二阶段，20 世纪七八十年代的委托代理理论的成型期。存在于公司治理领域的“两权分离”问题，是委托代理理论的思想起源。然而，在此后的发展方面，委托代理理论却依赖于乔治·阿克尔洛夫、迈克尔·斯宾塞及约瑟夫·斯蒂格利茨三位美国经济学家。他们于 20 世纪 70 年代不仅重视信息不对称问题，而且进行了深入分析。1970 年，乔治·阿克尔洛夫提出了逆向选择理论。

迈克尔·斯宾塞是信号理论的开创者。1973 年，他发表了《劳动力市场中的信号问题》一文。该论文首次提出了信号在市场中的作用。他认为，找到某种信号，是解决劳动力市场的逆向选择问题的关键。而利用这个信号，雇主可以提高自己分辨雇工的能力。在阿克洛夫与斯宾塞的研究基础上，斯蒂格利茨在 1976 年进行了进一步研究，提出了信息甄别理论。该理论认为，通过一定契约安排，不拥有信息的一方通过一定的方式，可以对另一方的信息进行识别。其基本原理是，委托人提供两种契约供代理人自由选择。代理人选择契约一，委托人即可判定其属于类型一；代理人选择契约二，委托人即可判定其属于类型二。通过代理人的主动选择，委托人可以获得关于其类型的私有信息，从而有效防止或减少逆向选择风险。

在上述情形中，有效率的市场均衡就可以得以实现。然而，在实际上，信号传递与信息甄别只是作为逆向选择的特例而存在，也可以说，这是两种不同的解决逆向选择的方法。

此后，在模型化方法方面的发展与完善，是委托代理理论逐步走向成熟的重要标志。Wilson、Spence 和 Zeckhauser 与 Ross 第一次使用了状态空间模型化方法。Mirrlees 则第一次使用了分布函数的参数化方法。而在此后，Holmsrom 进一步完善了该方法，该方法已经成为标准化方法。此外，还有一种模型化方法是一般化分布方法。与其他方法相比，该方法是最抽象的。该方法虽然不能从经济学方面解释其中的行动和成本，但是非常简练。经过四十余年的发展历程之后，在传统的双边委托代理理论基础上，委托代理理论发展出许多新理论，例如多代理人理论、共同代理理论与多任务代理理论等。

第三阶段，20 世纪 90 年代以来的委托代理理论的推广应用期。随着委托代理理论进一步的发展和完善，对其在实践领域的应用越来越广泛。Jensen 认为，委托代理理论可以导致组织学科出现革命性的进步。而 Ross 认为，委托代理理论能够成为研究管理行为理论的核心与工具。实际上，委托代理理论的应用范围非常广泛。在委托代理理论的框架下，所有信息不对称问题都可以得到解释与分析。Jensena 和 Meckling 采用委托代理模型方法，对组织中利益相关者利益冲突现象进行了深入分析，并提出相应的处理机制。两位学者的研究成果起到了重要的示范效应，促进了委托代理理论在其他学科领域的推广应用。此后，在会计学、市场营销学、金融学、组织行为学、政治学、社会学等诸多不同的学科，委托代理理论都受到越来越多的学者的高度重视和密切关注。

2.1.2.3 国内关注与应用

通过检索及分析国内三大中文数字资源库的相关论著，可以发现一个现象。那就是，在 1996 年之前，国内学者对委托代理理论的关注度非常低。南开大学经济学教授范秀成翻译了美国著名经济学家阿罗的论文《代理经济学》，并发表在《管理世界》杂志 1988 年第 5 期上，这是目前为止国内所能查到的最早的相关文献。上述论文主要研究的问题，涉及委托人与代理人的许多问题，包括他们之间的利益分配问题、风险配置问题以及促使代理人勤勉忠诚的问题。此外，张维迎在 1994 年第一次较为全面地对国外委托代理理论的发展情况进行概括性介绍。1996 年之后，国内有关委托代理理论的文献数量呈现出爆炸式增长的趋势。

我国学者早期运用委托代理理论研究的主要领域，是国有经济与国有企业改革问题。1995 年 6 月 17 日，《经济研究》杂志编辑部专门组织召开了一场学术座谈会。该座谈会的主题是国有企业改革中的委托代理关系问题。此后，委托代理理论被广大国内学者应用到不同的领域，逐步扩大到公司治理、供应链管理、医疗保险、行政监管等诸多方面的问题。

公司治理方面。针对目前我国上市公司股权结构相对集中或高度集中的现状，冯根福（2004）在单委托代理理论的基础上，构建出一种新的上市公司治理问题分析框架，即双重委托代理理论。贾伟强等（2005）运用委托代理理论，研究了“公司 + 农户”经营模式，深入分析了该模式存在的双重道德风险问题，并探讨了风险防范建议。战勇等（2007）深入探讨了多重委托代理在机制设计方面具有的悖论性，并从制度层面克服了内控机制自身存在的局限性，针对完善我国上市公司治理，认为应当出台一系列措施，例如建立政府代理声誉、政府执法声誉与企业信息公开声誉等机制，以及在中小股东与大股东之间，构建信息良性传递机制。颜淑姬（2015）在代理理论框架下，研究了家族上市公司规避税收的问题，其结论是，在两权分离度与避税程度两者之间存在正相关的关系，而且该关系较为显著。而两职合一与避税程度是正相关的关系，但并不显著。至于公司股权分散、设立独立董事以及董事会的规模等，都与避税程度存在正相关的关系。朱光宇（2017）分析了委托代理理论在公司治理研究领域的应用与扩展问题。朱洪春等（2017）运用委托代理理论分析了 CFO 背景特征与公司绩效。夏晗（2018）研究了终极控制权、委托代理对公司绩效的影响。梁华杰（2018）分析了上市公司委托代理问题，并提出了解决问题的对策。

供应链管理方面。许淑君等（2000）运用委托代理理论，分析了存在于我国供应链企业之间合作过程中的问题，剖析了产生问题的根源，针对提高企业间合作关系水平，提出了具体的思路和措施。在考察制造商和供应商的基础上，杨治宇等（2001）研究了供应链企业中的委托代理问题，分析出该问题的表现，探讨了供应链企业存在的道德风险以及有害选择等问题。杨小力等（2006）对供应链管理与企业内部管理进行了比较研究，总结出两者所存在的重大区别，分析了加强供应链管理的重要性，并基于委托代理理论，对构建供应链管理激励机制的可行性问题进行了深入的分析。道日娜（2011）运用双重委托代理模型研究了牛奶站的合作问题，其研究结论是，牛奶站的合作性努力程度，与制造乳品的企业收取奶农的租金、牛奶站成本系数以及牛奶站自私性努力的收益之间，存在负相关关系；而牛奶站的合作性努力水平与制造乳品的企业激励强度、综合监控强度之间，存在正相关关系。周业付（2015）运用委托代理理论，分析了以核心企业以及上游农产品供应商共同组成的二级供应链问题，通过研究构建出一个最优化的模型，同时该模型引入了风险分担度的概念。

医疗保险方面。蒋天文等（2002）以多人合作博弈联盟理论与委托代理理论为理论基础，分析了我国医疗系统存在的行为扭曲现象，并研究了产生该现象的机理以及过程。曹晓琳等（2003）运用委托代理理论框架下，分析了如何对寿险个人代理人进行激励的问题，提出了最优激励合约的建议。李勇杰（2009）运用委托代理理论，研究了目前社会医疗保险中的道德风险问题，分析了社会医疗保险中道德风险的成因，并有针对性地提出了一系列防范措施。马本江等（2012）运用委托代理理论，研究了产品责任保险契约问题，并针对消费者道德风险存在与否这两种情形，构建出两个产品责任保险契约模型。熊季霞等（2016）运用委托代理理论，对公立医院法人治理结构问题进行了分析，阐述了公立医院综合绩效所受法人治理结构带来的影响，针对完善公立医院法人治理，提出了富有针对性的完善建议。

政府监管方面。周景泰（2003）运用博弈理论和委托代理理论，研究了政府在资源分配和使用中存在的博弈关系，探讨了政府资源管理的策略，论述了建立约束委托人机制、完善激励代理人机制和加强质量评价机制等具体对策。董恩刚（2006）运用委托代理理论的视角，深入分析了我国国有资产监管目前存在的问题，建议为了提高国有资产监管效率，确保国有资产保值增值目标实现，应当构建双重监管体系。杨荣君（2009）运用委托代理理论，研究了政府预算问题，深入分析了存在于政府预算中的多层次委托代理关系，并对存在于该委托代理关系中的所有者虚位与激励弱化问题进行了分析，提出进一步加强与构建预算监督机制的建议。全世文等（2015）运用委托代理理论，研究了我国食品安全监管问题，剖析了我国食品安全监管失灵在深层制度方面的根源，构建出消费者与食品安全监管部门之间的委托代理模型，提出健全结果考核制、检测权与处罚权实行分离等建议。郭科等（2016）以委托代理理论为理论基础，对在职教师有偿补习问题进行了深入分析，总结了在职教师有偿补习现象的成因，探讨了教师的行为策略，分析教育主管部门面临的局限性。董成武（2017）以委托代理理论的视角，研究了金融消费者权益保护问题，从我国金融市场实际情况出发，通过构建数理模型，分析了金融消费者权益保护各方主体之间的信息不对称问题，探讨了其行为选择以及激励约束机制。

2.1.2.4　结论

委托代理理论与信息不对称理论是紧密结合、不可分割的。委托代理理论是针对委托人与代理人之间的信息不对称特征，提出的一套科学合理的理论体系。该理论的核心是因信息不对称而产生的委托人和代理人的目标函数不一致问题，其目的是指导委托人设计一种最优机制，激励代理人，使其按有利于委托人目标而努力工作，即以契约表现的最优规则来实现期望效用的最大化。信息不对称是委托代理理论的假定之一，该假定认为，由于代理人自身具有信息优势，他会利用该优势损害委托人利益，以增加代理人自己的利益。然而，对于代理人损害委托人利益的行为，委托人却因信息劣势而不容易直接发现。

委托代理理论与信息不对称理论正是农村财务治理中委托代理关系存在的信

息不对称问题研究的主要理论基础。因为在现实农村财务治理中存在着村干部（代理人）利用信息不对称违背村民（委托人）目标的事实。亟须通过改善村干部（代理人）与村民（委托人）信息不对称情况来实现农村财务治理的目标。

2.1.3 其他相关理论

2.1.3.1 产权理论

产权（Property Rights）是新制度经济学的一个重要概念范畴。综合分析现有文献，专家学者们对于产权一词的内涵和外延没有取得完全的一致认识。

（1）产权理论主要内容。

在当代西方经济学理论界，由于每个研究者采用的研究方法不同以及研究目的的差异，因而对产权的理解也千差万别，对于产权的定义也各不相同。但也存在一致的方面：产权是一种权利，并且具有排他性的效力；产权作为社会基础性的规则或者制度，是一种调整人与人相互之间行为关系的规则；产权作为一束权利，具有排他性、可让渡性的特征。经济学发展出产权的概念，其目的是期望通过产权的界定、使用及保护，实现权利人的经济利益。同时，作为理性经济人，交易双方的行为在经济利益的引导下得以改变，一方面节约了交易的成本，另一方面使资源得到有效配置。

国内学者对产权一词有着不同的认识，表述各有不同，却在以下三个方面的认识是一致的：第一，产权就是所有权，所有权本身又由所有、占有、使用、收益等诸多权项组成，这是学术界普遍存在的一个认识；第二，虽然产权包括所有权，可是定义域更大，可从静态和动态两个方面来考察，而所有权是作为静态的财产权而存在的；第三，产权是广义所有权中的一组权利，但是与所有权相比存在不同。产权作为一个体系的存在，表现为一组权利或权利束，例如所有权、占有权、使用权、处置权、让渡权、收益权等。以上的观点在总体上和西方学者关于产权的认识保持了一种融通。

（2）本书产权理论认定的观点。

1）产权。本书认为，产权就是法定财产权及其变动、衍生权利系列束。产权体现了以下几个方面的含义：

第一，产权作为社会的上层建筑范畴，是一种社会的法定权利。任何产权都

不可避免地带有社会的强制色彩，在法制时期，产权是作为社会法律的体现而存在的。私有制、阶级、国家的出现无疑是产权延伸和强化的结果。人类社会的发展与变化过程，也是社会主体的各种权利在不断出现、演进和健全的过程。可以说，法权的概念总是与产权相依相伴的。即使社会经济发展到现在这个状况，如果权利没有法权相伴也是不能得到充分保障的。

第二，产权是财产权。根据我国《民法通则》第七十一条规定，财产所有权是一种所有权人依法对自己的财产享有权利，该权利包括占有、使用、收益和处分等内容。《物权法》第三十九条也有类似规定，所有权人对自己的物（包括不动产或者动产）依法享有占有、使用、收益和处分的权利。财产有多种分类，它可以表现物质财产和精神财产，还可以分为有形财产和无形财产等，对上述不同形式的财产的所有、占有、使用、收益和处分都是产权的表现形式。所以，产权是一组权利或权利系列束。虽然社会经济的发展变化使产权可以存在各种不同的运动形态，但是存在一个基本共同点，就是财产权的单一权能可以从母体中分离出来，并按照自己与众不同的状态存在和发展，从而建立起整个产权体系和产权大厦。

第三，产权是一个过程的存在，它是不断变动与衍生的，而且存在着独有的运动规律。人类社会的各项权利的不断变化和衍生、调整，促进了人类社会的进步与发展。需要注意的是，上述变动和衍生并非指作为社会经济基础的所有制的变动与衍生，因为所有权与所有制是两个不同的概念，而所有权仅是产权的一部分。根据马克思的观点，所有制是一个事实问题，是一种经济存在形式，而所有权作为一种权利存在于上层建筑范畴，属于一个法律范畴的概念。人们相互之间权利的交换促进了社会经济的发展。如果产权止步不前，这个社会也就不存在前进的动力了。因此，存在于社会中的不同的权利一直处于变化、转化的过程，社会经济越是发达，上述变化也就越明显，并且不断地派生出许多不同的权利分支，促进社会经济向更高的阶段发展。与此同时，产权也在不断发生着变动和衍生，而且遵循着由低级向高级发展的规律。

而理解产权理论的关键之处在于充分理解“产权是一种权利束”的含义，即产权可以被分解为多种权利，多种权利按照一定的产权结构的形式存在，这就是产权分解原理，其核心是产权可分解性，是指对财产权利的分解，即某一项财产的各项产权可以分解并隶属于不同利益主体，从而出现不同的产权主体。产权的可分解性不需要其他别的什么条件，只要是产权就具有这种可分解性，它不是人们外力给予的，而是内在于产权本身。不同项产权的利益在数量上都可以界定，并且在数量上可以进行分解，这本身就意味着产权可分离的可能性。

2）农村集体产权。本书基于我国的经济、法律制度，认为农村集体产权具有两项最为基本的权能，即集体资产所有权、经营管理权。按照我国《宪法》第六条的规定，我国的社会主义经济制度的基础是生产资料的社会主义公有制，具体包括全民所有制和劳动群众集体所有制这两种形式。按照我国《宪法》第八条的规定，我国农村集体经济组织的经营体制是双层的，具体表现为以家庭承包经营为基础、统分结合的形式。上述法律规定是农村集体产权制度的法律表现形式。根据上述法律规定，村民集体对农村集体资产享有所有权，而经营管理权既可以由村集体组织享有，也可以由村民个人享有。

（3）产权理论的本书运用。

正是基于对产权的上述认识，本书将产权理论作为完善农村财务治理、解决农村财务治理中信息不对称问题研究的重要理论基础。我国农村集体产权制度是农村财务治理的基础，对农村财务治理具有重要的决定性影响。当前，实践中存在农村集体产权不清晰等现象，不仅无助于规避农村财务风险，而且也不利于农村财务治理，影响到农村财务治理的公平与效率。应当对农村集体产权制度进行改革，赋予广大村民更多财产权利，产权更加明晰，权能更加完善，探索农村集体产权的有效实现形式，使集体经济实力得到增强，村民的财产性收入得以增加。

2.1.3.2 财权理论

财权由产权派生而来，是财务治理问题研究的基点。

（1）财权理论主要内容。

所谓财权是指由产权所派生出来的财务权利，它是财务治理的主要研究对象。财权是现代经济组织权利体系中的一项核心权利。财权集中体现了财务的本质，其最早的表现形式是普通财权，探究其根源是财产所有权。

财权可分成出资人所有权和法人财产权。前者是所有者的权利，后者是经营者的权利。出资人所有权表现为经济组织净资产权利，是终极财权。而法人财权表现为总资产权利。因此，终极财权不包含可任意支配组织财产的内容，只能通

过行使股东权利的途径影响组织的行为。法人财权则包括对法人财产的占有、支配、收益和处分权等内容。终极财权与法人财权在本质存在差异，存在不同层次结构的所有者财务和经营者财务等的原因，就是不同的财权配置。一般来说，所有者财务与普通财权相对应，经营者财务与经济组织财权相对应。可以说，终极财权与法人财权之间存在更为紧密的联系。一方面，终极财权是法人财权存在的基础，如果没有投资者投入也就没有终极财权，经济组织就不可能存在，就更无从谈起法人财权；另一方面，法人财权受到终极财权的限制，从终极财权派生出法人财权，法人财权的运行以实现终极财权利益为最高要求。当然，法人财权对于终极财权也具有反作用力，在实践中法人财权的合理配置及运用结果在一定程度上会影响到投资者的最终收益。

财权有财务控制权、财务收益权两个方面的表现。财务控制权是手段，是实现财务收益权的主要保证。而财务收益权是财务控制权的目的，也是对财务控制权进行分配的重要参考。财务控制权可以分为财务的决策权、执行权与监督权，其中的核心是财务决策权。出资者终极财权可分为财务收益权、财务决策权与财务监督权，出资者在财务治理结构中掌握剩余索取权和剩余控制权。在财务治理结构中，财务收益权是出资者剩余索取权的体现，财务决策权与财务监督权则是出资者剩余控制权的体现。法人财权可以区分成财务决策权、财务执行权与财务监督权，三者在财权配置中应当是相互制衡的关系，否则会导致财务治理效率不高。

法人财权有董事会、经理层、内部财务部门等不同的层次。由于出资者投资企业最终目的就是得到利润，所以其财务收益权是不会进行配置的。在实践中，由股东会行使财务收益分配权，董事会或经营者仅行使具体事务的提议权、制定权。财务控制权也会根据财权的不同层次而出现差异，财务决策权则事项的不同性质在委托代理层进行进一步划分，随着与委托代理的层级一一对应而进行财务监督权的分层，财务执行权相应地逐级增加。

（2）财权理论的本书运用。

财权理论对于完善农村财务治理及解决农村财务治理中信息不对称问题具有重要的借鉴意义。在农村财务治理实践中，村干部处于信息优势的主要原因是村干部的权力过于集中，而村民几乎没有任何权利，农村财务治理机制不完善加剧农村财务治理中信息不对称。解决农村财务治理中信息不对称问题，就必须对参与农村财务治理各主体的权利进行合理分配。为此，本书将财权概念引入农村财务治理，提出农村集体财权的概念，并在后文详细分析其合理配置的相关内容。

本书认为，所谓农村集体财权是指由农村集体资产所有权派生而又独立于农村集体资产所有权的一种对于农村集体资产进行占有、使用、收益、处分的财务权利。

作为农村财务治理的内容，农村集体财权是农村集体所有权的核心内容，是关于农村集体财务方面的一组权能。事实上，农村集体财权概念应是具有多维度的，其内容是无法用几项权能就可以全面列举的，这是因为：一方面，农村财务治理活动本身具有复杂性；另一方面，参与农村财务治理的主体也具有多元性的特点。

依据各项具体财权之间的内在联系，农村集体财权包括两大类：即农村集体财务收益权与农村集体财务控制权。其中，农村集体财务收益权是指对农村集体组织的总收入扣除折旧费、劳务成本与材料成本之后剩余的分配请求权。而农村集体财务控制权是指影响和监督农村集体财务活动的各项权利，具体包括农村财务决策权、农村财务执行权和农村财务监督权。农村集体财务控制权的安排以农村集体财务收益权为重要依据，而农村集体财务控制权可以从根本上保证农村集体财务收益权的实现。

2.1.3.3 利益相关者理论

（1）理论主要内容。

利益相关者理论的关键是对“利益相关者”一词的理解。“利益相关者”的内涵存在于利益相关者理论的产生与发展过程中。企业应对企业利益相关者负责的这一观点，最早由通用电气公司的一名经理于 1929 年的一次讲演中提出。根据该经理的观点，公司的股东，以及雇员、客户和广大社会公众在该公司中享有一种利益，而公司的管理层有保护上述各方主体利益的义务。

虽然利益相关者的概念的使用频率越来越高，可学者们对利益相关者的含义的解释仍是各持己见。利益相关者是一个较模糊的说法，目前共有三类概念：第一类是一个外延最宽泛的概念，即所有可以影响公司活动或受公司活动影响的人或团体都能够成为利益相关者。例如股东、债权人、职员、供应商、客户、政府部门、有关的社会成员、相关的社会组织、社会团体等，都可以属于利益相关者。第二类是中间范围的概念。指一切与公司有直接关系的人或社会团体才可以成为利益相关者。该概念将政府部门、社会组织和社会团体、成员等排除在外。第三类是概念的外延最小，认为只有在公司中存有赌注的人或团体，才可以成为利益相关者。

知识经济背景下，公司财务资源配置的主体是公司的所有利益相关者，而不能只包括股东在内。此处的利益相关者，是指与公司存在利益关系的个体和组织，而不应区分这种利益关系是直接的抑或间接的。所以，本书中采用第一类概念，即认为与公司活动有关的个体或组织都可以作为公司的利益相关者。

在财务治理结构中，股东处于主导地位，公司制定财务政策是以股东的利益为依据。尽管目前股东至上逻辑仍占主流，但理论界应该清楚，当前社会经济环境在不断发生变革，权利主体的分化与组合也在不断发生变化。在当前的公司组织结构中，已经有越来越多的公司出现了股东之外的权利主体占主导地位的情形。然而，不能简单地为某种权利主体占主导或者联合主导的现象下结论，而是需要发现一种能够揭示导致这种情形变化的内在逻辑，其中内在的逻辑就是利益相关者逻辑。

（2）利益相关者理论的本书运用。

本书对农村财务治理中信息不对称问题研究的视角之一也正是建立在利益相关者逻辑之上的，虽然该逻辑与股东逻辑是相对应的，并非将股东逻辑一律排斥开来。在农村财务治理中，公司中的股东逻辑可以用村民逻辑替代，村民集体是农村集体资产的所有权主体，村民应是参与农村财务治理的重要主体，但不是唯一主体。在目前农村治理主体出现多元化发展的背景下，依据利益相关者理论分析农村财务治理的利益相关者及其相互之间的关系，对于解决农村财务治理中信息不对称问题，完善农村财务治理，具有重要理论价值。

按照利益相关者理论基本原理，作为农村财务治理主体的利益相关者，应该符合以下四个前提条件：第一，向农村集体组织投入了专用性资产，如资本、劳动或管理等。第二，有权参与农村集体收益分配。即有权获得利润、利息、薪金等。第三，共担农村集体组织经营风险。即在农村集体组织经营不善时，共同承担亏损。第四，拥有农村集体财务控制权。即参与农村财务治理，享有一定的财务控制权利。如果某一个体或组织符合上述四个条件，实际上就具备成为农村财务治理中的利益相关者的前提条件。

利益相关者理论中维数概念是确定农村财务治理主体范围的一个重要依据。所谓维数是指参与财务治理的利益相关者的数量。适当的维数可以实现治理成本最小，收益最大。在农村财务治理中，治理主体维数不能过少，假如维数过少，例如只有村民或村干部参与治理，虽然其利益可能得到保证，但是其他主体的权益被剥夺，其他主体就丧失参与治理的积极性，导致农村财务治理效率不高。当然，农村财务治理主体维数也应该有上限，假如维数太多，各治理主体因利益追求不同会有不同的行为选择，很难达成一致意见，导致农村财务决策效率不高，大大增加农村财务治理成本，最终使农村集体组织经济利益减少。

农村集体组织性质及结构特点也是确定农村财务治理主体范围的重要依据。根据《村民委员会组织法》规定，村民委员会是村民自我管理、自我教育、自我服务的基层群众性自治组织，并设立村民会议和村务监督机构，乡镇人民政府对村民委员会的工作给予指导、支持和帮助。乡镇政府不干预依法属于村民自治范围内的事务。村民委员会对于乡、民族乡、镇的人民政府的工作进行协助。以上法律规定，在一定程度上体现出农村财务治理主体范围的特殊性。

本书认为，在农村财务治理中，以利益相关者理论为理论依据，结合我国农村集体组织机构特点，农村财务治理主体应当保持适度的维数。考虑到农村财务治理的成本和收益，本书将农村财务治理主体的范围，界定为村民、村民组成的农村集体组织内设机构如村务监督机构、村干部组成的村民委员会、政府和债权人。其中，村民组成的农村集体组织内设机构是村民参与农村财务治理的重要组织形式。

2.1.3.4 博弈理论

(1) 博弈理论主要内容。

博弈理论又被称为对策论，是关于研究在特定的经济与社会环境中，根据既定的条件和规则等，自然人、团体甚至一个国家，在面临并列待选的行动策略和方案的时候，怎样进行选择或取舍的一种科学方法。博弈理论的研究对象涉及经济与社会的方方面面，单纯的数学理论方法的研究，对一个人的日常生活，甚至对国家机关的工作、国家外交以及军事策略制定与选择都有不少贡献。1994 年，诺约翰·纳什、约翰·豪尔绍尼和泽尔滕被授予诺贝尔经济学奖，他们研究的成果是非合作博弈，表明博弈理论已经被充分引入到经济管理研究之中，并且得到了高度重视，说明博弈理论的研究有了新的发展。

早期的博弈理论是从数学问题研究开始，经过长期的发展已经比较完善。一方面，运筹学、数学模型、概率分布等数学领域的许多概念被大量运用到博弈理论当中；另一方面，博弈理论也运用了效用、均衡、资源配置、边际分析等西方经济学中的许多经典理论，在此基础上开展研究模型的构建。从纷繁复杂的社会现象中抽取出具有根本性的一些要素，对这些要素进行分析后构建出初步的基本模型，结合现存的既定条件和环境下客观存在的影响因素，然后把这些影响因素一步步地加入到基本模型当中，再筛去一些影响较小的因子，然后形成研究问题的模型，最后输入调查得来相关数据，并对计算结果综合分析后得出研究结论，是博弈理论建模的基本方式。博弈理论的基本功能就是，通过建立模型，把相对复杂问题简化处理，突出问题的核心。此外，博弈理论帮助人们发现社会经济和日常行为等活动的规律，有利于人们决策行为的准确性，提高决策制定和实施的效率，制定出有针对性的有效策略，防止决策的盲目性和损失，为人们的各项活动提供重要的理论依据，为经济社会实践中的对抗性问题和竞争问题的解决提供了新途径。应当说，博弈理论从产生到现在，不仅是现代数学的一个重要分支，还是当代经济学的重点研究课题，鉴于其研究范围极其广泛，故其又被称为社会科学的数学。

博弈理论具有以下几个特征：

第一，重视个人理性，认为在给定的约束条件下追求个人利益最大化，而个人理性的行为可能出现集体非理性，这是对传统经济学的一个重要启示。

第二，强调动态分析。在研究个人行为时，当一个人做出某项决策时，他的决策受他之前别人的影响，同时反过来影响他之后别人的行为。

第三，注重不完全信息和不对称信息分析方法的运用。不完全信息一方面是参与人对其行动进行选择的过程，另一方面是参与人对其信念进行不断修正的过程。对于博弈可以从两个方面进行分类，按照参与人行为的先后顺序的标准，可以分成静态博弈与动态博弈；按照参与人对其他参与人的特征、战略空间及支付函数的知识的不同，可分为完全信息博弈与不完全信息博弈两种类型。

（2）博弈理论在本书中的运用。

农村财务治理的利益相关者主要有村民与村干部。他们各自承担着不同的角色，所追求的目标不同，各自的利益诉求也存在差别，上述这些因素都影响他们的支付和策略的选择，因而他们会选择不同的行为，实现各自不同利益的目标。因此，农村财务治理目标能否实现，受多方面的利益相关者和信息不对称等外部条件的制约，但首先取决于参与者的意愿。

在农村财务治理过程中，农村财务治理参与者（局中人）选择的策略组合决定了每个局中人的利益，同时，其有目的的行为和决策也要影响其他参与人。如果村干部及财务人员在进行财务活动时，提供的信息真实、可靠，能有效解决虚假信息泛滥以及信息不对称的问题，双方可以达到利益均衡；而如果农村集体组织及其财务人员提供虚假信息，而相应的监督没有力度，惩罚的力度与违法违规不相称，农村财务就会出现混乱的局面，加剧农村财务治理中的信息不对称。

2.1.3.5 社会资本理论

（1）社会资本理论主要内容。

国际上对社会资本的研究开始于20世纪80年代，最早出现于社会学研究领域，此后其他学科的研究人员予以采用和发展。他们运用社会资本理论来阐释在不同研究领域问题的综合性概念与研究方法。在当今理论界，社会资本的概念有几种不同的观点，如资源论、组织论、关系网络论、效率论等。社会资本是指广泛存在于社会网络关系之中，能够被行动者利用和投资，以实现其自身目标追求的一种社会资源。社会资本的构成包括三大基本要素，即信任、合作与互惠。社会网络特征、对应的文化特征、增值性特征是社会资本的三个特征。

社会资本可以分为积极社会资本与消极社会资本。当然，作为学术术语的社会资本本身没有积极作用和消极作用的差别。但是，当把社会资本作为一种工具，在用来分析具体问题的过程中，假如利用得当，那么表现出的作用就是积极的，如果利用不得当，则表现出负面的影响。所谓积极社会资本，是指不同参与网络中的信任、互惠、参与和合作，有利于网络内成员实现利益，有利于网络内成员达成集体行动合意，甚至对于网络之间集体行动的实现也非常有利。与积极社会资本的作用相反的，就是消极社会资本。积极社会资本与消极社会资本是相对的，二者其实是一枚硬币的两面，并非是截然对立的关系。一般情况下，对于一些参与网络的成员来说，有利于他们参与网络集体行动并达成一致，是积极社会资本。而对另一些参与网络的成员来说，却会阻碍他们参与网络达成集体行

动，就可能是消极社会资本。

关于社会资本和治理之间的关系。根据唐亚林（2003）的观点，社会资本与治理之间存在着一种辩证关系，这种关系既表现在逻辑层面，也表现在现实社会生活中。在民众积极参与下，社会的信任和共识可以成为普遍的现象，这样治理就成为可能，广大民众积极参与治理的过程，又促进更高水平的信任和共识的出现，它们之间是一种互相促进的关系。根据叶笑云（2004）的观点，社会资本和政府治理之间既相互依存又相互补充。也有其他学者认为，社会资本理论与治理理论两者之间既相互依存又相互制约。根据俞可平（2000）的观点，治理所创造的结构或秩序，是通过互相发生影响的行为者之间的互动来完成的，而不是由外部予以强加的。此处治理的概念更重视的是处于领导地位的主体和处于被领导地位的主体相互之间互动。这种互动要想是良性的，必须有一个前提，那就是社会资本达到了相当存量。也就是说，治理的结果受到社会资本的存在数量和状况因素的制约。

（2）社会资本理论在本书中的运用。

社会资本在我国农村社会的表现形式主要有以下四种：

第一，基于血缘、婚姻等家庭关系为基础的家族宗族网络而形成的社会资本。作为最重要的社会资本的家族宗族网络，以其天然的血缘与地缘纽带派生出的闭合的关系网络、深度信任及非正式的有效规范特征，是乡村文化的重要内核，构成村民日常生活与交往活动的重要基础，成为乡村社会的主体遭遇集体行动困境、维护自身利益时必然首选依赖对象。

第二，基于功能性组织为基础的功能性网络所形成的社会资本。农村的功能性组织有农村各类专业技术协会、农产品行业协会、农村基金会、村民理事会、村民议事会等。

第三，基于宗教信仰等为基础的象征性活动网络所形成的社会资本。我国农村宗教信仰分为佛教等外来宗教信仰以及道教等本土宗教信仰，随着宗教信仰在我国一些农村地区影响的扩大以及对农村社会生活的渗透，以宗教信仰为主的象征性活动网络对农村治理的影响也越来越大，特别是在农村基层组织权威降低的地区，对农村组织产生影响，需要引起重视。

第四，以地缘、职业等共同经历为基础的一般人际关系所形成的社会资本。村民通过同乡、同学、朋友等一般人际关系形成的社会资本，与其他社会资本形式一起起到资源配置作用，并为获取其中隐性资源如信息提供了便利，例如，村民在一般人际关系中，可以通过沟通互动、交流，在短时间内获得信息。

农村地区普遍存在的家族宗族等关系网络形式的社会资本，既具有积极作用，也具有消极作用，并对农村财务治理以及农村财务治理中信息不对称产生重要影响。例如，在集体重大事项决策中，村民和村干部都自觉不自觉地以家族或者宗族划定界限，对于不符合本家族宗族利益的决策予以抵制，加剧农村财务治理中信息不对称。作为一种新的研究视角，社会资本理论可以运用到对农村财务治理中信息不对称问题的研究中。

2.2 相关概念界定

2.2.1 财务、治理与财务治理

2.2.1.1 财务

财务一般指财务活动和财务关系。财务活动指经济组织在经营管理过程中涉及资金的活动，表明财务的形式特征。而财务关系指财务活动中经济组织与各方面的经济关系，揭示财务的内容本质。概括起来说，财务就是经济组织经营管理过程中的资金运动，体现着经济组织与各方面的经济关系。

2.2.1.2 治理

治理一词源自古典拉丁文或古希腊语，其原意是引导、统理或操纵。长期以来，与国家事务相关的政治和行政活动是治理的重要领域，特定机构或专业单位在处理各类利害关系人的关系时涉及治理问题。但是，目前治理不再仅仅局限于政府部门活动，更加重视权力关系、公共事务管理和组织制度等层面的问题。

治理理论对“治理”一词的界定中，全球治理委员会对于治理的定义，是目前最有代表性和权威性的。该委员会所称的治理把个人和集体的层面、政治决策的纵横模式都包含在内。根据该委员会的定义，治理是各种公共的或私人的机

构管理其共同事务的诸多方式的总和，是一个持续过程，该过程调和相互冲突的或不同的利益以确保可以采取联合行动，既有可以迫使人们遵守的正式制度和规则，还有各种认可符合其利益的非正式的制度安排。

治理的特点是：治理不是简单的一整套规则，也不仅是一种活动，从本质上来说是一个过程；治理过程的基础是协调而不是控制和支配；治理涉及公共机构和私人机构两个方面；不能把治理当成一种正式的制度，而应从持续的互动角度来认识治理。

2.2.1.3 财务治理

(1) 不同学者观点及分析。

关于财务治理的定义，学者们的认识不尽相同。不同学者对财务治理所下的定义不同，所突出强调的方面也不同。伍中信（2001）和张敦力（2002）所下的定义是突出强调财权配置为核心，李心合（2003）和杨淑娥（2002）所下定义突出强调利益相关者共同治理，宋献中（1999）和吴树畅（2006）所下定义突出强调股东及经营者关系，衣龙新（2005）和林钟高（2005）所下定义突出强调财务治理机制及制度。突出财权配置为核心的观点，虽然准确把握了财务治理的核心内容，但是涵盖不了财务治理的全面内涵；突出利益相关者共同治理的观点，比较符合目前治理的潮流及趋势，却未强调财务治理的主要矛盾；突出股东及经营者关系的观点，着重强调了股东权益保护，但是忽视了其他相关者利益；突出财务治理机制及制度的观点，基本抓住了财务治理本质、内涵及主要内容，但是不够全面系统，过于突出制度、机制的作用。

分析上述学者的观点，可以看出，作为企业所有权与经营管理权分离的后果，财务治理是委托人与代理人之间利益关系协调的一种制度安排，而利益主体之间相互制衡是财务治理的基本状态，正确处理所有者与经营者之间的代理关系是财务治理的重要一环。从本质上分析，财权配置的合约安排是财务治理的实质，也就是所有者、经营者、债权人等各方面的内外部利益相关者对财权进行合理配置，以及由此形成的责权利相统一的财务关系。

(2) 财务治理概念界定。

基于上述分析，本书将财务治理定义为，在以设立人为主导的共同治理理念下，通过完善治理结构，合理配置财权，建立科学有效的激励约束机制，有效制衡利益相关者之间的权责利，实现效率与公平的有机结合。

该定义强调，财务治理是组织治理的一个重要方面，而财权合理配置是财务治理的核心，相关者的利益均衡是主导理念，通过建立对经营者的激励和监督机制，提高财务治理效率，实现相关者利益最大化和组织价值最大化。

2.2.2 农村、农村财务与农村财务治理

2.2.2.1 农村

（1）农村。

解释什么是农村财务，应首先界定农村的概念。农村的概念有广义和狭义之分。在广义方面，农村包括乡镇及其下面的村级组织；而在狭义上，农村仅包括村一级的基层组织。

（2）本书对象。

在没有特别说明的情况下，本书所称的农村仅指狭义上的农村，主要涉及村民委员会和农村集体经济组织，且研究的重点是村民委员会这种组织形式。

村民委员会是我国基层自治组织的重要组成部分。我国村民委员会及其他自治组织数据见表2－1。

表2－1　2013～2017年我国基层自治组织数据

指标	2017年	2016年	2015年	2014年	2013年
自治组织单位数（个）	660709	662478	680535	682144	683167
社区居委会单位数（个）	106491	103292	99679	96693	94620
村民委员会单位数（个）	554218	559186	580856	585451	588547

资料来源：国家统计局网站（2019年4月2日）。

2.2.2.2 农村财务

（1）农村财务。

农村财务是指农村集体经济组织或代行其职能的村民委员会（本书统称二者

为农村集体组织）的资金运动，所包括的环节有农村资金的筹集、使用、耗费、收回、分配等。农村财务的对象是农村集体资产，包括村民入股以及长期劳动积累的共有资产，归农村集体组织全体成员所有，具体包括：经营性资产（如集体所属企业资产）、非经营性资产（如财政拨款、转移支付、社会捐款、一事一议筹资筹劳等）、资源型资产（如土地、山林、水田等）。农村财务的作用是保障农村经营管理有序运行，财务制度规范实施，促进农村经济发展和农村集体组织及村民增收，实现农村社会和谐稳定。

（2）农村财务与企业财务相比较。

农村财务与企业财务相比较，存在许多不同之处（见表2－2）。

表2－2 农村财务与企业财务的区别

区别点	农村财务	企业财务
环境	外部环境：除经济制度、法律和金融外，更主要受自然资源的影响 内部环境：农村集体经济的发展程度、农村集体组织的群众基础、农村财务人员专业知识、村民参与自治的意愿等	外部环境：经济制度、法律和金融等方面 内部环境：内部体制、经营场所、科技、工人素质、管理水平等方面
目标	公益、营利	营利
原则	除一般的财务原则外，还包括：遵守政策和法律法规的原则；集中与分散管理相结合的原则；村民自治和民主监督的原则	现金收支平衡原则、系统原则、成本收益风险权衡原则等
内容	主要涉及农村集体资产、特别是上级拨付的专项资金等。农村财务中的许多资金有专门的用途，比如土地补偿款、房屋拆迁款、扶贫项目资金、农村医疗资金等	企业生产经营筹资、投资、资金运营及企业利润分配等
方式	需要广大村民的积极参与，其程序和规范受到广大村民的关注，民主的财务决策、透明的财务管理受到强调	运用系统的信息对企业进行财务分析，从财务角度对企业筹资、投资等经营活动，实施预测、计量、分析以及报告等财务活动

2.2.2.3 农村财务治理

（1）农村财务治理的含义。

农村财务治理是指在以村民为主导的共同治理理念下，通过合理配置农村集体财权，建立科学有效的治理机制，有效制衡农村财务治理的利益相关者之间的权责利，实现效率与公平的有机结合。农村财务治理在本质上是村民自治下的财务治理，是一项重要而又迫切需要改革和加强的村民治理。

（2）农村财务治理结构及其构成。

农村财务治理结构是指为了解决农村财务治理问题而建立起来的农村财务治理主体之间有关农村财务的责权利关系，以及在此基础上建立起来的一套有效的农村财务治理机制。农村财务治理结构通过一定的形式与手段，合理地安排农村集体财务决策权、执行权和监督权，从而形成有效的财务制衡与激励约束。

农村财务治理结构由治理目标、治理主体、治理内容、治理机制四部分构成。

农村财务治理目标是有效公平治理和相关者利益最大化。农村集体资产归村民集体所有，农村财务治理应为村民集体服务，具有很强的公益性。同时，农村财务治理是服务于农村基层民主的，是村民自治的重要内容之一。通过农村财务治理的民主化、公正化、规范化，实现治理的最终目标即有效公平治理和相关者利益最大化。

农村财务治理主体是指拥有特定的农村集体财权，并有能力、有资格、有意愿参与农村财务治理的村民自治组织以及其他利益相关者。主要包括村民、村民组成的农村集体组织内设机构如村务监督机构、村干部组成的村民委员会、政府部门、债权人。

农村财务治理内容是农村集体财权，指由农村集体资产所有权派生而又独立于农村集体资产所有权的一种对于农村集体资产进行占有、使用、收益、处分的财务权利。

农村财务治理机制是指以农村集体财权配置为中心，为实现农村财务治理目标而建立的一套调节农村财务治理活动的制度体系。农村财务治理机制包括农村集体财权配置、农村财务监督制度、农村财务激励制度、农村财务信息公开制度。

（3）农村财务治理与农村财务管理的联系与区别。

农村财务治理与农村财务管理存在密切的联系。农村财务治理与农村财务管理共同构成农村财务体系。农村财务治理是农村财务管理的运行基础，而农村财务管理在具体的资金运营方面作为农村财务治理的支持力量。农村财务治理涉及农村财务运行的基本模式与框架。农村财务管理是在农村财务运行模式及框架下促使实现农村财务治理目标。如果没有好的农村财务治理，即使农村财务管理有着完善的体系，也没有坚实的基础；同理，如无健全的农村财务管理体系，农村财务治理的目标也是难以达到的。

农村财务治理与农村财务管理相比较，存在许多不同之处。由于农村财务治理涉及农村集体财权安排的控制体系，内容为重大财务事项且具有战略性，所以，农村财务治理主体构成除了全体村民之外，还包括村务监督机构、政府部门等，这些主体参与农村财务治理的目的是促使农村集体财权得到合理配置，促进农村财务决策和财务监督的科学性、有效性。而农村财务管理处于农村财务治理的构架之下，由于其重点是农村集体资金运动和资产管理，所以，农村财务管理参与主体有村民委员会及财务人员，其负责是具有微观性、战术性、操作性的日常财务事项，目的是提高农村集体财务资金的效率。

（4）农村财务治理的特殊性。

不同于企业财务治理，农村财务治理具有以下特殊性：

第一，农村财务治理的环境特殊。所谓财务治理的环境，又称理财环境，是指对财务治理有重要影响的内外部条件。企业是营利性经济组织，其财务治理环境因素众多，其中法律环境、金融环境和经济环境最为重要。而农村财务治理的环境因素主要有村民参与自治程度、农村社会资本状况等。

第二，农村财务治理的目标特殊。企业财务治理的目标主要是利润最大化。而农村财务治理的目标是有效公平治理和相关者利益最大化。为了实现农村财务治理目标，应做到治理过程的民主化、公平化、规范化。农村财务治理的过程应充分发扬民主，发挥广大村民的积极性，促使其积极参与财务治理，在农村营造出和谐的氛围，保障农村地区安全稳定，其最主要的目的不是获利。农村财务治理的过程强调公正的要求。农村财务治理中很小的违规行为，对于广大村民来说却是大事，只有做到公平、公正，才能确保干群关系的密切。农村财务治理规范运行，涉农违规行为和腐败现象就可以减少。通过农村财务治理的民主化、公正化、规范化，实现治理的最终目标即有效公平治理和相关者利益最大化。

第三，农村财务治理的原则特殊。企业财务治理必须遵循系统原则、平衡原则、比例原则、优化原则等。按照宪法和有关法律规定，我国农村实行村民自治，农村集体资产属于村民集体所有，村民是民主理财和财务监督的主体，因此，农村财务治理应坚持公平、公正和民主等原则。

第四，农村财务治理的内容特殊。企业财务治理的内容是企业财权，具体对象是企业资金，主要内容是筹资与投资、资金的使用、利润分配等。而农村财务治理的内容是农村集体财权，核心内容是农村集体财权的合理配置，农村集体财权的对象是农村集体资产。

第五，农村财务治理的方式特殊。企业财务治理主要方式有：决策、计划、控制、分析、考核等。而农村财务治理的方式特殊，更加突出民主监督和民主决策。广大村民是农村财务治理的重要主体，农村财务治理应具有更高的透明度，重大财务事项由村民大会或村民代表大会表决通过，决策中要尊重广大村民的意愿。村干部的财务治理行为应全面接受村民监督。

2.2.3 信息、财务信息、农村财务信息与农村财务治理中信息不对称问题

2.2.3.1 信息

关于信息的概念，许多学科都从不同的角度给予了不同的定义，比如控制论、系统论、情报学、计算机科学、传播学、生物学、管理学、经济学等。情报学认为信息是一种传递中的、有用的消息，经济学认为信息是不确定性的负度量，或者说信息具有消除不确定性的功能。从狭义角度来理解，信息是一种消息、信号数据或资料。从广义角度来理解，信息是客观事物存在、运动和变化的方式、特征、规律及其表现形式。

从不同的角度，可以对信息的类型进行不同的划分。按照信息描述的对象，可分为自然信息、社会信息和机器信息等；按信息内容，可分为经济信息、科技信息、政治信息、文化信息、医疗信息、政策法规信息；按照信息流动的方向，可分为纵向信息、横向信息和网状信息；按信息形态，可分为动态信息、静态信息；按信息运行状态，可分为连续性信息、离散性信息、常规性信息和突发性信息；按信息来源，可分为外部信息、内部信息。

信息是物质的一种普遍属性，是事物运动状态及运动状态变化的反应，具有许多特征，具体见表 2－3。

表 2－3　信息的特征

特征	描述
普遍性	信息具有存在的普遍性，与物质运动状态及其变化有着不可分割的内在联系
有序性	信息可以消除事物运动状态和方式的不确定性，增强其有序性。要使系统从无序到有序，必须从外界获取信息
相对性	不同的感知者对于同一个事物，所能获取的信息不一定是相同的
可度量性	信息的多少可以通过数学方法进行度量
可压缩性	信息可以进行加工、整理、归纳、概括、浓缩、处理
可存储、传输与携带性	信息可以随信息载体一起被存储、传输和携带
时效性	信息在时效上跟随其变化
可扩充性	随着时间的推移和事物的发展变化，信息可以被不断扩充
可扩散性	信息可以在一定时间内进行较大范围内的传播扩散
可共享性	信息可以同时被分配给不同获取者，并被同时使用

2.2.3.2　财务信息

财务信息是以微观经济原理为基础，运用财务管理方法，对财务活动和财务关系及其效率和效果进行分解剖析，揭示一个组织的各种经济关系及其现状及未来发展状况的财务数据和资料。财务信息是实施财务管理行为的主要依据。没有对财务信息的科学分析，财务管理人员便无法了解企业的实际财务状况，也就无法实施有效的管理。

财务信息包括财务会计提供的信息和运用财务管理方法生成的各种信息，后者如债券和股票的定价，风险和收益分析，财务计划和资金分析与现金流量分析，财务报表分析，营运资本管理，投资分析，资本成本和资本结构分析，兼并和收购的财务策略等，总之是关于融资、投资和资产管理方面的信息。

在两权分离的经济条件下，财务分为所有者（或出资人）财务和经营者财务两个层面。所有者（或出资人）财务的主体是所有者，经营者财务的主体则是会计主体或经营管理者。因此财务信息提供的主体也分别是所有者和经营管理者。财务信息的使用主体都是投资人、债权人、经营管理者、政府和社会公众等。

财务信息与会计信息之间既具有密切的联系，又存在明显的区别。财务信息是在会计信息的基础上，对会计信息进行进一步的加工而形成的信息。并非所有的财务信息都可以根据会计信息来产生，有许多财务信息是脱离会计信息而独立存在的。财务信息产生的方法较之会计信息产生的方法更为专业、综合，不仅运用各种财务模型，还广泛运用统计学、经济学、运筹学、管理学、法学、人文科学等学科。而会计信息是依据对会计报告、比较会计报表等资料，运用简单的比较分析、因素分析、综合分析等方法而产生的。

财务信息具有以下特征：

第一，财务信息是以货币来计量的。财务管理是一项综合性极强的工作，唯有通过货币计量的方式，才能有效地舍弃企业生产经营活动的某些细枝末节，概括地反映财务运行过程。这既是社会发展的客观必然，也是管理的需要。

第二，财务信息的规范化较强。财务信息规范化，主要体现在表述方式、表述时间与表述内容三个方面。在我国，有关财务信息的表述方式如会计报表由财政部统一规定并下达。企业应根据有关会计制度规定，并结合企业的具体情况，公布一定时期的财务信息。财务信息的规范化还涉及有关的会计处理问题。

第三，财务信息具有客观性。客观和真实是财务信息的灵魂。传统财务会计的一个重要特点是其实务处理必须遵守客观原则，这就决定了它只能记录和反映确已发生和成为事实的历史，并通过对会计资料的归集、积累和整理，以表达一个企业的经营成果和财务状况。

第四，财务信息的运用具有广泛性。凡是和企业有关系的单位和个人，都会运用企业的财务信息。长期以来，由于受到各方面政治及经济因素的影响，除了国家有关机关需要汇总企业的会计报表之外，社会大众一般不重视财务信息。随着改革开放的不断深入，财务信息日益受到人们的重视、财务信息的社会化程度，表明了一个社会的经济开放程度及公众对国民经济的介入和关心程度。

第五，财务信息分析的辩证法。在具备客观与真实性的前提下，对财务信息的分析也应当具备辩证的思想。同样一组数据，鉴于分析角度和分析人员素质的不同，可能会得出完全不同的分析结论。

第六，财务信息公开的滞后性。财务信息以会计信息为基础，而会计信息本身滞后，对会计要素进行计量，一般应采用历史成本原则，并且要符合谨慎性原则。财务报告的编制周期比较长，提供的信息滞后，根本无法满足信息的时效性需求。在瞬息万变的现代社会，在财务信息公开之前，财务状况可能会发生巨大的变化，影响财务信息的时效。

2.2.3.3　农村财务信息的含义和主要内容

所谓农村财务信息，是指存在于农村财务治理过程中，可以反映出农村集体组织发展过程中的资金管理、财务收支、预算及分配等财务活动的信息。一方面，农村财务信息可以记录农村集体组织已经发生以及目前的财务状况，另一方面，也可以为农村集体组织以后的发展提供全面的财务数据依据。农村财务信息的载体主要有记载财务事项的会计凭证、会计账簿、财务会计报告和其他书面资料。

不同的农村财务治理主体对农村财务信息的影响不同。例如，村干部掌握着农村集体组织的控制权，影响农村财务信息的生成和公开，在农村财务治理中居于相对主动地位。而村民只能被动地接受和检验农村财务信息，其参与农村财务治理的难度大于村干部，利益容易受到侵害，处于相对被动的地位。

农村财务信息的类别以及每一类别所包含的具体信息见表2－4。

表2－4　农村财务信息的主要类别及具体信息

序号	类别	具体信息
1	农村集体财务计划信息	农村集体财务收支计划、农村集体固定资产建设计划、农业基建计划、农村公益事业建设计划、“一事一议”筹资筹劳计划、农村集体资产经营与处置计划、农村集体对外投资计划、农村集体收益分配计划、经村集体组织成员会议或代表会议讨论确定的其他财务计划
2	农村集体各项收入信息	农村集体经营收入（产品销售收入、租赁收入、服务收入等）；农村集体土地发包收入；农村集体投资收入；“一事一议”筹资及以资代劳款项；农村集体组织运转经费财政补助款项；上级专项补助款项；征占土地补偿款项；救济扶贫款项；社会捐赠款项；农村集体资产处置收入；其他收入

续表

序号	类别	具体信息
3	农村集体各项支出信息	经营支出；村干部劳务报酬支出；报刊费支出；办公费、会议费、治安费等管理费支出；公益福利支出；固定资产建设支出；征占土地补偿支出；救济扶贫专项支出；社会捐赠支出；其他支出
4	农村集体各项资产信息	现金及银行存款；固定资产；农业资产；产品物资；对外投资；其他资产
5	农村集体各类资源信息	农村集体所有的耕地、林地、草地、滩涂、水面、荒地、建设用地等
6	农村集体组织债权债务信息	应收欠款；在金融机构贷款；欠单位和个人的款项；其他债权债务
7	农村集体组织收益分配信息	农村集体组织收益总额；提取公积公益金数额；提取福利费数额；外来投资分配数额；成员分配数额；其他分配数额
8	其他农村财务信息	农村集体土地征占补偿及分配情况；农村集体资产以及资源的承包、租赁、转让、对外投资收益以及亏损情况；农村集体工程招投标与预决算执行情况等

2.2.3.4 农村财务治理中信息不对称问题

农村财务治理中信息不对称问题与农村财务治理中信息不对称不同。农村财务治理中信息不对称，是指农村财务信息在农村财务治理的委托人与代理人之间呈现的不对称分布状态。而本书中农村财务治理中信息不对称问题，是指在农村财务治理过程中，由于农村财务治理机制不完善等因素的影响，农村财务信息在村民与村干部之间的不对称程度进一步加剧的问题。

信息不对称、农村财务治理中信息不对称、农村财务治理中信息不对称问题与农村财务治理、农村财务治理机制的关系如下：

按照信息不对称理论、委托代理理论，村民与村干部之间存在委托代理关系，因信息不对称而产生代理问题，所以，通过建立治理机制进行农村财务治理成为必要。而在农村财务治理过程中，由于存在农村财务治理机制不完善等因素，导致出现农村财务治理中信息不对称不仅继续存在而且信息不对称进一步加剧的问题，即农村财务治理中信息不对称问题。农村财务治理中信息不对称问题

导致农村财务治理出现许多问题，代理问题更为严重。

解决农村财务治理中信息不对称问题，就是要分析并总结出加剧村民与村干部之间信息不对称即导致产生农村财务治理中信息不对称问题的具体影响因素，针对具体影响因素提出相应的完善措施，降低农村财务治理的委托人与代理人之间的信息不对称问题。

本章小结

本章详细介绍了信息不对称理论和委托代理理论及其他相关理论，指出信息不对称理论和委托代理理论是本书所研究的农村财务治理中信息不对称问题的主要理论基础。现实中也亟须通过解决农村财务治理中信息不对称问题，改善村民（委托人）与村干部（代理人）信息不对称情况来实现农村财务治理的目标。

针对所研究的问题，本章界定了财务、治理与财务治理的概念，也界定了农村、农村财务与农村财务治理的概念，还界定了信息、财务信息、农村财务信息与农村财务治理中信息不对称问题的概念，为下一步的研究奠定了基础。

第3章　农村财务治理中的委托代理关系分析

委托代理理论（Principal－agent Theory）是针对委托人与代理人之间的信息不对称而提出的一套科学合理的理论。它涉及两个主体，分别是委托人（Principal）和代理人（Agent），二者存在委托代理关系。委托人与代理人之间因信息不对称、目标函数不一致而产生信息不对称问题。因此，委托代理与信息不对称紧密结合、不可分割，研究农村财务治理中的信息不对称问题，需要首先分析农村财务治理中的委托代理关系。即分析运用委托代理理论分析农村财务治理中信息不对称问题的可行性，解析出农村财务治理中的委托代理关系、涉及的资产，分析委托人与代理人的目标及行为差异，是研究农村财务治理中的信息不对称问题影响因素的前提和基础。

3.1　运用委托代理理论分析农村财务治理中信息不对称问题的可行性

3.1.1　外部环境的变化为农村财务治理中委托代理关系的产生提供了客观条件

3.1.1.1　委托代理关系产生的客观条件

根据委托代理理论，产生委托代理关系需要以下三个客观条件：

第一个条件是产权明晰。即由于拥有一定的产权，自身利益最大化能够成为当事人追求的目标，从而他可以成为具有自身利益的独立主体。

第二个条件是委托人和代理人之间相互独立。由于委托人与代理是彼此独立的，没有人身依附和行政隶属关系，所以，委托人不能采用强制的方式，为了迫使自己的利益代理人提供服务，代理人作为独立的交易者而存在。

第三个条件是个人能力的局限性和人们对效率的追求。随着社会的不断发展进步，社会分工的越来越细。在这种情况下，为了降低成本和提高效率，对于自己所需的全部产品或服务，所有者在客观上不可能、在主观上也不会自己直接生产和提供。为了满足自身多样化的需求，他必须委托其他的人代为生产某一产品或提供服务。

3.1.1.2 农村财务治理的外部环境的变化

改革开放以来，我国的农村财务治理在外部环境方面出现了根本性变化。主要表现在以下三个方面：

第一，产权关系的调整。随着我国农村改革的深入和立法完善，农村产权进一步清晰。以农村的不动产特别是土地的产权为例，我国《宪法》等许多法律都对农村土地的所有权主体做出了规定（见表3-1）。

表3-1 我国农村土地所有权主体法律规定

法律名称	条文序号	规定内容
宪法	第十条	农村和城市郊区的土地，除由法律规定属于国家所有的以外，属于集体所有；宅基地和自留地、自留山，也属于集体所有
民法通则	第七十四条	集体所有的土地依照法律属于村农民集体所有
物权法	第五十八条	集体所有的不动产和动产包括法律规定属于集体所有的土地和森林、山岭、草原、荒地、滩涂
	第五十九条	农民集体所有的不动产和动产，属于本集体成员集体所有
土地管理法	第八条	集体所有的土地依照法律属于村农民集体所有

《宪法》以及其他法律对于农村土地所有权的表述虽然存在差异，但都明确

界定了农村集体土地的所有者是村民集体，而其管理者不同于所有者，并不是村民集体。

关于农村土地的管理主体的法律规定见表3－2。

表3－2　我国农村土地管理主体法律规定

法律名称	条文序号	规定内容
民法通则	第七十四条	由村农业生产合作社等农业集体经济组织或者村民委员会经营、管理
土地管理法	第八条	由村农业生产合作社等农业集体经济组织或者村民委员会经营、管理
村民委员会组织法	第八条	村民委员会依照法律规定，管理本村属于村农民集体所有的土地和其他财产

从表3－2可见，我国《民法通则》及《土地管理法》都规定，村农业生产合作社等农业集体经济组织或者村民委员会是集体土地的管理主体。而《村民委员会组织法》则明确规定，由村民委员会依照法律规定管理本村属于村农民集体所有的土地。

根据上述分析，我国农村集体资产的所有权与管理权不仅进一步清晰，而且二者发生了分离，所有权主体是村民集体，而管理权主体是农业集体经济组织或者村民委员会，其中，由村民委员会是主要的管理权主体。

第二，农村组织化程度逐步提高。自20世纪80年代中后期以来，我国一些经济较发达的农村地区出现了村庄公司化、社区组织企业化的发展趋势。公司化、企业化的形式，促使农村组织化程度不断提高。

第三，村民自治制度彻底改变了政社合一的农村组织管理体制。随着村民自治制度的建立，农村原有政社合一体制发生了彻底的变化。关于村民委员会的性质，《村民委员会组织法》明确做出规定。根据其规定，作为村民的自治组织，村民委员会的性质属于群众性自治组织，不在政府的行政序列之内。村民委员会不隶属于乡镇政府，而是由全体村民选举产生。作为村民的自我管理、自我教育和自我服务组织，村民委员会管理集体公共事务与公益事业。此外，村民委员会

不仅应维护和发展本村的经济，还应及时向政府有关部门反映广大村民的意见与要求，代表村民向政府有关部门提出建议。

综上所述，农村财务治理受到农村产权制度的制约，随着农村产权制度的变革，村民集体拥有了自身的产权和独立的利益，成为农村集体资产的所有权主体。村民委员会被法律明确为群众性自治组织，随着村庄公司化、社区组织企业化的发展，促使村民委员会成为具有独立利益的主体，而按照法律规定，村民委员会是农村集体资产的管理主体。在村民自治制度建立之后，村民委员会与政府之间没有行政隶属关系。以上几个外部环境的改变，为产生农村财务治理中委托代理关系提供了客观条件。

3.1.2　角色转换为农村财务治理中委托代理关系的产生提供了内在条件

3.1.2.1　委托代理关系的契约属性

在实际中，委托代理关系是一种契约关系。在委托代理关系中，委托人与代理人的责任、权利与利益，通过契约的形式得以确定。该契约通过设计相应的激励、约束与惩罚机制等内容，维护契约双方当事人即委托人与代理人的责任、权利与利益。该契约可以促使代理人按照委托人的意愿实施代理活动，最大程度地维护委托人的利益。

作为一种契约关系，委托代理关系具有其内在规定：

第一，契约双方当事人的责任、权利、利益关系应当保持平衡。即拥有多大的权利，就应承担多大的责任。承担多大的责任，就应获得多大的利益。

第二，委托人与代理人之间契约关系建立之后，代理人应当拥有相对独立的决策权。如果代理人没有相对独立的决策权，其权利无法得以体现，也就说不上对其代理行为负责的问题了。

第三，契约双方即委托人与代理人应当平等协商，在自愿的基础上明确双方的利益和权利分享关系。假设契约双方在地位上不平等，这就会导致责、权、利关系难以保持平衡。在这种情况下，一方被迫进行选择，双方的契约关系由于没有了道义基础，所以也就难以长久维持。

第四，应当具有保证双方契约关系不受损害的必要保障措施。由于契约双方地位不同，这样一种保障机制可以保证委托人与代理人的相互监督，并能保证双方实现各自利益的共同增长。然而，在现实生活中，委托人与代理人相互之间并不具有完全一致的利益。因而，代理人在实施代理活动过程中，不可能完全按照委托人的意愿。建立与维护契约的主要目的，在于谋求最大限度地减少委托人与代理人之间的冲突。

3.1.2.2 农村各主体的角色转换

中华人民共和国成立后，我国农村基层组织制度发展变化先后经历了三个阶段。第一个阶段是1949～1953年。在该阶段，我国部分农村地区设立基层政权组织。第二个阶段是1953～1983年。在该阶段，我国农村实行合作化和人民公社体制。第三个阶段是1984年到现在，适应改革开放的新形势，建立村民自治制度，农村普遍成立村民委员会。

制度的变迁使村级组织及村民的角色发生了很大变化。村民成为具有独立经济利益的个体，村民委员会作为农村群众性自治组织，代替了中华人民共和国成立时的村政权与之后的生产大队，政府的权力从农村内部逐步退出。

角色的转换使村民、村民委员会和乡镇政府的关系发生了根本性变化。村民作为具有相对独立利益的个体，村民委员会作为农村群众性自治组织，在法律和政策允许的范围内，都有各自独立的决策权。村民委员会在性质上是民间团体，与乡镇政府没有行政隶属关系，因此与乡镇政府在地位上是平等的。我国颁布的各项法律、政策，尤其是《村民委员会组织法》，已经比较明确地规定了村民、村民委员会和乡镇政府间的责、权、利关系，并且有相关的法律保障三方的责、权、利不受侵害，比如《行政诉讼法》。

综上所述，在我国农村地区，乡镇政府、村民委员会和村民的角色已经发生了转换，这就决定了不能再以传统的方式处理三者的关系。特别是村民委员会（村干部组成）与村民角色的再定位，恰恰契合于委托代理契约的本质要求，从而为农村财务治理中委托代理关系的产生提供了内在条件。而农村财务治理中委托代理关系中，委托人与代理人存在的信息不对称，因农村财务治理机制的不完善而加剧，从而产生农村财务治理中信息不对称问题。因此，可以运用委托代理理论分析农村财务治理中信息不对称问题。

3.2　农村财务治理中的委托代理关系

根据《村民委员会组织法》第二条规定，村民委员会是村民自我管理、自我教育、自我服务的基层群众性自治组织，实行民主选举、民主决策、民主管理、民主监督。村民委员会办理本村的公共事务和公益事业，调解民间纠纷，协助维护社会治安，向人民政府反映村民的意见、要求和提出建议。根据上述法律规定，村民委员会的职责是办理本村的公共事务和公益事业，其中包括农村财务事务。

《村民委员会组织法》第十一条规定，村民委员会主任、副主任和委员，由村民直接选举产生。任何组织和个人不得指定、委派或者撤换村民委员会成员，该法第十六条规定，本村五分之一以上有选举权的村民联名，可以要求罢免村民委员会成员，罢免要求应当提出罢免理由。根据上述法律规定，全体村民既有选举代理人的权利，也有免除代理人职务的权利。

由此，全体村民选举村民委员会成员（村干部），委托村民委员会（村干部）管理村庄事务。于是就形成了全体村民和村民委员会（村干部）之间的委托代理关系。而农村财务事务作为农村事务的一个重要组成部分，也就形成了全体村民和村民委员会（村干部）之间的农村财务治理的委托代理关系。在农村财务治理中，村民将涉及的集体资产委托给村民委员会（村干部）进行经营管理，推选部分村民组成村务监督机构来监督村民委员会（村干部）的经营管理行为，确保涉及集体资产的安全和增值（见图3－1）。

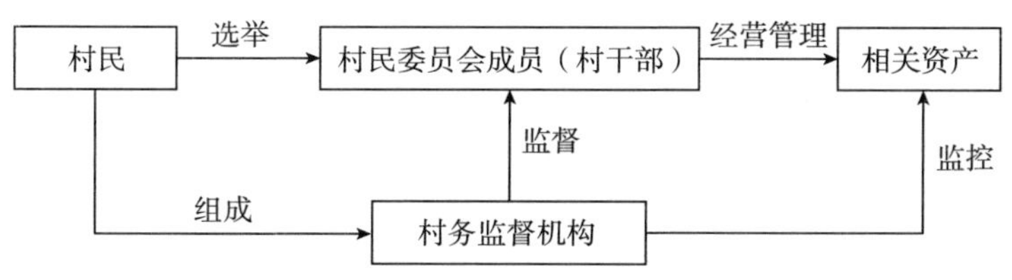

图3－1　农村财务治理中的委托代理关系

然而，在农村财务治理实践中，由于村干部权力过于集中、民主监督制度缺失等原因，村民委员会、村务监督机构在一定程度上成为某些村干部的附庸和工具，导致村民与村干部之间的利益冲突明显，农村财务治理的效果不佳。因此，本书重点涉及的是农村财务治理中村民与村干部之间的委托代理关系。

3.3 农村财务治理中委托代理关系涉及的资产

3.3.1 农村集体资产的类型

根据《村民委员会组织法》第八条的规定，村民委员会依照法律规定，管理本村属于村民集体所有的土地和其他财产，引导村民合理利用自然资源，保护和改善生态环境。而根据农村集体资产的性质不同，可以将其分为经营性资产、非经营性资产和资源性资产，这些资产分别具有不同的特点。

3.3.1.1 经营性资产

农村集体经营性资产，是指农村集体组织依法进行生产和经营，以营利为目的，占有和使用的各种财产物资与其他经济权益。包括用于农业生产的农村集体资产，也包括用于非农业（工业、第三产业）生产经营的农村集体资产。

经营性资产具有以下几个主要特点：

第一，生产性和经营性。经营性资产是为了生产和发展生产或经营过程而占用和使用的资产。农村集体经济组织从事某一项生产，都必须投入人力、物力和财力，才能真正进行，这就是生产性。有了生产，再把产品变成商品，这就是经营。经营性资产的生产性与经营性是辩证的统一体。

第二，可变性和动态性。农村集体经营性资产总是经由投入、运营、收益、分配、再投入的不断循环而发生变化，它通过不断的运动实现自身的价值和增值。

第三，目的性与增值性。经营性资产是以营利为主要目的而投入的资产，增值是经营性资产本质的特征。在人们有目的从事社会生产过程中把生产资料与劳

动力相结合，创造出更多的剩余劳动价值，才能获得增值。

第四，独立性和多样性。农村集体资产是一种集体公有制性质的资产，其所有权是指农村集体组织成员共同占有、支配的权利。

农村集体组织可在国家法律规定的允许范围内，经组织成员民主讨论、协商和自我决定，对集体资产的占有和使用、处置进行调整，有完全的独立性和自主权。由于农村集体经营性资产分布在农村的各种生产领域中，资产的规模、产业特点、经营状况等都有很大的差别，因此经营性资产的经营方式也不可能是单一的，而应该是多样化的。

3.3.1.2 非经营性资产

农村集体非经营性资产是相对农村集体经营性资产而言，主要是指除经营性资产以外的，用于农村行政事业、社会公益服务等的农村集体资产。

相对于经营性资产而言，农村集体非经营性资产具有以下特点：

第一，必要性和非生产性。农村集体非经营性资产主要分布于农村的非生产领域，它不直接参与生产经营过程。而这些非生产领域，比如行政组织、教育、环境等，是农村社会各项事业客观发展必不可少的，农村集体组织必须将一部分资产投入到这些领域去，才能保证自身生存的不断发展、完善和提高。

第二，服务性与非增值性。农村集体非经营性资产与经营性资产最大区别在于它的非经营性。非经营性资产投入和管理的目的，不同于经营性资产以追求利益为目的，而是以农村社会服务为根本目的，用于非生产领域的消费和服务的运转过程中。所以在农村集体非经营性资产占有使用管理方面，重点是保证其资产实物形态的完整性，货币形态的节俭性，最大限度发挥其资产实物的使用效能，并不要求其增值。

第三，来源的间接性。集体非经营性资产的使用是一个消耗的过程，但又是农村社会必不可少的，它本身并不能产生收益，它的扩充要通过集体经营性资产收益的社会再分配才得以实现的。

对于这部分资产，就看是否委托给村民委员会和村干部进行管理。如果委托给村民委员会和村干部进行管理，比如道路、学校、诊所等，就存在委托代理关系。如果不委托给村干部进行管理，比如一些农田水利等基础性设施，已随土地等资源性资产承包给农户家庭，村民自己经营管理，就不存在委托代理关系，而如果村民又将所承包土地委托集体经营管理，则也可以产生委托代理关系。

3.3.1.3 资源性资产

农村集体资源性资产是指所有权属于农村集体所有的各种可利用的自然资源。根据我国《宪法》第九、第十条的规定，农村集体资源性资产包括：

第一，法律规定属于农村集体所有的耕地、林地、森林、山岭、草原、荒地、滩涂等。

第二，农村宅基地、自留地、自留山等。

第三，水面或小型水利工程设施等。这些农村集体资源性资产是发展农村经济的物质基础，有的是自然状态，还未经人类劳动的开发和加工，有的也有人类劳动的投入，但不管投入与未投入劳动，均可能给集体带来使用价值和价值。

资源性资产具有以下几个特点：

第一，具有使用价值。资源性资产虽然是通过自然形成的生产资料和生活资料，但是可以被人们利用。在人们具备一定的认识水平和科技能力的条件下，对其进行开发利用，可以为人们带来一定的经济价值。

第二，在一般情形下，资源性资产也可分为具有经营性与非经营性两种，而且在一定的条件下，这两种资源性资产能够相互转化。

第三，有限性和稀缺性。有利用价值的自然资源是稀缺的，其数量比较缺乏，特别是有较大开发利用价值的资源数量，它们的数量更是非常有限，人们应当特别珍惜，认真保护，合理开发和利用。

对于资源性资产，自从农村实行家庭承包经营后，以土地、山林等为主的农村集体资源性资产有的已承包给农户家庭经营。这部分资产由村民直接经营使用，由于村民集体是所有权人，村民作为承包人，属于这部分资产所有权主体的一部分，故不存在所有权和使用权的分离，也就不涉及委托代理关系了，而如果村民承包后又委托村集体经营管理的，村民与村集体之间可以产生委托代理关系。但是，有的资源性资产仍由全体村民委托给村民委员会及村干部进行管理，那么这部分资产上就存在着委托代理关系。

3.3.2 农村财务治理中委托代理关系涉及资产的范围

依据上述所分析的农村集体资产的类型，本书所研究的农村财务治理中委托

代理关系涉及的资产包括经营性资产和由村民委员会及村干部管理的非经营性资产和资源型资产。其典型的特点就是这部分资产的所有权和经营管理权产生了分离，由代理人（村干部）代理委托人（村民）进行经营和管理。

3.4　农村财务治理中委托人与代理人的目标及行为对比分析

如上所述，本书主要涉及村民（委托人）与村干部（代理人）之间的委托代理关系。下面对双方的目标函数和行为进行对比。

3.4.1　农村财务治理中委托人与代理人的目标对比分析

3.4.1.1　村民作为委托人的财务目标分析

按照委托代理理论，委托人的一般财务目标是实现投入资本的最大限度增值。上述目标理论上可以表述为所有者财富最大化，在实践中可以用资本保值增值率予以量化，这是因为这一财务指标相对具体。在委托代理关系中，村民财务目标就是通过一系列的控制程序和措施，在最低的代理成本下实现村民的财富最大化。

首先，具体来说，在委托代理关系中，由于存在代理成本，所以村民财务目标首先是降低代理成本。代理成本的存在会影响农村集体组织经营效率，甚至可能威胁农村集体组织的稳定。

其次，财务目标是促进农村集体组织的战略目标的实现，所以农村财务治理过程必须做到全过程的控制。

最后，农村财务治理致力于将集体资源、资产加以整合优化，使资源消费最小，资源利用效率最高、集体价值最大。农村财务治理要以消除隐患、防范风险、规范经营、提高效率为宗旨，其目标是实现农村集体组织的利益最大化，提高其核心竞争力。

3.4.1.2 村干部作为代理人的财务目标分析

一般而言，在农村财务治理过程中，村民作为委托人，其财务目标是其所有的资产能够持续运营并可以大幅增值。村民关心自身资产的安全，关心农村集体组织的整体价值与远期发展，关心农村集体财务信息的真实性。而村干部作为代理人，一般只关心农村集体组织近期的利益，特别是其任期内农村集体资产的使用效益。村干部对于成本、费用、利润等指标的真实性不太关心，有时甚至为在形式上实现经营指标，故意造假账，提供虚假财务信息。正因如此，村民作为委托人，应当加强对农村财务的监督。对村干部财务目标与自身财务目标发生偏离时，村民应及时进行纠正，防止农村集体利益与长远利益受到损害。即便普通村民因成本过大而不愿意主动监督农村集体财务，对于村干部的短期行为，也可以进行“用脚投票”。

至于村干部的财务目标，既然农村集体资产归村民集体所有，农村集体组织的日常经营管理及财务收支活动，应当符合村民的意志并体现其利益，村干部必须以完成村民财务目标为首要目标，千方百计地以最小的成本，筹集农村集体组织生产经营所需资金，并合理经营管理集体资产，在最大限度上取得收益。对于村干部而言，实现村民财务目标，在很大程度上是由于村干部的经营管理，村民满意其收益，就会给予村干部较好的评价，村干部可以获得较多的报酬。可以说，只有村民利益得到了维护，村干部才会实现其利益。可以肯定的是，一个不维护义务村民利益的农村集体组织，也不可能对社会各方面承担起责任。所以，在农村财务治理中，村干部的首要财务目标即一般财务目标，是完成村民财务目标，也就是实现村民财富最大限度的增值。在农村财务治理实践中，该目标可量化为净资产收益率，这是村民对村干部进行考核的内容中最主要的指标之一，也是村干部在经营管理过程中实现的财务目标。

3.4.1.3 委托人与代理人具有不同的目标函数

根据委托代理理论，村干部与村民之间是一种委托代理的关系，双方的利益具有非完全一致性，双方的信息具有不对称性，双方所处环境具有不确定性，所以，双方的财务目标不可能完全一致。因此，在农村财务治理中，村干部追求自身效用最大化，其行为不可能都符合村民的意志。村民作为委托人，其追求的目

标是农村集体资产的增值，而村干部作为村民的代理人，不仅追求更多的货币收益，例如更高的薪金、奖金、津贴等，还追求更多的货币形式以外的利益，即非货币收益。所谓非货币收益，是指一般不以货币来进行交易，但与能以货币买卖的物品一样，可以给消费者带来消费效用的项目，如舒适的办公环境、对外交往、社会地位与声誉等。在村干部作为代理人的效用函数中，存在着与其业绩密切联系的货币收益，可以激励村干部为实现村民的财务目标而勤勉工作，体现出双方的目标具有一致性的方面。此外，村干部的效用函数中存在与其报酬无关的非货币收益，体现与村民的目标具有不一致的方面。

在农村财务治理中，如果其他条件不发生变化，村干部对非货币收益的追求，会增加农村集体组织的运营成本，减少净利润，所以，在激励约束机制不健全的情形下，村干部就有可能运用自己的职权，谋求自身更多的非货币收益，导致村民的财务目标难以实现。又由于信息不对称，村民远离农村财务活动，在信息不对称中处于绝对劣势，对于拥有财务信息的村干部的行为，村民根本无法准确知道是否存在“柠檬现象”。最终导致村民和村干部双方产生冲突，表现在道德风险与逆向选择两个层面。

村民和村干部形成了不同的代理契约的目标函数。作为农村集体资产的所有人，村民的目标函数是取得最大的回报，也就是财富的最大化。农村集体的收益R取决于村干部的工作努力程度e以及其他的随机因素ε，即$R=(e, \varepsilon)$，村干部的报酬为W，那么村民财富Eπ为：$E\pi=E[R(e, \varepsilon)-W(R)]=E\{R(e, \varepsilon)-W[R(e, \varepsilon)]\}$。

虽然村干部作为代理人进入农村集体组织管理层，管理和运作农村集体资产以及村民投入的资本，服务于村民财富最大化，但也具有自身的目标函数。事实上，村干部一直追求其自身合理效用U的最大化。一般来说，这种合理效用主要包括三个方面，即追求报酬最大化，体现在物质和精神两个方面；追求更多的闲暇机会，享受人生；追求工作稳定，避免风险。可以将村干部的目标函数表示为：$EU=EU(W, e)=EU\{W[R(e, \varepsilon), e]\}$。在农村集体组织的经营管理过程中，村干部追求始终自身合理效用最大化，而且往往自觉或不自觉地依据此标准，衡量自己的个人得失。按照职责要求，村干部有为村民财富最大化进行忠实管理的责任。然而在事实上，村干部在履行其职责过程中选择其行为时，在不同程度上存在着其自身的目标。例如，村干部对风险决策的回避态度，村干部在选择行为时，在自身目标的作用下，对于冒风险投资的超额报酬，他知道他是无权分享的。即使 W = W（R）是一条直线关系，然而斜率可能很低，在 e 很大时，W 的增长不显著。如果农村集体风险投资不成功，村干部却要为此负责，而且在社会评价方面，村干部的自身价值会下降。根据上述分析，农村集体组织风险投资可能有利于村民财富最大化，却不利于村干部实现其自身目标。

综上所述，村干部的财务目标，一方面包括以实现村民的财务目标为一般目标。该目标是实现村民财富最大化，可以用农村集体净资产收益率进行量化。另一方面还包括村干部对自身效用最大化，特别是追求非货币收益的目标。所以，在财务目标方面，村民与村干部存在一致的方面，却也有一定的冲突，故在客观上应当重视并加强村民对村干部的财务监督。

3.4.2 农村财务治理中委托人与代理人的行为对比和博弈

在农村财务治理中，村民和村干部之间的委托代理关系最为典型，农村财务治理主要是村民与村干部之间的一种互动过程，双方不仅在目标方面存在差异，而且具有各自不同的行为选择。

3.4.2.1 代理人（村干部）与委托人（村民）的行为选择模型

（1）村干部作为代理人的行为模型。

在分析村干部行为选择时，有以下假设为前提：村干部作为有限理性经济人，以效用最大化为原则选择行为；为简化分析，对既定村干部的行为分为努力行为与偷懒行为。在对业绩的影响方面，这两种行为是有差别的。假定与村干部努力行为对应的业绩是 Yh，村干部所得效用是 Uh，相反，与其偷懒行为对应的业绩是 Y_1，其所得效用是 U_1，而且 $Yh > Y_1$。在关于村干部管理水平与努力程度方面，村干部和村民存在信息不对称，村干部处于优势地位。村干部的总收入可分为三部分。即固定工资收入，用 S 表示；机会主义行为收入，用 W 表示；剩余分享，用 RY 表示。此处，村干部机会主义行为收入 W，指一些非货币利益以及其他私利等。很明显，可以得出一个结论，即 $Wh < W_1$。而 R 代表根据其工作业绩，村干部得到的剩余比例。α、β 分别表示村干部选择偷懒和努力行为，而因业绩原因被村民依法罢免的概率。V 表示村干部在被村民依法罢免后所得收入，并与努力和偷懒相对应。村干部的效用函数具有连续可导的性质。

根据以上假设，在其做出努力工作的选择时，村干部的预期效用是：$Uh=(S+Wh+R\times Yh)(1-\beta)+V\times\beta$。

因为代理人和委托人各自拥有的信息是不对称的，在动机方面，村干部就会选择机会主义行为。与努力工作带来的效用相比，该行为带来的效用更大。因此，如果村干部选择偷懒行为，他的预期效用是：$U_1=(S+W_1+R\times Y_1)(1-\alpha)+V\times\alpha$。

假设 $U=U_1-Uh$，那么 U 表示村干部选择偷懒行为时，所产生的效用，低于选择努力行为所产生的效用。在 $U>0$ 的情形下，根据效用最大化假设，那么村干部就会选择偷懒的机会主义行为。如果 U 更大，那么经营者的偷懒行为动机就会更大，道德风险就更容易发生。

$$\begin{aligned}U&=U_1-Uh\\&=(S+W_1+R\times Y_1)(1-\alpha)+V\times\beta-(S+Wh+R\times Yh)(1-\beta)-V\times\beta\end{aligned}\quad(3-1)$$

从式(3-1)可知，有很多因素会影响村干部的行为选择，例如固定工资收入 S，获得的剩余比例 R，分别选择偷懒和努力行为而因业绩原因被村民依法罢免的概率 α、β、在被村民依法罢免后所得收入 V。

在式(3-1)中，对以上变量进行求导，可得：

$$dU/dS=\beta-\alpha\quad(3-2)$$

$$dU/dR=(1-\alpha)Y_1-(1-\beta)Yh\quad(3-3)$$

$$dU/dV=\alpha-\beta\quad(3-4)$$

$$dU/d\alpha=V-(S+W_1+RY_1)\quad(3-5)$$

$$dU/d\beta=(S+Wh+RYh)-V\quad(3-6)$$

在式（3-2）中，在 $\alpha>\beta$ 的情形下，$dU/dS<0$，随着 S 的增大，U 减小。这就说明，村干部选择偷懒行为而因业绩原因被村民依法罢免的概率大于选择努力行为而因业绩被村民依法罢免的概率。随着村干部固定工资的增加，道德风险发生的概率减小。

在式（3-3）中，根据假设 $Yh>Y_1$，在 $\alpha\geqslant\beta$ 的情形下，$dU/dR<0$，随着 R 的增大，U 减小。这就说明，在村干部选择偷懒行为，村干部所得剩余比例越高。此时，村干部选择偷懒的可能性也就越小，道德风险从而得以减小。

在式（3-4）中，在 $\alpha > \beta$ 的情形下，$dU/dV > 0$，随着 V 的增大，U 增大。这说明，在村干部更换工作后，工作时所得收入越高，他选择偷懒的可能性越大。所以，$V < S + W + RY$ 成为村干部做出继续工作选择的必要条件之一。

在式（3-5）中，在 $V < S + W_1 + RY_1$ 的情形下，$dU/d\alpha < 0$，随着 α 的增大，U 减小。这说明，在更换工作后，村干部的所得小。这时就存在更高的因偷懒被辞退的可能性，这样村干部选择偷懒的可能性就越小。

在式（3-6）中，在 $V < S + Wh + RYh$ 的情形下，$dU/d\beta > 0$，随着 β 的增大，U 增大。这说明，在更换工作之后，村干部的所得小于努力行为所得。此时，因选择努力而仍可能因业绩方面原因被辞退的可能性就更高，道德风险问题在村干部身上就更容易发生。

（2）村民作为委托人的行为选择模型。

第一，假设村民也属于有限理性经济人，效用最大化是其行为选择的原则。根据上述的假设，在村干部工作水平与努力程度方面，村民和村干部各自拥有的信息是不对称的，村干部处于优势地位，所以，村民在对村干部能力及努力程度做出判断时，只能根据业绩等，假设在业绩不佳 $Y = Y_1$ 的情况下，村民判断村干部偷懒的概率是 α；村干部努力工作的概率 $1-\alpha$，其他不可控因素导致其业绩不佳。在业绩好 $Y = Yh$ 的情况下，村民判断村干部努力工作的概率是 β；村干部偷懒的概率是 $1-\beta$，而导致业绩较好在于市场因素或其他方面。在税收政策、利息成本等因素保持不变的情况下，对这些因素是否加以考虑，对模型的结论都没有影响，所以可以进行简化，假设村民的收益是绩效 Y 减去村干部的收益，即 $(1-R)Y - S - W$。一方面，村民的效用是依赖于绩效的。另一方面，村民的效用也依赖于村民对村干部努力与否的判断。村干部工作越是努力，村民能获得的效用就越大。对于村干部的行为，村民可以选择进行各种激励与约束。村民的效用函数连续且可导。

第二，以上述假设为前提，在村干部采取不同行为时，村民计算自己的效用。不管对村民还是对村干部来说，精确的数据是不可能得到的，然而，运用以下所列公式，可以较为简练地说明村民对村干部进行评估的依据，以及大致的估算方式。

村民认为村干部在努力工作时的预期效用为：

$$Uh = [(1-R)Yh - S - Wh]\beta + [(1-R)Y_1 - S - Wh](1-\alpha)$$

村民认为村干部选择偷懒的预期效用是：

$U_1=[(1-R)Yh-S-W_1](1-\beta)+[(1-R)Y_1-S-W_1]\alpha$

设 $U=Uh-U_1$，那么U表示村民认为村干部在选择行为时，对自己带来的效用差异。在 $U>0$ 的情况下，村干部越努力工作，村民的效用越大，相反，道德风险的存在会使村民的效用降低。所以，U越大，村民对村干部进行激励的可能性越大，可以激励村干部工作更加努力，而U越小，村民对村干部进行惩罚约束的可能性越大，以防止村干部偷懒。

$$\begin{aligned}U&=Uh-U_1\\&=[(1-R)Yh-S-Wh]\beta+[(1-R)Y_1-S-Wh](1-\alpha)-[(1-R)Yh-\\&\quad S-W_1](1-\beta)-[(1-R)Y_1-S-W_1]\alpha\end{aligned}\tag{3-7}$$

第三，从式(3-7)中，可以总结出影响村民行为选择的因素。这些因素包括固定工资收入S、村干部所得的剩余比例R、村民对村干部选择行为判断的概率α、β。

在式(3-7)中，对以上各个变量进行求导：

$$dU/dS=-2(\beta-\alpha)\tag{3-8}$$

$$dU/dR=(1-2\beta)Yh-(1-2\alpha)Y_1\tag{3-9}$$

$$dU/d\alpha=-[(1-R)Y_1-S-Wh]-[(1-R)Y_1-S-W_1]\tag{3-10}$$

$$dU/d\beta=[(1-R)Yh-S-Wh]+[(1-R)Yh-S-W_1]\tag{3-11}$$

在式（3-8）中，在 $\alpha<\beta$ 的情形下，$dU/dS>0$，随着S的增大，U增大。α小于β，这说明村民判断在客观条件较差时，即使业绩不好，也不必然是村干部偷懒导致的，而如果业绩较好，那么说明村干部工作努力。在这种情况下，可以允许村干部取得较高的报酬。而在 $\alpha>\beta$ 的情形下，$dU/dS<0$，随着S的增大，U减小。$\alpha>\beta$，这说明村民判断在客观条件较好时，即使业绩不好，村干部偷懒是主要因素。假如业绩较好，与村干部的努力工作没有必然联系。在这种情况下，村干部的工资应当较低，并应对其加强监督。

在式（3-9）中，在 $\alpha>\beta$ 的情形下，$dU/dR>0$，随着R的增大，U增大。在这种情况下，村民给予村干部较高的剩余比例R，可以通过股权激励等方式激励村干部行为的长期性。

在式（3-10）中，$dU/d\alpha<0$，随着α的增大，U减小。这就说明，村民认为业绩不好，在很大程度上在于村干部偷懒。所以，村民做出约束选择，对村干

部加强监督，避免村干部偷懒，甚至选择按照法定程序罢免村干部。

在式（3－11）中，$dU/d\beta>0$，随着 β 的增大，U 增大。说明村民认为业绩好，很大程度在于村干部努力工作，所以，村民做出激励选择，以激励村干部努力工作。

（3）两种行为模型对比分析。

从上述对村干部行为选择的分析中可以得出这样的结论，即在一定条件下，对村干部的评价、激励、惩罚等都是影响村干部行为选择的因素。上述这些影响村干部行为的因素，都需要农村财务治理进行制度安排。不同的制度所产生的经济后果也不同，导致村干部选择的行为也不同。在相同的经营条件下，不同财务治理制度下的农村集体组织在业绩方面存在较大差异，这是其中最主要的原因。而通过对村民行为选择进行分析，可以发现，由于与村干部之间的信息不对称，村民处于先天劣势地位，村民应根据业绩、外部因素等信息，尽可能地客观准确地判断村干部能力与努力程度，以便正确选择激励或约束措施，对村干部做到奖惩分明，使村干部既能上也能下，促使农村集体组织健康稳定发展。与其他科学研究相同，应当在模型的抽象处理与现实的联系之间做出选择。鉴于村民与村干部身份及行为的特点，在模型当中，其某些行为属性难以描述出来，例如部分村民与村干部的共谋问题，农村经济、社会环境等因素等都没有包含在模型中。即这些因素在模型中没有明确出来。例如，假设部分村民与村干部存在着共谋，则影响到村干部对自己被村民依法罢免概率的判断。上述概率经过调整，那么以上模型继续适用。此外，不同农村集体组织在存在共性的同时，还存在个别的特点。在安排具体农村财务治理制度时，在本书所建模型的基础上，进行必要修正，以获得政策启示或有益的思路。

3.4.2.2 代理人与委托人的博弈

在农村财务治理中，存在着许多具有博弈关系的利益主体。有的主体与农村集体组织有直接经济关系。但也有与农村集体组织没有直接的经济关系，不属于农村集体组织生存发展的必要条件的组织。各主体相互之间的关系非常错综复杂。所以，为突出重点、简化问题的研究，本书仅对主要的农村财务治理参与主体，即村民与村干部财务治理的博弈问题进行分析。在农村财务治理方面，村干部被广大村民赋予了重要权利，可以说，村干部实际掌握着农村集体组织经营和

财务决策方面的权利。由于掌握了农村集体组织的大部分财务权利，村干部最了解农村集体经济情况和财务信息。其他主体如想获得财务信息以及实现财务利益，则需要依赖于村干部的经营管理行为。因此，通过分析村民和村干部在农村财务治理中的博弈行为，对界定双方在财务方面的权利与责任，解决信息不对称问题，防止农村集体资金与资产的流失、转移，化解村民与村干部之间的财务利益冲突，实现各方相互合作达到双赢，都具有非常积极的意义。

（1）博弈假设。

村民和村干部在财务治理上的博弈即是农村集体组织资产所有者和管理者之间的博弈。在农村财务治理中，村民作为委托人，为了满足农村财务活动的需要，将村民集体所有的资产委托村干部经营管理，追求自身财富的最大化是其根本目的，以取得财务收益。然而，一般情况下村民并不直接参与农村集体事务的管理，农村集体组织的大部分财务权利也不由其掌握。而村干部作为代理人，当认为所获得的报酬不符合他们的期望时，其手中的财务权利可能会被其利用，进行徇私舞弊。在这种情况下，逆向选择、道德风险甚至内部人控制等委托代理关系中的问题，从而在农村财务治理过程中出现。现对该博弈做出假设如下：

假设1：村民与村干部双方之间是完全信息的静态博弈。本书假定村民和村干部是理性的经济人，以自身利益最大化为其追求。双方的博弈可以简化为完全信息的静态博弈，也就是不论是村民还是村干部，他们选择策略时都没有先后顺序，并且彼此清楚对方在不同种情形下获得的全部信息。

假设2：在农村财务治理的过程中，村民和村干部面对博弈的对方，都有两种方案可供选择。第一个供村民选择的方案是，采取积极作为的态度。第二个供村民选择的方案是，采取消极的不作为态度，即对村干部的财务行为进行放任，村干部是否滥用财权，都不做出任何反应。供村干部选择的策略有：一是村干部严格遵守村民会议决议，规范管理农村事务，切实履行自己的职责，将真实的财务信息提供给村民，所实施的财务活动不超出自己职权的范围；二是利用自己拥有的农村财务控制权，损害村民的利益，谋取私人利益。

假设3：在农村财务活动中，村干部利用农村财务控制权所谋取的利益，与导致村民损失的数额相同。

假设4：村干部实施越权行为被村民发现后，他需支出的处罚代价可以被量化。村干部以支付货币的形式对村民的损失予以全部赔偿。

假设5：村民对村干部的监督是有效的。如果村民选择了监督，而村干部又实施违纪违法行为，村民必然会知道该行为，由于有效监督的存在，故村干部不能得到谋取的私利。

（2）博弈模型。

构建村民和村干部在农村财务治理中的博弈模型时，有以下几个假定。首先假定村干部所实施的财务活动正常，能够为了村民的利益管理农村集体事务，依法积极运用财务权力为农村集体创造价值，此时，村干部获得的正常工资报酬为W。为了谋取私人利益，村干部不兑现履职承诺等责任，利用所拥有的财务权力谋取私利，此时获得的收益为 C_1。在数量上，C_1 与村干部不向村民提供真实的农村财务信息，而越权谋取私利时，给村民带来的损失相等。村干部在农村财务治理中实施违规行为，被村民发现后，其所受处罚成本为 C_2。C_2 是指可量化的，应当采用货币的形式赔偿给村民的罚金。R 是村民应得的财务利益。村民在参与农村财务治理，并对村干部违反法律规定的财务行为有所反应的过程中，村民是有成本支出的。村民的成本具体有两个方面：一是村干部积极履行职责并为农村集体创造价值时，所支出的财务激励成本 C_3；二是村民监督村干部，所支出的成本 C_4。村民和村干部的博弈模型如表 3－3 所示：

表 3－3　村民和村干部的博弈矩阵

	村干部越权	村干部不越权
村民作为	$R-C_4+C_2$，$W-C_2$	$R-C_3-C_4$，$W+C_3$
村民不作为	$R-C_1$，$W+C_1$	R，W

从表 3－3 中可以发现，在农村财务治理中，村民与村干部之间的博弈有四种情况。

第一种情况是村干部运用手中的财务权利，为自身谋取私利，而村民对村干部的行为做出反应，积极参与农村财务治理，实施财务激励与监督。在该情形下，村民的收益为 $R-C_4+C_2$，村干部的收益为 $W-C_2$。

第二种情况是村干部履行自己的职责，遵守法律和农村集体组织相关规定，认真正确地行使财务权力，为农村集体创造价值，村民会参与农村财务治理，并对村干部进行财务激励与监督，在这种情况下，村民的收益为 $R-C_3-C_4$，村干部的收益为 $W+C_3$。

第三种情况是村干部不认真履行职责，甚至在行使财务权力时违反有关规定，村民对村干部的行为是不作为的态度，也不采取任何措施。在这种情况下，村民所获收益是 $R-C_1$，村干部所获收益是 $W+C_1$。

第四种情况是村干部依法履行自己的职责，在农村财务活动中不追求个人不当利益，始终将村民的利益放在第一位，村民不参与农村财务治理，在这种情况下，村民的收益为 R，村干部的收益为 W。

（3）求解均衡和结果分析。

假定村干部选择不正确履行职责，并且滥用其财权，不向村民提供真实的财务信息，以损害村民的财务利益来满足自身利益的概率是 q，那么，村干部依法履行职责，认真履行村民委托的工作任务，按照村民委托的权限行使其财权的概率是 $1-q$。村民主动参与农村财务治理，通过实施财务监督与激励的方式，对村干部施加影响的概率为 p，那么，村民在农村财务治理中，不采取任何行动的概率是 $1-p$。

村民期望的收益函数是：

$$U(A)=p\cdot[q\cdot(R-C_4+C_2)+(1-q)\cdot(R-C_3-C_4)]+(1-p)\cdot[q\cdot(R-C_1)+(1-q)\cdot R]$$

上述函数对 p 求导，得出：

$$dU(A)/d(p)=q\cdot(C_1+C_2+C_3)-(C_3+C_4)$$

即均衡解

$$q^*=C_3+C_4/(C_1+C_2+C_3)$$

对村民来说，在 $q>q^*$ 的情况下，村民会通过实施财务激励与监督，积极参与农村财务治理，对村干部行使财务权利产生影响。在 $q<q^*$ 的情况下，村民参与农村财务治理所获得的收益，小于其不参与农村财务治理时所得收益，那么，村民不会对村干部的财务行为进行约束。

另外，村干部期望的收益函数为：

$$U(B)=q\cdot[p\cdot(W-C_2)+(1-p)\cdot(W+C_1)]+(1-q)\cdot[p\cdot(W+C_3)+(1-p)\cdot W]$$

该函数对 q 求导得出：

$$dU(B)/d(q)=p\cdot(C_1+C_2+C_3)-C_1$$

即均衡解

$p^{*}=C_1/(C_1+C_2+C_3)$

对村干部来说，只有在 $p>p^{*}$ 的情况下，村干部按照有关法律法规，积极正确履行义务，全面维护广大村民的利益，其所获收益大于其违规谋取私利的收益，在这种情况下，村干部会做出依法行使财务权利的选择。而在 $p<p^{*}$ 的情况下，村干部甘冒风险，不仅自己可以获取正常的收益，还能滥用掌握的财权谋取额外的收益。

根据分析村民和村干部在农村财务治理博弈中的结果，农村集体组织应当对农村集体财权进行合理的配置，设计合理的财务激励、监督制度，针对各种违规行为制定详细的处罚措施，防止村干部滥用自身的职权及信息优势谋取私利，追求自身价值最大化，从而造成广大村民和农村集体的财务利益受到损害。

通过村干部的目标和行为分析可以发现，由于信息不对称的存在，作为代理人的村干部和作为委托人的村民具有不同的目标函数，村干部有动机背离村民的意愿，利用其信息优势获取自己最大效用。

3.4.3 结论

由于农村集体产权的所有权与经营管理权发生分离，村民集体作为所有者与作为经营管理者的村干部之间存在委托代理关系。在农村财务治理中，由于村民作为委托人与作为代理的村干部之间存在信息不对称，引致村民与村干部之间的目标与行为选择出现差异，在缺乏有效的激励约束与监督的情况下，就产生了代理问题（见图3－2）。

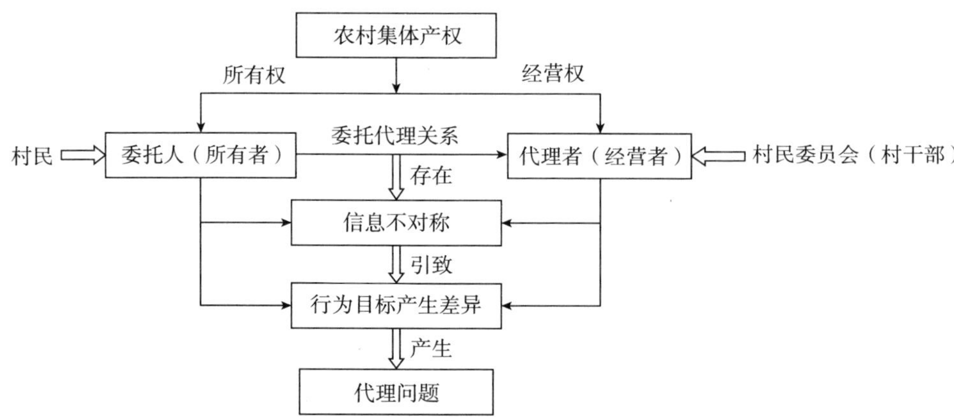

图3－2　农村财务治理中代理问题产生原因分析

3.5 河北省农村财务治理中代理问题调查

3.5.1 调查过程

为了深入了解农村财务治理中存在的代理问题的实际情况，发现其在运行实践中存在的漏洞和不足之处，为农村财务治理的完善寻找依据，本书对河北省设区市的农村财务治理进行了实地调查。本书选取河北省进行调查的主要原因是该省是我国地形地貌最全的省份，存在各种不同地形地貌上的村庄，该省农村具有较强的代表性。本书实地调查的主要范围是石家庄市、保定市、衡水市、沧州市、唐山市、秦皇岛市、承德市、张家口市等。

调查的目的在于，调查范围内各主要地市的农村财务治理情况，以及治理是否适合当地农村实际发展状况。通过对农村财务治理情况进行调查，总结出农村财务治理中存在的代理问题与成因，特别是分析农村财务治理中代理问题的严重程度，探寻解决农村财务信息不对称问题的方法。

调查对象主要是集中在上述范围内的村民，调查主要采用访谈的方式，主要访谈问题涉及农村财务治理中的农村财务决策、农村财务监督、农村财务信息公开等方面。

3.5.2 调查结果及分析

由于所研究问题的敏感性及复杂性，在实地调查走访之外，本书还广泛搜集有关部门发布的统计数据、各种权威的专业文献资料，通过整理与分析，对目前河北省农村财务治理中委托代理关系存在的代理问题总结如下。

3.5.2.1 农村财务治理中存在严重的代理问题

(1) 村干部作为代理人出现较多违纪违法行为。

在农村财务治理中，村干部作为代理人，侵害村民与集体利益，违纪违法现象严重。村干部违纪违法行为多种多样，例如：通过职权侵占、截留、私分、挪用等方式，非法占有征地补偿款、救灾款、扶贫款以及粮食补贴款等非经营性资产。在出租、转让、发包农村集体耕地、山地、林地等资源型资产过程中压低价格。个别村干部相互串通、共同作案等。村干部的违纪违法行为的方式虽然五花八门，但是其最终目的是通过违纪违法行为达到损公肥私的目的。村干部的违纪违法行为导致农村集体资产自身运营效率低下，农村集体资产及村民利益受到严重损失。

根据检察机关公布的数据显示，2015 年 1 月至 11 月，河北省检察机关共立案侦查惠农扶贫领域农村干部职务犯罪 71 件 112 人，涉案金额达 756 万余元。

根据农业部统计数据，2017 年河北省农村集体经济审计发现的违法违纪情况比较严重，见表 3－4。

表 3－4　2017 年河北省农村集体经济审计情况

被审计村数（个）	违法违纪金额（万元）	违法违纪村数（个）	审计查出贪污案件（件）	受处分人数（人）	受刑事追究人数（人）
24691	5694.2	506	68	179	6

资料来源：中国农村经营管理统计年报［M］. 北京：中国农业出版社，2018.

2018 年 8 月 28 日，河北省纪委监委在官网上通报了 6 起农村基层干部违纪违法典型案件，具体情况见表 3－5。

表 3－5　部分农村基层干部违纪典型案件

序号	违纪人员	职务	案由	违纪事实	处理结果
1	王某	内丘县官庄镇西周村原党支部书记	骗取危房改造补助资金	王某任该村党支部书记期间，以他人旧房冒充自己房屋，骗取危房改造补助资金 1.67 万元；以五保户名义骗取危房改造补助资金 7.28 万元	王某受到开除党籍处分，并被判处刑罚
2	徐某、于某	时任张北县油篓沟镇曹碾沟村党支部书记、村民委员会主任	实施扶贫项目过程中弄虚作假	2015～2016 年，该村村民委员会假借 85 户贫困户名义，为 49 户非贫困户申报实施扶贫养牛圈舍建设项目，且对项目管理不到位，致使部分农户擅自改变圈舍用途	徐某、于某受到党内警告处分

续表

序号	违纪人员	职务	案由	违纪事实	处理结果
3	安某	灵寿县狗台乡粟皋安村原党支部书记	挪用周转畜扶贫款等	安某在任村党支部书记期间，挪用周转畜扶贫款、小型农田水利基本建设款等共计6.51万元，私分救济面粉、使用救济面粉抵账	安某受到开除党籍处分，并被判处刑罚
4	陈某、李某	时任辛集市天宫营乡西天宫营村民委员会副主任、村民委员会委员	截留、骗取民政保障金、低保金	该村采取降低发放标准、减少发放人数、隐瞒五保户死亡等方式，截留、骗取低保户、五保户民政保障金共计10.34万元用于村集体事务等开支	陈某受到留党察看一年处分，李某受到党内严重警告处分
5	李某、刘某	海兴县小山乡原党委组织委员、民政所所长	不正确履行职责，致使危房改造补助资金被违规领取	2015年和2016年，李某、刘某在该乡开展危房改造工作过程中，对危房改造项目资料审核把关不严，致使不符合申报条件的农户违规领取危房改造补助资金7.15万元	李某、刘某受到党内警告处分
6	么某	馆陶县扶贫和农业开发办公室副主任科员	对扶贫项目监管不到位	2015年，该县在房寨镇罗徘头村实施家庭手工业扶贫项目，扶贫办副主任科员么某作为该项目责任领导，未尽到监督管理责任，致使罗徘头村100户贫困户以每户2000元入股馆陶县某箱包厂后，该箱包厂未按协议对入股贫困户分红	么某受到党内警告处分

资料来源：河北省纪委监委网站［EB/OL］. http://www.hebcdi.gov.cn/2018－08/28/content_7007355.htm.

以上6起典型案件暴露出当前农村财务治理过程中，特别是扶贫资金及项目、补助资金、保障金等方面，农村基层干部腐败和作风问题仍然禁而不止，少数基层干部不收手，有关部门查处不力、监管责任缺位，监督制度缺失，侵害群众利益问题仍时有发生，严重损害农村集体利益和影响农村社会稳定。上述案例中村干部的犯罪手段多表现为骗取、假借、隐瞒等，反映出村干部与村民之间的信息不对称程度严重，村干部在农村财务治理中的信息优势，成为其实施犯罪的重要条件。

为了进一步了解村干部职务犯罪情况，本书通过到保定市A县、B县、C县人民法院实地调查，调查该三县人民法院在2016～2018年审理的村干部职务犯罪案件。所调查的案件情况见表3-6。

表3-6 2016~2018年三县人民法院审理的村干部职务犯罪案件

县别	贪污罪	职务侵占罪	挪用公款罪	非国家工作人员受贿罪
A县	2			
B县	1	1		1
C县	3		1	
小计	6	1	1	1
合计	9			

资料来源：本书调查。

实地调查结果显示，上述三县村干部职务犯罪案件以贪污为主，以职务侵占、挪用公款等为辅。犯罪主体以村民委员会主任、农村财务人员等为主，犯罪手段多采取重复报销、伪造单据、收入不入账、虚报冒领等简单形式，村干部权力过于集中，反映出农村财务治理机制不完善，加剧了村民与村干部之间的信息不对称，难以对村干部进行有效监督，代理问题更加严重。

（2）政府部门不当干预，村民与村干部之间的委托代理关系严重错位。

根据《村民委员会组织法》的规定，乡镇政府与村民委员会之间的关系是指导、支持和帮助的关系。应由村民自治的事项，决定权应当归村民集体，政府不能直接干预。村民委员会作为基层群众性自治组织，实行民主管理，对于乡镇政府的工作应予协助。乡镇政府与村民委员会之间的关系并非领导与被领导关系，而是指导、协助关系。在现实中，乡镇政府与村民委员会存在较为复杂的关系，在农村社会的快速变革和村民自治的大力发展进程中，由于国家政权体系尚未发生适应性变革，国家政权与乡村社会的关系较为紧张。上述紧张关系最直接的表现是乡政与村治之间产生脱节，乡镇政府是国家在农村地区的一级政府机关，其权力来源于国家政权的认可，所以，乡镇政府往往将村民委员会作为自己的下属机构，本来法律规定的指导与被指导关系演变成领导与被领导的关系，乡镇政府常常以行政命令插手村民委员会自治范围内的事项，干预村民选举村干部，对村干部随意停职、撤换。

在农村财务治理实践中，乡镇政府干部甚至上级政府的一些干部还存在传统的观念和思维，在实践中将村民委员会看成自己的下属行政机构，较为随意地干涉村民委员会的组成和属于村民自治范围内的生产、经营等村务活动，让村民委员会承担起政府职能，一些不属于村里承担的任务被强加给村里，村民委员会变相地进行公共服务，可是其资金保障没有纳入公共财政，村民委员会为了完成上级任务，甚至迎合政府部门意图，使用农村集体资金去开展政府交办的工作，部分开支还没有依据，个别怀有私心的村干部利用完成政府下派工作的机会，故意扩大开支甚至虚报开支，从中为自己牟利，使农村财务开支加大，进一步加剧农村集体资金使用和管理方面存在的问题。

面对乡镇政府对于农村财务的越权干预，村民委员会也有着不同的回应，根据笔者的研究与实地调查，可分为如下两类：

一类是农村财务的附属行政化①。其突出表现是，农村财务依附于乡镇政府，以乡镇政府的需要为中心进行各项工作，而对村民的要求不闻不问。在村民与乡镇政府存在矛盾的情况下，村民委员会不积极维护村民的合法权益，而是维护其与乡镇政府的关系，导致村民和自治组织的活动空间受到压缩，行政力量日益扩张且不受制约，村民的自主权得不到保障，自治组织的行政化色彩浓厚，导致所谓附属行政化的局面出现，村民自治在一定程度上流于形式。

另一类是农村财务过度自治化。与前一类情况明显不同，在这类情形下，村民委员会无限扩大农村财务中自治权，意图摆脱政府的指导和监督。在日常活动中，这一类村民委员会从维护本村的利益角度出发，抵制乡镇政府不合理的控制，对于政府的正常工作指导也非常消极，力求脱离政府的监督。还有的村干部为了自身利益，有时故意突出乡镇政府与村民之间的矛盾。在农村集体组织维护村民利益不到位的情况下，村民对农村集体组织产生不满，农村集体组织便以乡镇政府的代言人身份出现，说是乡镇政府侵犯了村民的利益，而当村级组织协助政府工作不到位时，乡镇政府对其工作不满意时，农村集体组织又以村民意志的代表者出现，说是村民对乡镇政府不满意。虽然在当前农村财务治理中存在上述两类情况，但从总体上看，村民委员会与乡镇政府之间附属行政化关系处于主导地位，农村财务治理也在很大程度上属于乡镇政府管理，而过度自治化的情形在全国尚不多见。农业税免除以后，全国各个省份都把乡镇体制改革和其他综合配套改革提上了议事日程，一些地方也进行了许多改革探索，乡镇政府与村民委员

① 伍俊斌．推进基层治理的困境与对策分析［J］．商丘师范学院学报，2016（2）．

会关系虽然有所改善，但总的来说，变化并不是很大。在农村财务治理中，乡镇政府替代自治组织，政府行为替代自治行为，导致村民与村干部之间的委托代理关系严重错位，村民不具备参与农村财务治理的条件，村集体权益容易受到干涉，还会导致出现权力寻租、村干部腐败、错误决策等问题。

（3）村干部权力太集中，村民作为委托人缺位现象严重。

在农村财务治理中，村干部的权力过于集中，村民作为委托人严重缺位，不能有效参与财务治理。个别村干部将拥有的权力资本化，把自己手中的权力当成获取个人财富的资本，大肆进行权钱交易。村干部没有行政级别，却拥有集体土地发包、宅基地分配等与村民切身利益密切相关的权力。上述村干部的权力在一定范围内被绝对化，又缺乏相应的监督机制。个别村干部法制观念不强，人治思想浓厚，家长习气严重，习惯村里大小事情自己做主。如果村民不请客、不送礼，其合法权益都没有保障。例如在土地发包过程中缺乏相应监督机制，有的村干部利用手中的权力，土地发包给村民，向村民收取现金，承包款被村干部据为己有。有的村干部谎称为争取资金给有关部门送礼等，支出现金供自己消费。有的村干部把村集体企业当成自家的钱袋子，违反规定报销开支。有的村干部在村集体企业改制中，以低价将集体企业转让给自己的关系人，导致农村集体资产大量流失。

根据本书对调查地区村民的访谈调查，在问及“每年大约召开村民大会几次及村民代表大会的次数是几次”时，竟然没有一个人回答此问题。集体组织很少召开会议，村民也没有参与会议的主动性，村民在农村财务决策中严重缺位。

对“村集体重大事项的决策形式”问题，大部分村民认为村集体重大事项的决策由村两委决策、村基层党组织或村民委员会进行单独决策，结果表明重大决策权集中由村两委成员掌握，村民会议及村民代表大会都不能真正发挥作用，其作为决策机构的相应职权行使也没有落实到位，信息不对称、村民的知情权得不到充分保障，是导致其参与集体事务决策的权利得不到落实，农村集体财务决策权向个别村干部集中，村民作为委托人缺位的重要原因。

此外，本书还就村民对农村财务治理的关心与参与情况进行了调查，从调查结果看，大部分村民虽然关注村的村民委员会做出的重大财务决定，但是，如果涉及不到自身利益，村民往往因各方面因素不主动参与财务治理。在调查中发现，有的村民是无所谓的态度，主要是因为他们心存顾虑，担心如果参与并提出

反对意见之后，受到村干部的压制和胁迫。所以，农村财务治理与村民利益的联系程度不密切，严重挫伤了村民参与农村财务治理的积极性。

3.5.2.2　农村财务治理存在严重代理问题的具体原因

（1）对村干部激励约束不到位。

村干部一方面是村民利益的代表，另一方面是国家方针政策在农村的代言人。在农村经济发展、基层民主政治发展过程中，村干部的重要作用是不可替代的。目前，存在村干部违纪违法的现象，而且造成的后果非常严重。发生在农村财务领域违纪违法行为，使村干部与群众之间关系趋于紧张，矛盾突出，农村社会的稳定受到严重影响。这从侧面反映出农村财务缺乏有效的激励与约束机制。

在如今农村财务治理中，村干部难选、难用、难管等是比较突出的问题。与对国家公务人员的管理不同，对村干部的管理缺乏完善的激励与约束机制，激励与约束同报酬、奖惩、任用等不关联，村干部没有工作责任感和能动性，农村财务人员的情况则更为糟糕。在村干部的考核体系中，经济指标所占比例偏大，而医疗、教育、公共服务等指标偏小。在绩效考核中工作重点不能显现，特别是集体资金的使用效率、财务收支情况都没有纳入绩效考核的范围，导致村干部对农村财务档案的保存不够重视。在考核过程中，村民委员会成员、财务人员应明确自己的职责、如何履职及各自权限等。但是，上级部门在制定绩效考核内容、设计考核指标时，通常不进行充分的实地调查，不了解村干部的实际情况，也没有充分考虑村干部的主观愿望。作为农村集体资产的管理者，村干部受到广大村民的监督，考核机构在确定绩效考核指标时，应充分听取村民的建议，涉及村民自身利益的事项应予以重点考核，特别是农村集体财务管理、财务信息公开等方面的事项。此外，对村干部违纪违法行为查处力度不强，这表明村干部激励与约束机制方面存在的漏洞较多。有的村干部以权谋私、侵占集体利益，屡屡违反财务制度、财经纪律等，上述行为如果不能得到及时查处，村干部变得更加胆大妄为，农村财务更加混乱。

（2）缺乏对村干部的有效监督。

在农村财务治理中，村民的民主监督意识普遍不高，村民监督没有发挥应有的作用。村民的监督意识是民主监督实现的主观条件，然而，在许多农村地区，由于村集体经济发展程度低，村民普遍缺乏民主监督的动力。

民主理财小组的监督作用未充分发挥。民主理财小组是现有国家文件规定的农村财务的日常监督组织，但在实际中并没有起到应有的监督作用。访谈过程中，更多的村民认为民主理财小组起不到监督作用。

以上结合实地调查分析了农村财务治理中存在严重的代理问题的原因。即村民作为委托人，由于与村干部之间存在信息不对称，对作为代理人的村干部激励约束不到位，对其缺乏有效的监督而产生了代理问题，而以激励约束、监督为主要内容的农村财务治理机制的不完善，村干部垄断了农村财务信息。这说明，农村财务治理中村民与村干部之间的信息不对称程度进一步加剧，即出现农村财务治理中信息不对称问题，该问题的出现导致代理问题更为严重，例如村干部利用其信息优势实施违法犯罪行为的现象突出。因此，目前农村财务治理中出现严重代理问题的根本原因是农村财务治理中信息不对称问题。

本章小结

本章通过分析农村财务治理的外部环境的变化和农村各主体的角色转换，从客观条件和内在条件论证了运用委托代理理论分析农村财务治理中信息不对称问题的可行性，研究了村民与村干部之间的委托代理关系。分析了农村财务治理中委托代理关系及所涉及的资产。运用委托代理理论对委托人（村民）和代理人（村干部）的目标和行为选择进行了分析，指出由于信息不对称，村民和村干部的目标和行为选择存在差异，村干部就有机会利用信息优势追求自己的最大效用，从而产生代理问题，而农村财务治理机制的不完善等因素进一步加剧了农村财务治理中的信息不对称，即出现农村财务治理中信息不对称问题，该问题的出现又导致农村财务治理中代理问题更为严重。对于河北省进行的实地调查也对此进行了印证。而处于信息劣势的村民必须通过设计改进农村财务治理机制来增强对村干部的激励约束和监督，从而实现农村财务治理的目标。而其中的关键是解决农村财务治理中信息不对称问题，这就需要全面找出加剧信息不对称即农村财务治理中信息不对称问题的根源及具体影响因素。

第4章　农村财务治理中信息不对称问题分析

农村财务治理中存在着村民（委托人）和村干部（代理人）之间的信息不对称。研究调查发现，该信息不对称因农村财务治理机制不完善而进一步加剧，产生农村财务治理中信息不对称问题，导致农村财务治理中的代理出现委托人缺位、治理低效、加剧农村集体经济运营风险、滋生村干部腐败等一系列问题，影响到农村社会的稳定。

本章基于农村财务治理中信息不对称问题现状及危害，对农村财务治理中信息不对称问题产生的根源、具体影响因素及影响机理进行系统分析研究，旨在寻找解决农村财务治理中信息不对称问题的路径和具体措施。

4.1　问题现状

目前的农村财务治理中，村干部控制着农村财务信息，村民不能有效参与财务治理，其获取农村财务信息的主要途径是农村财务信息公开。作为村务公开的重点内容，农村财务信息公开是农村财务治理的一个关键制度。2004 年，中共中央办公厅和国务院办公厅出台了专门文件，特别强调了农村财务管理工作的重要性。2004 年 8 月，农业部提出进一步加强农村财务信息公开。根据农业部 2018 年发布的统计数据，2017 年全国有 97.4% 的农村集体组织实行了财务信息公开。

然而，在一些农村地区，农村集体组织财务信息公开的实际情况并不尽如人意，农村财务信息公开的实际情况与制度规定两者之间存在的差距还是很大的。

农村财务信息公开存在的典型问题主要表现在以下几个方面：

第一，农村财务信息公开内容不全面。例如，在一些农村地区，所公布的账目只有总账收支，缺乏具体的事项与往来细账。对于村民特别关注的焦点事项，不予进行公开或是简化处理，公开内容十分模糊。只重视公开财务活动的结果，而对于执行过程不予公开等。

第二，没有农村财务信息公开反馈渠道。集体组织负责人在财务信息公开后，本应接受村民的监督，回答其质询。但是，质询程序在实践中已被忽视，接待人员态度消极，不正面答复村民所提问题，有关问题得不到重视，更得不到及时解决。

第三，农村财务信息公开程序不合理。公开程序方面，农村集体组织本应按照有关法规的规定，结合自身实际情况，颁布具体公开方案。在公开之前，也应当经村民代表会议或民主理财组织认可有关内容后，方可向村民公布。但是，在一些农村地区，民主理财制度往往落实不到位，农村财务信息公开的内容常常由村干部决定。

农村财务信息公开是解决农村财务治理中信息不对称的初始环节，而实践中农村财务信息公开情况的不尽如人意，村民难以获得农村财务信息。上述调查结果显示，在目前的农村财务治理中，村干部控制着农村财务信息的生成与公开，垄断着农村财务信息，村民与村干部之间的信息不对称明显加剧，农村财务治理中信息不对称问题的情况自然可想而知，是非常严重的。而严重的农村财务治理中信息不对称问题进一步限制了村民对农村财务治理的参与。

4.2 危害

随着村民和村干部之间信息不对称的加剧即出现农村财务治理中信息不对称问题，村干部的信息优势更加明显，导致农村财务治理中出现委托人缺位、治理低效、加剧农村集体经济运营风险、滋生村干部腐败等不良后果，甚至影响到农村社会的稳定。

4.2.1　导致委托人缺位

当前农村财务治理过程中，随着村民与村干部之间信息不对称进一步加剧，双方不但缺乏信息交流渠道，也未形成平等的对话机制。在获得农村财务信息方面，双方出现了很大的差距。由于村干部处在农村财务信息的有利地位，他们经常故意隐瞒那些对自己不利的农村财务信息。很显然，村民处在农村财务信息的不利地位，他们对于村干部的行为，也只能听之任之。如此一来，村民也难以与村干部进行沟通，双方不仅在情感上会出现隔阂，而且在行为上也会出现对立。在这种情况下，由于自身存在的局限性，对于村干部和基层政府，村民常以政治上的冷漠和行为方式上不合作来予以回应。在这种情况下，由于村民作为委托人缺位，农村财务治理便陷入了困境之中，村民的政治冷漠会逐渐影响到村民与政府部门的关系，由于我国的农村人口众多，也有可能会激发社会矛盾，严重影响到社会稳定和发展。

4.2.2　造成农村财务治理的低效

按照公共选择理论，管理者是有限理性的利己主义者，这与市场活动中的个人相同，倾向于追求自身利益最大化。在农村财务治理过程中，村民与村干部各自拥有的信息是不对称的。村干部作为代理人，具备虚构虚假信息、隐藏真实信息等机会，以违规追求自己获得私利。因此，村干部作为理性的经济人，在农村财务治理过程中，不可避免地会从其自身利益出发。村干部不考虑自身行为是否合理，也不考虑在资源配置上是否可以实现帕累托最优。相反，村干部考虑最多的是，如何利用自己所获取的各种不对称信息来权衡利益，实现自身利益的最大化。我国乡村社会目前正处于转型期，法治体系不尽完善，农村财务制度不够健全，农村基层行政机关改革滞后，村民在信息不对称加剧的情况下，难以对村干部进行有效的监督与约束，形成农村财务治理的低效。

4.2.3　加剧农村集体经济运营风险

随着村民和村干部之间信息不对称的加剧，更加缺乏对村干部行为的监督与制约，村民更难以获得可靠的农村财务信息。目前许多农村集体组织以在公告栏张贴的形式向村民发布农村财务信息，不能充分保证信息的真实性。在实践中，由于公开农村财务信息的依据没有明确的法律规定，有的农村集体组织以账簿记载的内容为依据，有的农村集体组织以凭证记载的内容为依据，甚至有的农村集体组织依据科目汇总表。依据上述内容进行公开，村民难以获得真实有用的财务信息，导致村干部也远离了广大村民的监督，阻碍农村集体经济发展的健康稳定。还有，农村集体经济组织公开财务信息既不准确也不及时，将导致农村集体组织失去许多吸引投资的机会。实际上，农村集体组织就丧失了自己的发展机遇。这是因为对于投资者来说，自己的投资行为能产生多大的效益是其首先关心的事情，而如果农村集体组织提供农村财务信息的质量不高，投资者就会认为自己的投资行为没有安全保障，对投资给农村集体组织就不会有较高的积极性。此外，随着农村财务治理中信息不对称的加剧，使村民参与农村集体资产投资决策时作出不合理判断，这也会加剧农村集体经济运营风险。

4.2.4 滋生村干部腐败行为

根据“经济人”的假设，作为农村财务治理的重要主体之一，村干部具有追求私利的动机。由于目前我国有关法律法规不完善，农村财务治理中的监督制度不健全，对村干部的监督不到位，对其行为难以形成有效的约束。随着信息不对称的加剧，村干部垄断了农村财务信息，而村民与农村基层政府难以充分掌握农村财务信息，处于信息劣势，不能对村干部进行有效的监督。权力应该被关进制度的笼子里，如果村干部的权力在行使的过程中受不到应有的监督和制约，那么权力异化与滥用现象就会出现，就会导致村干部腐败行为发生。

4.2.5 影响农村社会稳定

农村财务信息的具体制作主体是农村集体组织的财务人员，而这些人员往往由村干部决定其产生，而不是广大村民依法选举，甚至有的农村财务人员没有经过业务考核或者备案，实践中村干部更换农村财务人员现象十分常见。此外，农村财务人员队伍管理方面，涉及面较大且较为分散，农村集体组织账目交接混乱现象极易发生，而且特别容易出现形成时间不能衔接的账目。存在这样严重瑕疵的农村财务信息公开后，村民无法真实了解农村集体财务状况，特别是难以准确了解农村集体欠村民和村民欠农村集体的款项。上述情况如果长期存在，就会导致村民与村干部之间的矛盾进一步激化，造成农村集体组织难以稳定，农村集体经济难以健康快速发展。因此，农村财务治理中信息不对称问题严重，会影响农村稳定的局面，加剧干群、党群之间的矛盾。

4.2.6 案例分析

4.2.6.1 案例概况

2013 年河北省在全省范围内开展农村环境面貌提升工程。沿 307 国道的石家庄市藁城区廉州镇陈家庄三排村（以下简称陈三村）是重点村，具体工程包括村内路面的硬化等项目，该村被列为农村面貌提升重点村，对村主要街道和部分街道（部分小街）进行硬化。该工程的实施能够较好地提升该村整体环境，方便广大村民出行，提高村民生活质量。2013～2014 年，郎广平担任陈三村村民委员会主任，并组织了陈三村村委组织对村内道路实施硬化工作。

2013 年 9 月，崔某 2、孙某 2、彭某 1 伟、彭某 2 以藁城恒林建筑工程队的名义为施工方，与村民委员会签订了施工合同，在彭某 2、孙某 2、彭某 1 伟、崔某 2 共同施工中，因部分村民闹事等原因，于是通过招标公司招标方式确定本村道路施工方，在招标过程中，郎广平帮助上述四人投标，后崔某 2 使用河北泰岳盛建筑工程有限公司的资质中标，2013 年 12 月 15 日郎广平等代表村民委员会与河北泰岳盛建筑工程有限公司签订了村内道路施工合同，工程量 14000 平方米，仍由上述四人施工。

在施工中，郎广平等人在未重新进行招标情况下，于 2014 年 3 月 1 日代表该村与河北泰岳盛建筑工程有限公司签订补充协议，将施工量扩大为 29000 多平方米。工程竣工，上述四人为感谢郎广平在工程招标、增加工程量和支付工程款上的帮助照顾，给了郎广平 20 万元好处费，于 2014 年 8 月 6 日用郎广平身份证在藁城农村信用联社机场路分社为郎广平办理了一张 20 万元存单送给郎广平，郎广平收受后于次日到藁城农村信用联社胜利路储蓄所支出 3 万元，将其余 17 万元转存到自己的信用社账户。

藁城区人民法院审理此案并判决被告人郎广平犯非国家工作人员受贿罪，判处有期徒刑一年十个月；没收被告人郎广平的非法所得 20 万元，上缴国库。

上诉人郎广平上诉称其无罪。石家庄市中级人民法院经审理后认为：上诉人郎广平在任陈家庄三排村村主任期间，利用职务上的便利，在村民委员会组织实施的道路硬化管理活动中，为他人谋取了利益，非法接收了施工人员的财物，数额较大，其行为侵犯了本村民委员会的正常管理活动和市场经济公平竞争的交易秩序，已构成非国家工作人员受贿罪。上诉人郎广平上诉称其无罪的观点，经查，一审判决已就其犯罪构成详细阐述，论理正确，故不予采纳。原判认定事实清楚，证据充分，定性准确，量刑适当，裁定驳回其上诉，维持原判。

（案例来源：石家庄市中级人民法院〔2017〕冀01刑终544号刑事裁定书，中国裁判文书网，2019-02-01.）

4.2.6.2　案例评析

（1）信息不对称的加剧引致一系列后果。

从上述案例可以看出，农村财务治理中的委托代理关系存在信息不对称，并且因农村财务治理机制的不完善，信息不对称进一步加剧，引致一系列严重后果。

第一，作为代理人的村干部郎广平与作为委托人的村民之间存在着严重的信息不对称。在陈三村内道路实施硬化工作中，郎广平作为村干部（村民委员会主任）具有信息优势，掌握工程量信息、招投标信息、合同签订信息，而广大村民处于信息劣势，只知道有街道硬化工程，双方存在信息严重不对称的问题。

第二，信息的不对称引致村干部郎广平作为代理人与作为委托人的村民在农村财务治理中的行为和目标冲突。理论上村民委托郎广平代理的目标是追求农村集体利益与自身利益最大化。但在信息不对称加剧的情况下，在陈三村内道路实施硬化工作中，郎广平作为村民委员会主任产生并存有了利用工程机会捞一把的想法和利用职权追求违法所得的动机，在招投标过程中收受贿赂，严重背离村民目标。

第三，信息不对称的加剧导致农村财务治理中委托人缺失。本案中，因农村财务治理机制的不完善加剧了信息不对称，作为委托人的村民因处于严重的信息劣势，在陈三村内道路实施硬化工作中没有体现委托人的作用，形成并出现了委托人缺失的实际情况。

第四，信息不对称的加剧直接造成了农村财务治理的低效。村干部郎广平作

为代理人在行使财务权利时，进行以权谋私，不仅不服务于村民，反而侵犯了村民的正当利益。

第五，信息不对称的加剧导致陈三村面临农村集体经济运营风险，滋生村干部郎广平腐败行为。作为村主任，郎广平收受施工方 20 万元好处费，不仅违背了村干部行为的廉洁性要求，也损害了村集体的利益。

（2）分析该案例所得结论。

第一，信息不对称的加剧和监督漏洞是引致郎广平犯罪的主要因素。

在本案中，郎广平等代表村民委员会与河北泰岳盛建筑工程有限公司签订了村内道路施工合同，工程量 14000 平方米。后在施工中，在未重新进行招标情况下经郎广平等人同意，与河北泰岳盛建筑工程有限公司签订补充协议，将施工量扩大为 29000 多平方米。郎广平之所以能够这样做，是因为随着信息不对称的加剧，村民委员会主任具有信息优势，掌握工程量信息、招投标信息、合同签订信息，而广大村民处于严重的信息劣势，只知道有街道硬化工程，双方存在严重的信息不对称问题。

第二，案件发生与监督制度存在漏洞密切相关。

法庭审理调查中，镇政府包村干部、本案证人韩国华出庭陈述，他不清楚具体在实际施工过程中增加多少工程量，尽管镇里对路面硬化工程进行了监督，款项拨付、招投标等大的事项都需要镇里批准同意才能进行，但镇里只是程序上进行监督，反映出该案件的发生与监督制度存在漏洞是密切相关的。

因此，为解决农村财务治理中信息不对称问题，必须完善农村财务治理机制，对村干部的代理行为进行有效的监督。

4.3　根源分析

任何问题的存在都有其根源，本书从农村集体产权制度、农村集体资本结构、农村财务法律制度等方面分析农村财务治理中信息不对称问题产生的根源。

4.3.1 农村集体产权不清晰

4.3.1.1 农村集体产权制度发展历程

我国农村集体经济组织先后大体经历了合作化时期（初级社、高级社）、人民公社时期（生产队、生产大队、公社）、经济合作社时期（村民小组、村、乡）等阶段。与经济组织形式演变相对应的，农村集体产权制度也经历了四个发展阶段。

1949 年中华人民共和国成立，土地改革产生了针对我国农村产权的第一项重要的正式制度。土地改革将土地所有权赋予农民，实现了耕者有其田。农民在属于自己的土地上耕作，各自享有自己的生产成果。这种产权制度，对生产规模造成了一定的限制，且其实质是一种土地私有制，是新中国成立之初解决农民问题的一项暂时性政策策略。

集体产权制度发展的第一阶段，表现为我国实行社会主义公有制改造时期短暂实行过的生产互助组的集体经济形式。本着“自愿、互利”的原则，农民以私有资产（土地、农具、牲畜等）入股集体经济组织，出现了初级合作社，这是农村集体经济组织的雏形。分析当时的政治经济环境背景可知，组建农村集体经济是我国为加快工业化进程所可以采取的唯一策略，在为实现工业化目标不得不将农村剩余转向城市时，组建农村集体能够避免与个人交易所产成的巨大交易成本。初级合作社实行的是按份共有的产权制度。集体成员以投入多少等为依据，按照一定的份额比例，共同拥有集体资产，在集体的组织下参与劳动，实行按劳分配与按股分红相结合的分配方式。在大多数时间，此时的以“初级农业合作社”为表现形式的集体经济组织，只是以“经济”组织的形式独立存在，与行政组织并不重合。

第二阶段，由于政治运动的原因，出现高级农业合作社。受当时特殊的政治氛围催生的意识形态的影响，“公有”这一内容模糊、影响力强劲的概念的产生，在集体中形成了一种具有很强号召力的观念，农民在组织形式变迁中失去了土地私有权。集体资产由集体经营，统一组织生产活动，农民参与统一分配，却再无股份分红权。

第三阶段，1958 年人民公社化运动开始。此时集体组织的产权制度依然是

共有。然而，分配制度却不再是按劳分配，而是平均主义即“一大二公”的分配方式。此时的集体组织与行政组织完全重合，政社合一的经营方式是人民公社的一大特点。人民公社制度的政治色彩浓厚，农民完全失去了其对生产要素的所有权，不仅其对其名义上共同占有的物质资本收益、处分的权利都一并失去，甚至对其自身的人力资本的权益都不能掌控，人力资本的收益权也不能享受，只能接受“大锅饭”式的分配方式。

第四阶段，改革开放之后，原来“生产队、生产大队、人民公社”三级管理体制解体，演变为“村民小组、村和乡”的三级行政管理体制，由集体享有集体资产的所有权，农户则以家庭为单位享有集体土地的承包经营权，实行双层经营体制，形成村、户两级产权结构。

4.3.1.2　农村集体产权制度改革现状

改革开放后，农村集体经济也经历了长期的积累，形成了一个总量巨大的集体资产体量。根据农业部农村经济体制与经营管理司 2018 年 8 月公布的数据，截止到 2017 年底，全国 30 个省份（不含港澳台地区和西藏）中，村的数量达到 58.58 万个，村级集体资产就达到 3.44 万亿元之巨。也就是说，村均资产达到 610.3 万元。如何实现集体资产保值增值，并在我国经济发展转型、城市化进程加快的历史新阶段发挥积极作用，是一项重大课题。集体经济产权制度改革推行十几年来，在各级领导干部和各地广大农民群众的积极探索和努力下，在经济效率和制度建设上都取得了一定的成果。

（1）经济成果。

根据农业部农村经济体制与经营管理司 2018 年 8 月公布的数据，截至 2017 年底，按照农村集体产权制度改革要求，完成产权制度改革的村数为 8.1 万个，占全国共有的村庄数的比例为 13.9%，主要集中在浙江、山东两省。农村集体经济产权改革表现出较强的区域特征，东中西部差距明显。2017 年，完成产权制度改革的单位合计股金分红 411 亿元，平均每位股东分红 366 元。农村集体产权制度改革为增加农民资产性收入做出了极大的贡献。

（2）制度模式成果。

自农村集体产权制度改革试点铺开以来，各地在实践中进行了诸多有益探索，在推进产权制度改革中都取得了可观的成果。

确权颁证，以权证流转促进产权流转。根据产权理论，交易中权利和义务的边界是否清晰取决于产权是否明晰。产权明晰是市场机制可以实现其效率的基础。因此，明晰产权是完成我国农村集体产权改革的逻辑起点。通过组织集体和集体成员对资源性、经营性资产产权进行权利确认，统一登记，颁发权证，将集体成员的财产权利明晰在纸面，赋予集体产权更清晰的法律归属和更坚实的法律保护。

对集体成员的界定大多遵循两大原则：以户籍为基础，以贡献为参考。具体做法是，一方面充分尊重拥有本集体经济组织内部的农业户籍者的成员地位，另一方面考虑由于历史、地缘、亲缘关系而为本集体做出的贡献达到一定水平且具有农业户籍的农民，可以考虑认定为本集体成员。采取尊重历史、面对现实的认定思路，对于不拥有本集体户口的农民，综合考虑历史、贡献因素，在集体同意的情况下，可认定为本集体成员。

折股量化范围、股权份额设置模式。对于集体资产的量化范围，各地有不同的实践。主要分为两类：一是将集体资源性资产、经营性资产、非经营性资产全部量化，按照股份份额确权到人；二是只量化经营性资产。结合各地不同量化模式实现中存在的问题可知：第一，全部资产量化确权是农村集体经济组织产权制度改革的最终结果；第二，现阶段由于我国城镇化建设发展不充分，许多资源性资产的价值还未显现，而非经营性资产由于其社会性显著，暂时并无量化必要，所以在当前改革中，资源性资产和非经营性资产可以暂时不量化，先折股量化存量多、可评估的集体经营性资产，是减轻改革阻力，稳妥推进改革的可行方式。

在农村集体产权制度股份合作制改革中，对于是否应当保留集体股，各地有不同的做法。由于农村集体经济承担着农村社会基础设施建设职责，集体股的存在是集体所有权的一个突出表现，是实现集体经济社会保障功能的主要保障。在股份合作制改革中保留、设立集体股，能够更好地保护集体成员的利益。然而，集体股的存在，再次带来了集体股份产权模糊、归属不清的问题。随着集体股份对应经济体量的增大，存在二次确权的需求。但由于决策权在集体成员手中，无论集体成员是否选择保留集体股，目前的折股量化实践都给集体成员收益权提供了重要保障。

4.3.1.3　农村集体产权改革最新政策导向

为推进农村集体产权制度改革深化，近年来中共中央针对农村集体资产颁布了许多重要的政策文件。

2016年12月26日，中共中央、国务院下发《产权改革意见》，明确提出经营性资产实行股份合作制的改革方向，并且鼓励新型集体经济。2016年10月下发的《三权分置意见》，将我国农村集体产权改革推向了一个新高度，对农村集体经济成员实现对于集体所有的资源性资产、经营性资产以及非经营性资产的权利，提出农民共享市场经济发展成果，对于提高农民收入具有重要意义。

结合改革试点的成功经验及最新的政策导向，农户对集体经营性资产的共同所有权以股份权利的形式享有，农民对股权享有占有、收益、有偿退出等权益。该意见还明文规定了农户享有的集体股权拥有“抵押、担保、继承”三项权能。同时，根据《产权改革意见》中提到的对于集体非经营性资产的安排方式，如果折股量化到户在价值评估或量化技术等方面存在困难，可以区别其不同投资来源，按照有关规定统一运行管护，更好地为集体成员和社区居民提供公益性服务。

对于集体资源性资产中最重要的土地资产产权，《三权分置意见》做出了重大制度创新，是推进集体经济产权制度改革的重要政策组成部分。《三权分置意见》提出将家庭联产承包责任制推行以来，农户家庭享有的土地“承包经营权”分别设为“承包权”和“经营权”两项，从而实行所有权、承包权、经营权（以下简称三权）分置并行，做到坚守集体所有权、保障农民承包权、放活土地经营权，明确三权的权利边界与相互关系。首先，保障农民集体作为所有权的权利主体的地位。农民集体作为土地集体所有权主体，对集体土地依法享有占有、使用、收益和处分的权利，在完善“三权分置”办法过程中，要充分维护农民集体对承包地发包、调整、监督、收回等各项权能。其次，维护农民作为土地承包权人对承包土地依法享有占有、使用和收益的权利，各项改革措施都应确保肯定承包农户拥有并顺畅实践使用、流转、抵押、退出承包地等各项权能。最后，通过合法途径获得土地承包权的土地承包权人或获得农村集体出让土地经营权的土地经营权人，其从事农业生产所需的各项权利，如占有、耕作、收益，给予其平等的法律保护，确保其稳定的经营预期，使土地资源得到更有效合理的利用。

4.3.1.4 农村集体产权存在的主要问题

（1）农村集体资产所有权虚置、产权模糊。

实践中，各地普遍存在农村集体资产所有权“虚置”问题，在集体成员之上凌驾着一个超越成员的虚幻的集体，把成员和集体对立起来。集体本身就是由农民成员构成的，两者并不是对立的，而是一体的。更严重的问题则是农村集体资产所有权的“异化”，即由集体之外的主体（例如地方政府）来支配成员集体拥有的资产，或集体成员的代理人（村干部）“反仆为主”，来支配成员集体拥有的资产。

市场交易的前提是产权清晰，然而集体资产产权模糊。本书认为农村集体资产的产权模糊具有两重性。对农村集体资产的广大所有者（普通村民）来说，产权是模糊的；但对少数代表集体行使权利、对外交易的人来说，产权是清晰的。同样，集体土地所有权的“虚置”也具有两重性。对共同享有集体土地所有权的普通集体成员来说，集体土地所有权是“虚置”的，作为所有者的集体成员不认为自己是所有者，权利意识不清。大量实地调研结果均显示，相当多的农民认为耕地是国家的。而对于少数代表集体行使土地所有权的人来说，集体土地所有权并不“虚置”。而正是“虚置”的两重性导致了集体资产所有权的“异化”问题，所有者缺位导致对经营层无法有效监督，出现村干部“反仆为主”或集体外的主体代行权利的现象。这里的关键问题是集体资产的广大所有者（普通村民）的权益如何真正得到体现。

（2）集体农地成员权与用益物权之间存在矛盾。

《物权法》第五十九条规定：“农民集体所有的不动产和动产，属于本集体成员集体所有。”《农村土地承包法》第五条也规定了集体成员的权利。上述法律规定所涉及的是农民对农地的成员权，其中隐含着“天赋地权”的思想，这是一种个人权利，随着成员的离开或去世，这种权利就消亡。

而我国多次提出赋予农民更加充分而有保障的土地承包经营权，现有土地承包关系要保持稳定并长久不变。《农村土地承包法》第二十六条规定：“承包期内，发包方不得收回承包地。”第二十七条规定：“承包期内，发包方不得调整承包地。”第三十二条规定：“通过家庭承包取得的土地承包经营权可以依法采取转包、出租、互换、转让或者其他方式流转。”上述法律规定所涉及的是农民

对农地的用益物权，其中隐含着“生不增、死不减”的财产权利原则。

在实践中，上述两种权利的诉求都可以找到相应的法律依据，导致集体农地成员权与用益物权之间必然会出现矛盾。

4.3.2 农村集体资本结构不合理

农村集体资本来源主要有三个渠道，即社员入股原始股金（资产）、农村集体经济发展逐年积累、政府投入支持与社会各界捐赠。农村集体资产源于合作化初期，从事个体生产经营的农民将土地、山场、林地、耕畜及主要生产工具入社转为集体所有，经过国家信贷支持、合作社多年积累而逐渐形成。主要经历了合作化和人民公社、农村经济管理体制改革、计划经济向市场经济过渡时期及社会主义市场经济四个时期。农村经济管理体制改革初期，农村多数村队实行了土地包干到户责任制，出现了平分集体财产现象。在计划经济向市场经济过渡，乡村集体集中人力、物力、财力兴办集体经济组织，在促进农村经济发展、巩固壮大了集体经济、集体资产迅猛增加外，也存在一些问题，如负债过多、资产负债率过高、政企不分、经营低效、资产闲置等。当前的农村集体资本结构不合理主要有以下几个方面：

4.3.2.1 农村与农业总体投入不足，需要创新融资手段

由于特定的历史原因，国家在发展城市和工业的过程中，长期从农村与农业中提取“剪刀差”，城乡差距和工农差距愈来愈大。近些年来，“三农”问题虽然引起了各方重视，但农业和农村仍得不到足够的金融支持和政府财政支持。

4.3.2.2 农村资产资本化程度低，资产经营效益不高

农村资产资源利用率低，需要廓清产权关系。没有资产资源的资本化就制约了农村资本资源的作用空间，而没有资产资源产权归属的明晰，就没有资产资源的流动。降低了涉农企业系紧产业链条的积极性，从而降低了农村资产资源产权的收益，进而影响农业产业化水平的提高。农村集体资产收益率普遍低于同期银行存款利率，即使净资产收益率是非常低的水平，也仅仅与银行三年期存款利率相当。

4.3.2.3　劳动力要素整体素质下降，需要盘活人力资本

随着近年来大量农村劳动力向城镇的转移，农业从业劳动力素质下降明显，农业科技人才流失更为严重。科技队伍不稳定，特别是农村缺乏企业家和企业家群体。发展现代农业必须解决“人”这个最能动的要素问题，而这也只能通过培育和发展农业产业化龙头企业，以资本经营和优势品牌为纽带，实现人才的集聚与回归，逐步提升农民的整体素质。

4.3.2.4　农村资产监督管理不到位，流失现象严重

受体制限制，各级农村合作经济经营管理机构作为农村集体资产管理部门承担着具体监管职责，但没有相应的行政处罚权限，行政管理和行政处罚相脱节，导致行政管理没有权威。在县一级，农村集体三资政策管理职能大多归口县级农业行政部门，业务指导由县级农经部门来承担。在乡镇一级，近年来随着新一轮乡镇机构改革，多数乡镇的农村集体资产监管人员队伍相当薄弱，一般只有 1 到 2 人具体负责，少数乡镇没有专职人员。在村层面，大多数村集体经济组织管理不够到位，产权改革后的新“三会”运作极不规范，资产、负债等方面的重大理财决策监督不够科学。

4.3.2.5　农村债务负担较重

中国乡村两级组织的巨额债务，已经成为经济发展的包袱。巨额债务缠身，使农村基层政权的建设与发展滞后，一些地方甚至连基本的运转都不能保证，大量的还本付息，不可避免地要挤占农村建设资金，加重农民负担，不利于农村的社会稳定，影响政府在人民群众心中的形象。

4.3.3　农村财务法律制度不完善

4.3.3.1　农村财务法律制度概况

随着我国农村经济的迅猛发展，农村财务也面临着新的变化，重要变化之一，国家自 2006 年 1 月 1 日正式全面取消农业税，多数村级组织的收入来源渠道不如以前宽广，收入也相对降低，会计核算的项目相对数量减少，村级会计核

算变得相对容易；重要变化之二，随着减人、减事、减支措施的落实，部分农村地区进行了合乡并村，村干部由过去主抓催粮派款、集资摊派转为协税、护税，收入的实现形式由直接找农民收取改为财政转移支付，与乡镇之间的资金结算频繁，而与千家万户的资金往来少了。

在该阶段，国家根据新出现的情况和问题出台了有关农村财务一系列相关政策与规定。2003 年 3 月 14 日，农业部发布《关于村级财务公开检查情况的报告》，指出村级财务公开工作存在的诸多问题，例如重要性认识不到位、产权关系混乱、监督薄弱等，针对村级财务公开工作提出了几项具体措施，如加大力度促进村级财务公开、完善农村集体财务双向监督机制、完善农村集体财务法制、积极推进农村集体财务信息化等。同年 12 月 4 日，农业部、民政部、财政部、审计署四部门联合下发《关于推动农村集体财务管理和监督经常化规范化的意见》（以下简称《意见》），该《意见》对农村集体资产的性质进行了明确，并在加强农村集体经济组织财务的管理和监督、全面推行民主管理和村务公开、完善健全财务管理制度、增强对农村集体财务的审计监督力度、加大对农村财会人员培训等方面进行了部署。

适应农村集体财务和集体资产管理加强的需要，2004 年 6 月 10 日，农业部办公厅发布《关于开展农村集体财务管理规范化建设和产权制度改革试点工作的通知》，把指导开展农村集体财务管理规范化和产权制度改革试点村作为当年农业部拟为农民办的十三件实事之一，并公布了农村集体财务管理规范化建设试点工作方案。为适应农村发展的新形势，贯彻落实党的十六大提出的“健全基层自治组织和民主管理制度，完善公开办事制度，保证人民群众依法直接行使民主权利，管理基层公共事务和公益事业，对干部实行民主监督”的要求，同年 6 月 22 日，中共中央办公厅、国务院办公厅联合发布了《关于健全和完善村务公开和民主管理制度的意见》，明确规定了村务公开的内容、形式、时间、基本程序并对民主决策机制、民主管理制度、监督制约机制等均做了较为的详细表述。同年 8 月 11 日，农业部出台了《关于进一步加强农村集体经济组织财务公开和财务管理工作的通知》，在农村集体财务管理规范化建设、履行审计职能、加强资产监督管理、加强财务公开等方面进行了强调和具体要求。

为适应农村税费改革的新情况，规范村集体经济组织的会计核算，2004 年 9 月 30 日，财政部颁布《村集体经济组织会计制度》，自 2005 年 1 月 1 日起在村集体经济组织执行，1988年财政部颁发的《村合作经济组织会计制度（试行）》同时废止。为做好《村集体经济组织会计制度》的衔接工作，财政部于2004年12月13日印发了《村集体经济组织新旧会计制度有关衔接问题的处理规定》（以下简称《规定》），该《规定》对调账前的准备工作、新旧会计科目结转、会计报表等做了详尽的规范和要求。针对在农村征地补偿工作中存在着补偿低、费用不到位、安置不落实、补偿费账务处理不规范、使用不公开甚至存在贪污、挪用、挥霍等问题以及严重损害被征地农民的权益和农村集体经济组织利益的现象，2005年1月24日，农业部发布《关于加强农村集体经济组织征地补偿费监督管理指导工作的意见》，提出对征地补偿费实行专户管理，并规范了征地补偿费的会计核算内容和程序。

为了加大对村干部的监督力度，充分发挥审计监督的重要作用，促进农村党风廉政建设和农村基层组织建设，2005年7月11日，农业部、监察部、国务院纠正行业不正之风办公室联合颁布《关于做好村干部任期和离任经济责任专项审计的通知》，明确要求对村干部进行任期和离任经济责任审计，行使村集体及村民委员会财务审批权和参与村级经济活动决策的村委会成员都是审计对象，审计的重点而农村经济责任目标完成情况、财经法规执行情况、集体资产的处置、债权债务的管理、土地发包承包、专项资金管理、村级财务公开等是审计的重点。农村一些地方尚未化解旧债时又出现新的乡村债务，同年7月12日，国务院办公厅发布了《关于坚决制止发生新的乡村债务有关问题的通知》，坚决纠正了农村经济活动中各种不规范行为，力求从源头上防止新的乡村债务发生。同时要求："不得以任何名义向金融机构申请贷款弥补收支缺口；不得为企业贷款提供担保或抵押；不得采取由施工企业垫支等手段上项目；不得举债兴建工程；不得滞留、挪用对村级组织的补助资金；不得举债发放职工工资、津贴、补贴及解决办公经费不足；不得铺张浪费或随意增加非经常性支出；不得买税卖税、虚增或隐瞒财政收入。"

2006年1月25日，农业部办公厅发布《关于开展全国村级债务债权摸底清查的通知》，部署安排全国村级债务债权摸底清查。2006年4月，财政部发布《农村义务教育经费保障机制改革中央专项资金支付管理暂行办法》，改革了中央专项资金支付管理办法，为农村义务教育经费提供了有力保障。2006年10月31日，全国人大常委会表决通过《农民专业合作社法》，该法作为一部鼓励发展农民专业合作社、帮助农民脱贫致富的法律，于2007年7月1日施行。这意味着农民专业合作社的财务制度、会计科目、记账方式等告别五花八门的自创方式，进入统一的时代。随着《农民专业合作社法》的出台，合作社的财务管理也有了一定的法律依据。

国家针对取消农业税、合乡并村过程中出现的问题出台了一系列的政策规定，对农村财务管理模式的进一步完善和优化起到了很大的导向和规范作用，农业和农村经济发展进入新的历史时期以后，制度设计为农村财务管理工作的顺利有序开展奠定了良好的基础，为农村经济的可持续健康发展提供了良好的制度环境，农村财务管理的模式在原有"村财村管"模式的基础上，逐渐丰富和完善起来，一方面，农村会计委派制、农村会计代理制、村资乡管、村账乡管、村账乡（镇）双代管等农村财务管理模式在全国各地得到了较大范围的应用；另一方面，村级会计委托代理制模式以其自身的优势和特点在农村地区逐步推广使用起来。

近年来，国家有关部门出台了许多规范性文件，农村财务法律制度逐步完善。

2010年初，中纪委、财政部、农业部、民政部四部委联合印发《关于进一步加强村级会计委托代理服务工作指导意见的通知》（财会〔2010〕4号），提出村级会计委托代理服务，是规范农村集体财务管理、强化村集体经济组织会计工作、深入推进农村党风廉政建设的有效措施，并明确要求在推进村级会计委托代理服务工作中，必须尊重农民意愿，履行民主程序，依法签订委托代理协议，确保集体资产所有权、使用权、审批权和收益权"四权"不变，切实维护农村集体经济组织及其成员的合法权益。

2011年11月，农业部、监察部以农经发〔2011〕13号印发《农村集体经济组织财务公开规定》，规定村集体经济组织应当将其财务活动情况及其有关账目，以便于群众理解和接受的形式如实向全体成员公开，接受成员监督。实行村级会计委托代理服务的，代理机构应当按规定及时提供相应的财务公开资料，并指导、帮助、督促村集体经济组织进行财务公开。村集体经济组织应当建立以群众代表为主组成的民主理财小组，对财务公开活动进行监督。民主理财小组成员由村集体经济组织成员会议或成员代表会议从村务监督机构成员中推选产生，其成员数依村规模和理财工作量大小确定，一般为3至5人；村干部、财会人员及其近亲属不得担任民主理财小组成员。

2013年5月，财政部引发《关于加强和改进基层会计管理工作的指导意见》（财会〔2013〕12号），提出加强村级会计委托代理服务的制度建设，在村民自愿委托的基础上，遵循村级资产所有权、使用权、审批权、收益权不变的前提下，依据国家有关法规，研究建立健全村级会计委托代理制度，包括服务岗位责任制度、操作流程制度、财务管理制度、档案管理制度、责任追究制度等，规范农村集体财务管理工作，扎实推进村级会计委托代理信息化工作，提高农村集体资金使用效率，促进社会主义新农村建设。推进村级会计委托代理的监督管理。联合有关部门指导和监督本地区的村级会计委托代理服务工作，实现资源整合、优势互补、共同推进。加强对村级会计委托代理服务机构的监管，纠正和查处各种违反财经纪律的行为，及时整改代理程序不规范、代理手续不健全、制度执行不到位等问题。

此外，各地根据国家有关部门规范性文件，出台了适用于本地的财务管理法规。例如，河北省、福建省制定了村集体财务管理条例，山东省制定了农村集体经济审计条例，广东省、北京市、湖南省、河南省制定了农村集体财务公开办法。

4.3.3.2 农村财务法律制度的缺陷

（1）立法层次较低。

按照我国宪法和地方组织法等有关法律的规定，我国的立法体制是由全国人大及其常委会的国家立法权以及行政法规制定权、地方性法规制定权、自治条例和单行条例制定权、规章制定权构成的。我国的立法体制是统一的，又是分层次的。现有关于农村财务的立法文件多数为财政部、农业部等中央部门制定的部门行政规章，立法层次较低，立法层次低所带来的突出问题，不仅是农村财务立法的严肃性、权威性、稳定性明显不足，还包括部门利益、地方利益的痕迹随处可见，争权诿责的现象较为突出，行政部门通过法规、规章自相授权等，进一步损害了农村财务法制的完整性与部门之间的有效协同。

（2）操作性不强。

一方面，相当一部分现行农村财务法律大多是原则规范，只具有政策宣示与导向功能，有些问题干脆授权行政部门自行决定。立法中不注重法律的可操作性、可执行力。另一方面，改革开放 40 多年来特别是近 10 年来是国家发生天翻地覆变化的时期，而一些农村财务法律的修订却未跟上时代的发展，没有进行及时修订。上述现象已经不是一般意义上的立法质量问题，而会导致现实中诸多问题无所适从，有的农村财务法律规范甚至成为阻碍农村改革发展的桎梏。

（3）重复立法现象严重。

重复立法现象普遍，导致了立法资源的极大浪费，损害了国家法制的完整性与统一性，甚至衍生出法规与国家立法相互抵触的现象。例如，国家有关部门出台了关于农村财务公开的规定，地方立法机关纷纷跟进，但大多数地方性法规往往只是国家立法的简单重复。有的地方立法甚至曲解国家立法本意，制定出来的法规与国家立法相抵触。

（4）立法体系不完整。

在农村财务法律方面，立法空白较多，无法可依的现象依然存在。例如，没有农村集体财权及其配置方面的法律规定，缺乏对于村干部及农村财务人员的激励、监督等方面的具体法律规定，追究财务违法行为的法律责任制度不完善等。

4.4　具体影响因素分析

因委托人与代理人之间存在信息不对称，导致在农村财务治理中产生代理问题。而农村财务治理机制中的农村集体财权配置、农村财务监督制度、农村财务激励制度、农村财务信息公开制度对农村财务治理中信息不对称问题有重要影响，而基于农村财务治理环境的特点，在农村社会广泛存在的家族宗族等关系网络形式的农村社会资本也对信息不对称问题有重要影响。

如果上述因素能科学安排，则可以降低农村财务治理中的信息不对称。而如果上述因素不能科学合理安排，就会加剧农村财务治理中的信息不对称，即出现农村财务治理中信息不对称问题。上述五个因素是农村财务治理中信息不对称问题的具体影响因素（见图 4－1）。

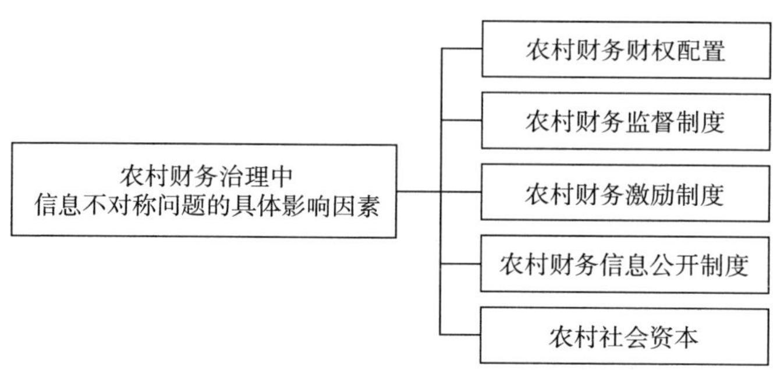

图4－1　农村财务治理中信息不对称问题的具体影响因素

4.4.1　农村集体财权配置

4.4.1.1　农村集体财权配置合理可以降低信息不对称

农村集体产权制度决定农村集体财权的内容，应进一步改革农村集体产权制度，明晰集体资产所有权，合理配置农村集体财权，不仅能使村民等农村财务治理主体公平地行使自己的权利，实现自己的利益。而且也可促使农村财务治理主体之间建立相互信赖的关系，降低村民与村干部之间的信息不对称，进而促使农村集体资产的有效运营，降低投资成本，提高投资的效率和运行效率，收益分配更加公平。即合理配置农村集体财权是降低信息不对称，进而实现农村财务治理公平与效率目标的核心。主要表现为：

（1）降低农村集体交易成本。

农村财务决策权、财务执行权、财务监督权等农村集体财务控制权，通过在不同农村财务治理利益相关者之间进行合理配置，可以使农村财务信息趋于对称，有效防范各方的机会主义，相互制衡各方对自己权利的行使，使交易成本得到降低。

（2）提高农村集体资源配置效率。

农村集体财权配置对象是农村集体所有主要的利益相关者，各方都可以参与农村财务治理，而且机会平等，可以充分保护他们的权利。保证投入的输出功率最大及成本最低，实现农村集体资源的最佳配置，农村财务治理主体在追求自己利益的同时，在掌握更多的财务信息的基础上，最大程度上提高生产要素的资源分配效率。

（3）保障农村财务活动有效运作。

农村集体组织经营过程中的资本流动，其经济效益体现在农村集体组织财务关系的实质内容。农村集体组织的财务活动，实际上由两部分构成，即农村集体组织的资金流向和经济利益。农村集体组织的财务管理活动往往只是提高资金的效益，侧重强调实用的融资活动，不重视背后因资金运动产生的各种关系。关系网络纵横交错，其是为了保护自己的利益，甚至为了获得更多的利益，各种利益相关者的利益关系中各种权力之间也在进行较量。农村集体财权的合理配置，使参与农村财务治理的各主体获得有效的财务信息，解决各治理主体之间的信息不对称问题，降低信息的不对称，不仅有利于协调各利益相关方的利益，也可保障农村集体组织财务状况的有效运作。

（4）增强农村集体组织竞争力。

为了保障农村集体组织健康、稳定地发展，不能仅仅依靠村民的力量，还需农村集体组织各相关利益主体积极参与，各主体之间形成长期稳定、互惠、合作的关系，实现多方共赢。所以，有效且合理地配置农村集体财权，一方面，可以最大限度地降低交易成本，另一方面，可以鼓励拥有关键要素的人对农村集体组织进行专用性资产投资，促使农村集体组织形成核心竞争力，更加具有竞争优势，创造出更多的合作利益，为利益相关主体带来更多的利益。

4.4.1.2 农村集体财权配置不合理加剧信息不对称

现阶段，由于我国农村集体产权制度不够完善，一些地方存在农村集体经营性资产归属不明、经营收益不清、分配不公开，村民的集体收益分配权缺乏保障等突出问题，引致农村财务治理机制因农村集体财权配置不合理存在许多缺陷，加剧了信息不对称。

（1）村干部财权集中而加剧信息不对称。

目前，农村集体财权配不合理，村民委员会既享有财务决策权，也享有财务执行权，导致村民委员会成员即村干部的财权过于集中，其处于信息优势，控制着农村财务信息的生成与公开，事实上垄断着农村财务信息。

村干部财权集中导致出现内部人控制问题。所谓内部人控制，依据现代管理理论可以解释为，在一个组织的所有权与控制权分离的情形下，经营者在事实上或在法律上掌握了该组织的控制权。客观来说，内部人控制本身没有好坏之分，它只是产生内部人控制问题的必要条件，而不是充分条件。在两权分离、内部人控制的组织里，由于信息的不对称和合同的不完全性，难以运用较低的成本协调合同各方的目标时，于是就产生了内部人控制问题。

农村财务治理中内部人控制问题存在代理成本，主要有村干部个人巨额消费、短期行为、贪污侵占集体资产。农村财务治理中内部人控制问题又会导致村干部不按照规定进行农村财务信息公开，进一步加剧信息不对称。

（2）农村财务监督不到位而进一步加剧信息不对称。

虽然目前的法律规定村务监督机构由村民大会选举产生，但是少数村干部构成的村民委员会在事实上不仅控制着村民代表会议，同时也控制着村民监督机构。村务监督机构的人员构成方面，其成员也是本集体组织成员，其福利待遇由村民委员会决定。

既然村务监督机构的地位受制于村民委员会，难以发挥其监督职能，在我国农村财务治理实践中，村务监督机构几乎没有发挥作用，普遍存在既不“参政”也不“议政”的问题。农村财务监督不到位，村务监督机构不能对村干部的财务行为进行有效监督，难以获得必要的农村财务信息，这进一步加剧了信息不对称。

（3）村民因财权缺失而难以获得财务信息而进一步加剧信息不对称。

农村集体资产所有权属于村民集体，在农村财务治理中作为委托人的村民应当享有最终的财务决策权、监督权。然而，由于目前农村集体财权配置不合理，村民委员会既享有决策权又享有执行权，加之农村财务监督不到位，村民的财权名存实亡，严重缺失，村民难以有效参与农村财务治理，对于农村财务信息的生成与公开几乎没有影响，这严重加剧了村民与村干部之间的信息不对称。

4.4.1.3 案例分析：青县模式合理配置农村集体财权

（1）案例概况。

青县模式源于治理落后村难题的客观需求。该村由南院与北院两部分组成。南院的村民人数比北院多，在村民委员会选举中总能获胜，南院长时间掌握着管理权，并且在资源分配上处于优势地位。在公共管理活动中，权力往往成为实现利益的手段。为了分享权力和利益，北院村民经常上访到有关部门。在此期间，该村的村干部和上访代表组成政治协商会，以解决“三提五统”的收缴问题。

然而，政治协商会不是常设的，村干部遇到工作难题时才会召开，而对于核心利益的事项，往往也是村干部决定。所以，北院的村民不愿意继续参加政治协商会，又走上了上访之路。当时赵超英担任青县县委书记，他在该村调研过程中，发现该村存在政治协商会及其问题，于是对其进行了创造性改革，按照《村民委员会组织法》的规定，定名为村民代表会。在村民代表会成立之后，该村长期存在的矛盾在内部得到较好的解决。

村民代表会制度建立以后，村民代表会成为常设机构，农村集体组织的管理中心实际上从村民委员会转移到了村民代表会。村民代表会负责农村集体重大事项决策，而村民委员会成为村民代表会的执行机构。村民代表会制度为“两委”矛盾的解决提供了新的方式，即农村基层党组织抓大放小，还权于民，以村民代表会为重点，把握方向，进行宏观领导。为实现农村基层党组织对村民代表会的领导，鼓励村党支部负责人参加竞选兼任村民代表会的负责人。这样，就初步形成了党支部领导、村民代表会做主、村民委员会办事的村治模式。该制度在青县范围逐步推广，青县模式从而形成。

青县模式最鲜明的特征，就是村民代表大会即村民代表会成为常设机构。传统的村级组织架构得以改变。全村每五到十五户村民推举一位村民，作为代表组成村民代表会。村民代表会设主席一名，村支书可以通过竞选兼任村民代表会主席，负责召集村民代表会和安排具体议程。村民代表会的权利由村民会议授予，在授权范围内行使日常议事、决策和监督权。关于召开时间、次数方面，村民代表会一般每月召开一次，至少每季度召开一次。对党支部或两委联席会提交的议题包括涉及重大财务事项的议题，先由村民代表充分讨论，发表意见，再进行表决，如果经2/3以上的村民代表表决通过，则可以形成最终决议，方能实施。所有重大村务包括财务事项，均由村民代表会进行讨论并进行决议。在事实上，村民委员会成为村民代表会的执行机构。作为农村群众性自治组织，村民委员会虽然是由全体村民选举产生的，具有独立于村民代表会议的合法性基础。但是，与构成人数较少的村民委员会相比，村民代表会更能代表村民意愿。于是，实际上的村民自治的主要形式就由村民委员会成为村民代表会。在村民代表会常设之后，一方面，村民参与民主决策进一步落到了实处；另一方面，村民对集体事务进行民主管理、民主监督有了切实的组织保障。村民代表在实际上一般是村里的精英人士，所以，村民代表不仅参与农村集体财务决策，而且还能够大力支持村民委员会的执行工作。广大村民代表可以真正全程参与农村财务治理，充分体现农村民主管理。而在村民代表会设立前，由于缺乏有关的监督组织与力量，对村民委员会及其成员的监督没有力度，村民会议按照法律规定有监督权，在现实中却难以召集。至于村民监督小组，与村民委员会相比，可以说是势单力薄，其监督作用难以发挥。在村民代表会常设之后，村民可以对村民委员会及村干部进行日常化的监督，包括进行财务监督，村民享有的监督权在形式上和实质上均得到了落实。

（案例来源：翁鸣．青县模式：一种我国农村治理的创新机制［J］．理论探讨，2011（5）．）

（2）案例评析。

青县模式针对村民委员会的权利特别是财权过度集中的问题，将村民代表会改为常设机构，农村集体组织的管理中心实际上从村民委员会转移到了村民代表会。村民代表会成为农村集体财务决策机构之后，村民代表会、村民、村务监督机构可以有效参与农村财务治理，农村集体财权得到了较为合理的配置，对农村财务信息的生成与公开发挥重要作用，这在一定程度上解决了农村财务治理中的信息不对称问题。

第一，落实村民会议与村民代表会的财务决策权，有效保障村民的财权。

对于涉及村民利益的农村集体事务，村民可以自我决定权，这是农村基层群众自治制度的核心，概括地说就是村民当家做主。作为最有权威的自治组织，村民会议是落实村民当家做主最广泛的形式。然而，在农村财务治理过程中，在召集成本与议事方面，村民代表会议面临着许多实际困难，其在农村财务治理中应有的作用难以发挥出来。作为村民会议的常设机构，由村民代表会行使农村集体财务事项的决策权，就成为村民参与农村财务治理进行民主决策最实用的一种形式，这就使村民的财权具有了保障。

第二，明确村民委员会是村民代表会的执行机构，村民委员会的财权得以重新界定。

在农村财务治理实践中，村两委之间的矛盾较为普遍，这影响了农村财务治理的效率。关于村党支部的领导方式和具体职能，现有法律并未加以明确规定。在实践中，如果村两委的矛盾长期得不到妥善解决，将不利于加强党在农村地区的领导，村民自治制度也难以真正实施到位。青县模式明确了村民委员会的执行职能，村民委员会向村民代表会负责。这样一来既保证了村民委员会对村民代表会决议的执行，也明确了其具体责任，其积极性可以被有效地调动起来，农村财务决策与执行得以规范有序，能够促进农村财务治理效率提高。

第三，青县模式受到参与农村财务治理主体人员现实状况的制约。

在青县模式中，村民参与农村财务治理可以通过村民代表会的组织形式进行。然而，由于一个组织的核心取决于其人员构成。因此，村民参与农村财务治理必须有必要的组织结构与管理模式，以作为其重要的载体与保证。在该模式中，虽然村民代表会和村民委员会各自的职能得以明确，对于管理模式存在的一些问题，在组织结构层面也得以解决。但是，我国农村地区普遍存在着高流动性、空心化、公共性消解等现象，这些现象在一定程度上制约自治组织在农村财务治理中应有的效用，分析其中根源，重要的原因在于参与治理主体方面。一方面，村干部和村民代表会成员是主要农村财务治理主体，但是他们整体素质偏低。按照目前法律规定，作为村民参与农村财务治理的重要组织形式，村民会议与村民代表会议行使农村集体组织的财务权利，对于农村集体财务事项拥有决定权，其成员应符合一定要求，具备一定的文化水平，具有议事的能力。然而，目前我国部分农村地区的村民素质还很低，需要提高。另一方面，随着城市化、市场化的发展进程，农村地区青壮年、精英人士不断流入城镇，许多村庄空心化，农村留守人员多为妇女、老人和儿童，其中还有许多患病或伤残者。在上述情况下，村干部与村民代表会成员素质缺乏必要的保证，加之农村人员具有高流动性，这给村民代表会议的开会时间、会议质量也造成很多实际影响。此外，并非所有农村集体财务事项都与所有的村民有关系，在大多数情形下的农村集体财务事项，只涉及部分村民的利益。当前乡村的传统纽带逐渐衰落，农村集体的公共性也在不断降低，调动村民积极主动参与农村财务治理的积极性，在农村社会确实是一个非常大的挑战。

4.4.2 农村财务监督制度

4.4.2.1 农村财务监督制度的内涵与监督主体

农村财务监督制度是指对农村财务治理中的执行主体例如村民委员会及村干部、农村财务人员财务活动进行监督检查的措施和机制的有机整体。依据《会计法》等法律法规，农村财务监督应从农村集体实物款项、原始凭证、财务收支、账簿、财务报告以及各种经济活动等方面入手来开展工作。目前农村财务监督主要通过民主理财小组等形式，对以上经济活动进行监督。农村财务监督应当是全面的监督，涵盖农村财务信息公开情况、村民负担情况以及其他各种相关的经济活动。

农村财务监督制度是农村财务治理的重点，目前农村财务治理中存在村民、专门监督机构和政府机构等监督主体。

第一，村民自治管理体制，决定了村民进行财务监督的重要地位。根据《村民委员会组织法》等有关规定，在农村实行村民自治，实行民主选举、民主监督、民主管理、民主决策。对于农村财务治理中村民委员会及村干部、农村财务人员的财务活动，村民有权进行监督。

第二，有条件的农村集体组织，设立监督委员会，由村民会议领导，负责监督村干部和财务活动。监督委员会按照村民会议的授权，依法依规行使职权，并向村民会议负责并报告工作。

第三，根据有关法律规定，农经、财政、税务、审计等政府机构，在各自法定职权范围内，对农村集体财务活动实施监督。

需要指出的是，由于农村财务治理中存在着委托代理关系，村民作为委托人对作为代理人的村干部进行监督是必需的，且具有一般内部监督无法比拟的优势。

4.4.2.2 健全的农村财务监督制度可以降低信息不对称

农村集体经营管理活动范围较广，相应地，农村财务监督也应渗透到农村经营管理的各个方面。农村财务监督居于农村集体经营管理活动的中心地位，主要表现在以下几个方面：农村财务监督既具有价值管理特征，又具有综合管理特征，这为其中心地位创造了必要条件；农村集体组织经营管理集体资产的目标之一是取得最大的收益，所投入的资产可以产生最大的收益，该目标对农村财务监督的要求，决定了应当重视农村财务监督，农村财务监督的中心地位得以凸显；农村集体组织内外部存在不同利益，而农村财务监督的中心地位是这些不同利益主体的一致要求；农村集体组织内部财务监督制度建设是其核心，也是进行科学管理的重要基础。

农村财务监督制度本身的重要地位，也决定其与农村财务治理特别是对农村财务信息对称的密切联系。健全的农村财务监督制度可以保障农村财务监督主体行使财务监督权，监督村民委员会及村干部的行为，有效参与农村财务治理过程，并对农村财务信息的生成与公开的全过程进行监督，可以有效降低农村财务治理中的信息不对称。

4.4.2.3 不健全的农村财务监督制度加剧信息不对称

目前农村财务监督制度不健全，农村财务监督主体不能有效行使财务监督权，不能对农村财务信息的生成与公开的过程进行监督，导致该过程由村干部控制，这就进一步加剧了农村财务治理中的信息不对称。

第一，农村集体组织内控体系缺失，加剧农村财务治理中的信息不对称。农村集体内部财务监控机制缺失，加剧了农村财务治理中的信息不对称。按照《会计法》等有关法律规定，财务监督的第一层次是建立健全内控体系。但是，在当前农村财务监督体系中，严重缺乏内部约束机制，资金使用及财务管理常常由个别村干部控制，村民委员会及监督组织形同虚设，理财小组等监督流于形式。关于财务监督的规章不健全，现有规章大都是应付上级有关部门的检查，往往流于形式，难以发挥实际效用。由于农村集体组织内部控制的缺失，在相当大的程度上导致农村集体经济发展体现为家长制模式，村干部往往根据个人意识和选择，不受约束地随意支配农村经济资源，容易造成农村集体资产的极大浪费。

第二，外部财务监督不到位，加剧农村财务治理中的信息不对称。可以说，完善的外部财务监督机制，是对农村集体组织内部控制制度的有效补充。根据有关法律规定，从形式上看，外部农村财务监督包括社会组织监督和政府监督。

在社会组织对农村财务的监督层面，受经济发展限制，目前会计师事务所等中介组织还未完全深入农村财务监督领域，因该层次的监督适用还不广泛。外部对于农村财务监督不力，导致农村集体资金使用无序，农村财务账册混乱，农村财务信息公开流于形式，农村财务治理中的信息不对称进一步加剧，严重影响了农村经济的发展。

政府对农村财务的监督方面，按法律规定，对农村财务行使监督职能的应是县级以上人民政府所属财政部门。但是，在实践中，执行监督职能的是乡镇的财政所、农业经管站等具体部门。由于农村经济资源由乡镇政府直接掌控和调配，财政所等具体部门实际上必须听从乡镇政府的意见，具体执行资金计划。因此，政府部门对农村财务的监督往往流于形式。此外，还由于乡镇政府的工作人员一般直接来源于基层单位，二者之间有着密切的联系，这也导致对于农村财务监督的公允性难以得到充分保证。

在农村财务治理实践中，政府不仅监督不到位而且过度行政干预，是农村财务治理面临的重大问题，加剧信息不对称。在实践中，农村基层政府部门往往利用其行政权力，对农村集体组织内部事务进行干预，在这种情况下，农村问题往往成为行政干预的直接后果之一。农村基层政府部门对农村财务进行所谓的协调或指导，以此为借口挪用农用资金，甚至下达相关项目指令，直接占用农业资金，严重影响农村集体经济的发展，严重损害了农民的利益。在严重的行政干预下，政府对农村财务的监督职能，可以说是名存实亡，农村财务监督体系残缺不全，村民难以有效参与农村财务治理，在农村财务治理处于严重被动状态，加剧了农村财务治理中信息不对称，村民更难以获得有效财务信息。

4.4.2.4 案例分析：武安市白沙村“一制三化”机制强化农村财务监督

（1）案例概况。

白沙村位于河北省武安市。作为“一制三化”机制的发祥地，该村自2001年开始推行农村民主政治，建设“一制三化”工作机制，即在农村基层党组织领导下，建立村民自治运行机制，做到支部工作规范化、村民自治法制化、民主监督程序化，两委联席决策、群众全程监督是其核心要求。这一经验在全国推广。村里的每项决策，经到会人数的85%以上同意，党支部、村民委员会方可具体实施。此项举措，细化、亮化村务公开民主管理的形式和内容，充分保障了村民的知情权、管理权、决策权和监督权。

“一制三化”的基本内容可以概括为：四项机制与十二项规范。四项机制包括核心领导机制、制度约束机制、教育管理机制与考核评议机制。十二项规范包括支部自身建设、党员大会、两委联席会、村民委员会重大事项向党支部请示报告、民主选举、民主决策、依法办事、村民管理、村务公开、民主议政日、民主评议村干部与会计委托代理。“一制三化”的运作方式可以用数字概括为：“6324”，即六会议事、财务三审、公章双签、四项监督。六会议事是指党支部委员会、村民委员会、两委联席会、党员大会、村民代表会、村民大会。财务三审

是指对于集体财务支出等事项，由村民委员会主任审查、村民理财小组审核、党支部书记审批。公章双签是指村民委员会公章使用由党支部书记、村民委员会主任同时签字。四项监督是指对村务工作进行全过程监督，具体采取村务公开、民主议政日、民主评议村干部、会计委托代理四种主要形式。“一制三化”的基础是，坚持党在农村的领导核心地位不动摇，明确党支部书记为村“一把手”，集体重大事项由村民说了算。“一制三化”产生的具体的法规依据，包括《中国共产党农村基层组织工作条例》《中华人民共和国村民委员会组织法》《河北省村级民主管理条例》等。

（案例来源：何增科．农村治理转型与制度创新——河北省武安市“一制三化”经验的调查与思考［EB/OL］．中国人大新闻—人民网，http：//www. people. com. cn/GB/14576/28320/29243/29247/2025261. html. ）

（2）案例评析。

白沙村“一制三化”机制是该村在总结经验的基础上，通过研究新情况，在实践当中加以完善与提高的结果。“一制三化”机制不仅符合法制的要求，而且与农村地区的实际情况相适应，广大村干部能够接受，广大村民对此机制态度积极。白沙村“一制三化”机制经验，特别是其中的财务三审、公章双签、四项监督等措施，保证农村财务监督主体对村干部在农村财务治理中的行为有效监督，对于完善农村财务治理机制，解决农村财务治理中信息不对称问题有着重要的启示，主要有以下几个方面：

第一，强化农村财务治理中村民依法自治，用制度规范村民委员会及村干部在农村财务治理中的财务权利。该机制对村民委员会财务决策的事项和财务决策的程序都做出了明确规定，用制度限制与规范村民委员会的财务权利，并保障了村民委员会依法行使财务权利，消除了“村民自治就是一切权利归村民委员会”的错误认识。

第二，健全村民民主监督制度，解决农村财务治理中信息不对称问题及村民失权的问题。四项监督制度的建立，村民可以在农村财务信息的生成和公开过程中发挥重要影响，能够有效降低村民与村干部之间的信息不对称，在一定程度上可以保障村民获得更充分的农村财务信息。掌握了更多的农村财务信息后，村民可以对村干部进行有效的财务监督，这样农村财务治理的全过程处于广大村民的监督之下，村民的财务权利得到充分保障。

第三，理顺村两委关系，解决村两委争夺农村集体财权的问题。在该机制下，党支部和村民委员会各自享有特定范围的农村集体财权，按照各自权限，各负其责，严格按程序开展工作，属于自己做主范围的事项自己做主而不推诿，应当请示报告的事项及时请示报告，属于集体研究决策范围的事项，由集体研究决策，这样可以有效预防出现村两委内耗的现象。

4.4.3 农村财务激励制度

4.4.3.1 激励的双视角分析

（1）激励的心理学视角。

激励是指激发人的动机的一种心理过程。心理学认为，通过激励，在某种内部或外部刺激的影响下，一个人可以自始至终保持一种兴奋的状态。将“激励”这一概念用于财务治理活动中，主要是指调动财务治理主体的积极性问题。人是激励的对象，而每一个人是有自己的需要、动机和行为的，而且每一个人的行为具有目标指向性。一个人的行为受动机支配，而动机则是由需要产生的，而一个人的具体需要又来源于内外的诱因。在不同的角度上不同的心理学流派研究激励问题，进而提出了各种相应的激励理论，主要有以 S—O—R 为模式的行为主义激励理论，在这里，S 指激励；O 指主观意图，包括意图、愿望、行为目的、印象和计划等；R 指反应，也就是人的行为；以认知心理学为基础的内容激励理论，主要代表有马斯洛的“需求层次理论”、阿尔德弗的“生存、关系、成长理论”等；过程性激励理论，主要代表有亚当斯的公平理论、海特的归因理论等；将行为主义与认知心理学结合起来考虑的综合激励理论等。

综合分析以上激励理论，其基本内容均是从一个人的需要出发，采用不同的手段来激发他产生具体的需要，进一步产生动机及行为，而且使他的具体行为指向一个特定的目标。在一个人的一个特定需要不能得到满足的情况下，就会推动他去寻找可以满足其需要的对象，在这种条件下动机就产生了。然后在动机的驱使下，就会出现一系列的行为，这些行为都是为了寻找、选择、接近和实现目标。如果一个人的行为实现了其目标，那么他就会在心理和生理方面得到满足。当一个人原有的目标实现了，原有的需要得到满足，他就会产生新的更高的需要，新的动机和行为从而产生，如此循环、周而复始。从这个意义上说，激励是一个不断循环、不断发展的过程。

根据激励理论，一种激励方法要想做到有效，就必须遵循人类的心理和生理活动的基本规律。按照与组织目标相一致的要求，不断设置新的诱因和有效激励的基本目标。由于一个人的需要具有多重性、周期性、层次性、无限性等特点。所以，激励的方法应具有权变性，根据不同的激励对象和特定的激励目标，依据特定的环境与条件，有针对性地设置诱因和目标。在农村财务治理的委托代理关系中，委托人与代理人具有不同的需求，各自的动机也不同，应当研究、发现、丰富和完善能够诱导农村财务治理中委托人与代理人产生强烈动机和行为的激励方法。

（2）激励的制度经济学视角。

按照制度经济学的观点，一个有效的制度对于经济增长与经济发展可以起到促进作用，而一个制度如果没有效率，就会对经济增长和经济发展产生抑制甚至阻碍的影响。按照道格拉斯·诺思的研究分析，有效率的经济组织是增长的关键因素，而有效率的组织需要具备以下几个条件：第一个条件是制度化的设施。第二个条件是财产所有权的明确。第三个条件是个人的经济努力不断被引向一种社会性的活动，不断提高个人的收益率，并接近社会收益率。在这种情况下，即使生产要素投入没有发生变化，技术方面也没有进步，如果制度发生创新，社会总产出也能增长。通过进行一定的制度安排，市场经济为人们在从事生产和自身创新方面提供了强有力的激励。按照制度经济学的观点，一个制度发挥激励功能是通过对产权进行界定来实现的。产权制度如果有效，那就能够促使产权主体积极合理运用产权，以此来实现自身利益，并且该利益能够持续内在化。产权制度的内容里还包括个人的动机应当怎样实现，并对生产劳动和产品分配规则进行了确定。只有所有权制度化，产权主体才能获得对自己经济行为的预期收益，也才可以形成其动力机制。

在委托代理关系中，防止道德风险的最佳途径就是建立一个激励制度，调动代理人努力工作的积极性，使代理人追求自身利益最大化的行为，正好与委托人实现收益最大化的目标相一致，解决代理人与委托人之间的利益冲突。可行的激励制度必须满足两个条件：一是参与约束条件，代理人按照激励契约的约定努力工作后，所能得到的期望效用不能小于其保留效用，也就是说代理人努力工作的收益不小于其不工作的收益；二是激励相容约束条件，这个条件意味着在委托人不能观察到代理人的实际行动时，代理人选择使自身效用最大化的行动方案就是朝着实现委托人所期望的收益的方向努力。满足上述条件的激励制度可以使代理人自觉自愿地避免“偷懒”行为，在为委托人努力工作的同时实现自身价值，消除了委托人与代理人的目标差异，有效避免道德风险的发生。

根据以上分析，对于激励问题，制度经济学与心理学的关注点不一致。在有效的激励机制方面，制度经济学更注重宏观层面，注重产权与制度。心理学则侧重于微观层面，重视有效激励的方法和措施。经济运行的实践表明，在市场经济环境下，有效的激励制度既包括宏观上的激励，也包括微观上的激励。按照制度经济学的要求，在农村财务治理活动中，应当完善有关制度，特别是农村财务激励制度。

4.4.3.2　农村财务激励制度对农村财务治理中信息不对称问题的影响

（1）完善的农村财务激励制度可以降低信息不对称。

农村财务激励制度是通过合理配置农村集体财权，运用有效激励措施，对参与农村财务治理各主体的利益关系进行协调，激发各主体积极主动参与农村财务治理，实现农村财务治理目标的一种科学制度。在农村财务治理过程中，激励制度是否有效，直接影响到农村财务治理的效率。

由于农村财务治理中存在着委托代理关系，农村集体组织中存在不完备的契约关系，因信息不对称问题而产生的代理问题无法解决，这就需要一定的激励制度。完善农村财务激励制度，是解决农村财务治理中信息不对称问题，进一步解决代理问题的基本途径。

按照委托代理理论，委托人利益实现归根到底取决于代理人的决策和行为。建立完善委托人对代理人的激励制度，设计出合理的村干部报酬等制度安排，可以激励双方在一致的财务利益诱因下追求同样的目标，实现长期激励相容，能够充分调动广大村干部的积极性，村干部与村民的利益之间的冲突难以协调。这将促进具有信息优势的村干部主动向村民提供信息，减少双方的信息不对称，接受村民的监督，进一步化解由信息不对称带来的道德风险和逆向选择问题。

（2）不完善的农村财务激励制度加剧信息不对称。

在农村财务治理中，村民利益的实现归根到底取决于村干部的决策和行为。而如果不能建立委托人对代理人的激励制度，或者虽然有激励制度，但是对村干

部报酬等的安排不合理，就难以激励村民与村干部在一致的财务利益诱因下追求同样的目标，也就不能实现长期激励相容，难以调动广大村干部的积极性，村干部与村民之间就会发生难以协调的利益冲突。

在没有完善的农村财务激励制度的情况下，村干部为了自身利益，就会控制农村财务信息的生成与公开，垄断农村财务信息，这将导致具有信息优势的村干部拒绝向村民提供农村财务信息，也不接受村民的监督，加剧双方的信息不对称。

4.4.3.3　案例分析：蠡县“村干部之家”全面激励村干部

（1）案例概况。

村干部没有行政级别，而且处于我国最基础的环节，是党和政府联系服务广大村民的桥梁和纽带。在宣传国家法律与政策、维护农村地区稳定、促进农村集体经济发展、服务农村基层群众等方面，村干部承担着非常重要的作用。对整个农村经济社会事业的发展来说，村干部是至关重要的。但是，由于工作方面长期超负荷，工资待遇方面持续偏低，而且缺乏健全的社会保障和晋升渠道等问题，导致一些村干部干事创业的激情和热情受到严重影响，引发了部分村民对村干部的工作极不满意，严重影响了农村集体组织的管理与发展。

自2008年以来，蠡县为了更好地激励与服务村干部，深入了解村干部工作生活实际，随时为村干部排忧解难，使他们时刻体会到党组织的关心和温暖，增强荣誉感和归属感。蠡县进一步拓展服务领域，成立了“村干部之家”，使“村干部之家”真正成为了村干部的依赖和保障。其主要做法是：开通直通车，随时交流。有事找“村干部之家”，打服务热线，登网络平台，已成为村干部的共识；开办讲堂，定期探讨。“村干部之家”举办“支部书记讲坛”，邀请村党支部书记进行授课，用身边的人身边的事鼓舞人激励人。召开“村干部之家”座谈会，对基层党建创新、典型片区打造等进行了深入探讨。通过这两种形式的定期交流，在全县范围内营造了“比学赶超”的浓厚氛围；真心关爱，热情迸发。“村干部之家”为村干部办理意外伤害保险，组织免费体检，随时关注村干部工作生活，哪里的村干部遇到困难，哪里就会有“村干部之家”的身影，组织部服务中心已成为村干部的“温馨之家”，村干部干事创业的热情和积极性空前高涨。

（案例来源：蠡县村干部之家提升“村官”幸福指数［EB/OL］. http://www.bd.gov.cn/content－177－3290.html.）

（2）案例评析。

在农村财务治理中，缺乏对村干部即代理人的激励约束，是产生代理问题的重要原因，而如果激励制度不完善，会加剧村民与村干部之间的信息不对称。蠡县“村干部之家”提升了村干部的幸福指数，在激励村干部方面发挥了重要作用，促进具有信息优势的村干部主动向村民提供信息，可以有效降低农村财务治理中的信息不对称。

蠡县“村干部之家”对于完善农村财务激励制度、解决农村财务治理中信息不对称问题的启示是：

第一，重视对村干部的激励，加强统一管理。对村干部实施激励，可以提升村干部的创造力、执行力和积极性。对村干部的激励，应加强统一管理。灵活运用各种激励方式，保障村干部的生活待遇和政治待遇，能够激励村干部更好地履行其职责。健全管理机制是激励村干部的必要手段，注重对村干部的监督管理。完善对村干部的考核与监督，特别是建立村干部待遇补贴与考核情况相挂钩的管理机制。将村干部的考核情况和日常表现作为能否享受离任补助的重要依据，可以较好地激励村干部。

第二，增加待遇补贴是激励村干部的重要物质激励形式。农村基层工作很辛苦，解决村干部的待遇补贴问题很重要。建立以财政投入为主的待遇补贴稳定增长的长效保障制度，能够激励村干部安心在基层工作。落实村干部连任补助和搭建增资平台，能够稳定村干部岗位的吸引力。

第三，落实退后保障是激励村干部的重要措施。村干部在任时，时间和精力都奉献给了农村集体，对于自己家庭的生产、生活没有足够的时间关心，离任后却和普通村民一样，年龄也大了，逐渐失去劳动能力，甚至出现了生活贫困。建立退后保障机制，离任村干部退有所养，在职村干部安心开展工作，可以吸收更多优秀的人才加入村干部队伍。

4.4.4 农村财务信息公开

4.4.4.1 完善的农村财务信息公开可以降低信息不对称

《OECD 公司治理原则》强调了信息公开的重要作用，其注释部分明确指出，信息公开作为经营者与所有者之间的信息交流、委托代理监督的主要手段，是监

督经营者的关键，也是所有者能够行使表决权的关键。20 世纪 80 年代，信息公开的内容开始从“认定受托责任”转向了“提供决策信息支持”。2002 年以后，随着安然公司等财务舞弊案的出现，美国通过了《萨班斯—奥克斯利法案》，旨在加强信息公开、完善治理、防止内幕交易，促使信息公开的范畴逐渐扩大，其治理功能逐渐加强。

在农村财务治理中，由于农村集体资产所有权与经营管理权的分离，村民与村干部之间的财务信息是不对称的，在农村集体组织内部或外部利益相关者之间传递价值相关信息就成为必然要求，重视农村财务信息公开，提高农村财务信息的透明度，农村财务信息的供给与需求能够保持均衡。如果农村集体组织内部或者外部利益相关者之间信息不对称的矛盾不能得到有效解决，农村财务治理的效率就会受到影响。在农村财务治理中存在信息不对称问题，为了有效制约村干部，保证其经营决策符合村民利益，村民就应当加强对村干部的监督，特别是在农村财务信息公开方面，保证取得充分可靠的农村财务信息。

农村财务信息公开是农村财务治理的重要工具。完善的农村财务信息公开不仅可以使各农村财务治理主体间分享信息，降低信息不对称，且产生以下具体影响：

第一，农村财务信息公开可以提高农村财务信息在村民和村干部之间的分享，提升信息透明度。

第二，农村财务信息公开的准确与及时是村民进行财务决策的基础。

第三，农村财务信息公开是村民对村干部进行财务监督的前提和保障。

第四，农村财务信息公开可以提高村干部经营管理的积极性，促使其积极进行财务治理，以提高农村财务信息公开内容的质量，及时准确地公开农村财务信息，取得较好的经营业绩和社会评价。

4.4.4.2 不完善的农村财务信息公开加剧信息不对称

作为农村财务治理的重要工具，如果农村财务信息公开不完善，就难以实现对村干部的有效监控，也不利于农村财务监督制度建设，不能实现农村财务信息在不同的村民与村干部之间的共享，也不利于村民参与农村财务治理。

农村财务信息公开不完善，将加剧村干部和村民之间的信息不对称。村民由于不能准确与及时地获得农村财务信息，而缺乏参与农村财务决策的基础。

由于农村财务信息公开不完善，村民在缺乏财务信息的情况下，也难以对村干部进行有效的财务监督。此外，农村财务信息公开不完善，导致村干部缺乏经营管理的积极性，不关心经营业绩和社会评价，就不能促使其积极进行农村财务治理。

4.4.4.3 案例分析：三河市“阳光村务网”规范农村财务信息公开

（1）案例介绍。

三河市为切实加强农村财务信息公开，防范村干部垄断农村财务信息进行暗箱操作，建立了“阳光村务网”，重点对农村财务收支情况进行网络公开，方便广大村民和社会各界查询和监督，在规范农村基层事务管理和预防基层“微腐败”上发挥出积极作用。

每个村街在“阳光村务网”公开的内容包括：村街户数、人口、农用地、林地、果园、坑塘、水面、山地等村概况基本信息和财务收支情况；土地征占用及补偿款收入和发放情况；资产、资源的发包及处置情况；享受村补贴人员及其补贴标准；新增债权、债务情况；新农合、新农保、基础设施工程招投标情况等财务信息。相关内容公开后，村民可登录网站随意浏览查看，规范了村干部在财务治理中的行为，压缩和净化了村干部腐败的空间和土壤。

作为“三河市阳光村务网”管理的责任主体，三河市农经总站负责安排专职代理会计具体实施村街基本信息及财务信息公开内容录入工作，定人定村，专人专岗，明职明责，坚持实事求是，应公开尽公开，并根据村街情况变化，随时更新相关内容，确保公开内容和数据的时效性。代理会计由人事劳动部门统一招录，同三河市农业局农经总站签订《劳务聘用合同》，实行派驻管理，不受乡镇领导和指挥，不与村街产生利益关系，最大程度保证代理会计工作的独立性、公正性。同时，代理会计严格执行工作纪律承诺制度和工作责任追究制度。

（案例来源：廊坊市纪委．三河：“阳光村务网”让村务更加公开透明［EB/OL］．河北省纪委监委网站，http：//www. hebcdi. gov. cn/2017 –09/14/content_6617277. htm.）

（2）案例分析。

在农村财务治理中，村民对于农村财务信息的生成与公开的影响较小，加之农村财务信息具有滞后性的特点，村民往往处于信息的劣势地位。农村财务信息公开不完善，将加剧村干部和村民之间的信息不对称。三河市为保障村民及时取得农村财务信息，通过建立阳光村务网，规范农村财务信息公开，对于解决农村财务治理中信息不对称问题，具有以下几方面的重要启示：

第一，农村财务信息公开内容动态化，实时及定期更新，便于村民及时获得有效农村财务信息。三河市村务公开平台包含记账系统、审计系统、公开系统三个子系统。各系统数据变动，平台实时动态更新，同时定期全面更新的内容包括村民最希望知晓的农村财务情况。为保证数据的真实性、可靠性，三河市统一招录代理会计，实行派驻管理，不受镇领导的指挥，不与村街产生利益关系，最大程度保证了代理会计工作的独立性、公正性。并严格执行工作纪律承诺制度和工作责任追究制度，对因工作“推托等靠”或失职、失误、失察等行为引发有关问题的进行追责问责，涉嫌违法的移送司法机关。

第二，农村财务监督主体扁平化，上级监管和村民监督相结合，村民可以进行有效财务监督。三河市村务公开平台推出后，村民可随时随地登录平台查看财务信息，对村街重大财务事项进行监督，如有疑问，还可通过平台进行问询，由村两委干部答疑解惑。

第三，农村财务信息公开监督手段多元化，村民问询、固定质询等形式保证村民对农村财务信息公开的监督。村民可通过任意联网设备随时随地查看所关心的村务内容，并进行网上问询，对重大事项，现仅对本村村民开放，默认初始登录名为村民身份证号，登录密码为身份证号后六位，村民登录后可随时修改。同时积极探索实行了村街事务解答听证制度，各镇农经站组织村两委主要负责人定期现场解答村民质询。

4.4.5 农村社会资本

4.4.5.1 社会资本与农村财务治理

社会资本所具备的特征可以说明，在农村地区广泛存在的家族宗族等关系网络形式的社会资本，能够对农村财务治理产生重要的影响。农村财务治理的过程为农村财务治理主体之间进行有效交流与合作提供了一种可能的形式。在农村财务治理过程中，社会资本内部具有的信任、互惠、参与要素，对于农村财务治理主体，特别是对于村民、村干部之间的合作关系是非常重要的。

然而，不能忽视的问题是，在农村财务治理中社会资本也存在着消极方面的影响。消极社会资本对农村财务治理的消极影响，突出表现在经济能人成为村干部后谋取私利、非法势力对农村财务事项的非法干预等方面。

有的农村地区率先致富的经济能人通过参加选举，成为村干部。由于其经商能力较强，在经济方面也有一定实力，非常容易获得村民们的信任。经济能人参与农村财务治理过程中，其对集体发展具有积极的作用。需要警惕的是，如果不能对担任村干部职务的经济能人进行有效的监督，村民的信任是很容易被其违背的，村民自治也容易变成少数人的自治。因为经济能人担任村民委员会领导职务后，由于其一般继续做生意，他们手中的权力很容易成为其谋取私利的工具，甚至是铤而走险而贪污、侵占公共财产，这对农村财务治理存在着严重的不良影响。

农村地区存在的非法势力对农村财务治理的消极影响也较为严重。在有的农村地区，不同形式的非法势力不时出现，严重影响到农村财务治理。在一些村庄里，宗族、家族势力严重影响农村财务治理，如果一个人身后有强大的家族和宗族势力做依靠，当选村干部就成为一件较为容易的事情。即使他不竞选村干部，在私下里也能左右集体组织的重大决策。在有的农村地区存在着黑恶势力，他们往往采用恫吓、欺骗、威逼、利诱等非法方式，阻碍村民参与农村财务治理，非法控制农村集体组织事务管理，特别是农村集体财务和资产。

综上所述，应当从正反两方面认识农村社会资本在农村财务治理中的作用。一方面，应当充分发挥社会资本在农村财务治理方面的积极作用。为了实现农村财务治理的目标，在农村地区应当大力培育积极的社会资本。应当对乡村社会中大量存在的信任、互惠和参与网络的范围进行适当扩展，不能局限于狭小的宗族、家族、裙带关系等传统社群，而应扩展至范围更大的村落社群，直至扩展到全体村民。在村民从社会资本中享有的个体利益，与农村集体的公共利益之间产生矛盾的情况下，公共利益的优先性应当在道德层面上得到鼓励，并且完善有关制度进行保障。另一方面，应当运用法律的强制作用，尽最大可能地限制农村社会资本的消极作用，使村民运用消极社会资本所得到的收益不能高于他应当承担的相应代价。

4.4.5.2 农村社会资本对信息不对称的影响

对于我国农村财务治理，农村社会资本是一把双刃剑。积极的社会资本符合

农村社会和经济发展的要求，对降低信息不对称和改善农村财务治理是有利的。而消极的社会资本，加剧村民与村干部之间的信息不对称，不利于实现农村财务治理目标，还对农村社会和经济的发展与进步产生妨碍。

农村社会资本是农村财务治理中信息不对称问题的重要影响因素。社会资本对农村财务治理中信息不对称主要通过农村财务治理主体的产生与结构、村干部的治理行为和保障和维护村民日常生活秩序方面产生影响。

（1）对农村财务治理主体产生的影响。

按照村民自治要求，全体村民应该是农村财务治理主体。然而，在实践中，村民往往非常被动，尤其是在农村财务决策等重大治理活动过程中，处于主导地位的是村干部这些治理精英，包括村主任及村民委员会成员、村务监督机构成员、村民小组组长等。村主任及村民委员会成员、村民监督机构成员必须经选举产生；村民小组组长应由村民小组会议选举产生。

在这些农村财务治理主体即治理精英产生或者选举的过程中，各种参与网络对选举过程发挥直接影响，甚至有时完全控制整个选举过程。如果参与网络起到消极作用，将加剧信息不对称，不利于改善农村财务治理。例如，受到家族宗族网络的影响，人口数量占多数的姓氏家族，可能由于人数众多、优势明显而在选举中获胜。又如，村民小组长不经选举产生，却因为与村里干部关系亲近等原因而成为村民小组长。上述家族势力大、与领导关系密切等因素的存在，可能造成大家族长期垄断集体组织管理权力特别是财务权利，而家族规模较小的家族成员以及其他普通村民，难以获得参与农村集体事务管理的机会。这就加剧了村民和村干部之间的信息不对称。

如果参与网络能够在农村财务治理中起到积极作用，将有利于降低农村财务信息不对称，有利于改善农村财务治理。例如，由于得到参与网络的支持与认可，民间精英有着越来越多的机会分享财务权利，或者通过合法的选举途径，动员自己所在网络的成员，参加管理岗位的竞选。以上方面为最大限度地吸收民间精英加入农村集体组织管理层，成为体制内精英的一部分，并参与农村财务治理，提供了非制度性途径。民间精英可以利用自己所处网络优势，对体制内精英的治理行为产生着影响。这就降低了村民和村干部之间的信息不对称。

综上所述，在一个社会中，公共权力资源的开放程度决定着民众参与的程度，代表着社会的民主与文明程度，即使在一个个的农村社区也是如此。只有越来越多的村民分享并积极参与农村财务治理，才能降低村民和村干部之间的信息不对称。

（2）对农村财务治理主体结构的影响。

农村财务治理主体结构主要包括以下两种力量，即村民、村民自治组织。参与网络对农村财务治理结构产生的作用，体现为以下两个方面：

第一，参与网络对农村财务治理主体本身的影响。从农村财务治理主体本身受到的影响来看，积极的方面表现在，由于参与网络的存在，村民获得了更多的机会，能够参与农村财务治理。而且，由于不同的参与网络是不同利益团体的代表，相互之间的力量相互制约，可以在一定程度上促进农村财务治理组织结构达到相对平衡。这也有利于降低村民和村干部之间的信息不对称。当然，如果不同的参与网络的力量差距较大，则各方之间的权力容易产生不均衡状态，加剧信息不对称，最终导致出现农村财务治理不公平的结果。

第二，参与网络对农村财务治理各参与主体之间互动关系的影响。从农村财务治理主体之间互动关系受到的影响来看，积极的影响表现在，民间精英和民间组织对农村财务治理过程的参与，在一定程度上影响到农村财务治理组织结构。一方面，他们牵制和平衡村两委的互动尤其是处于冲突状态中的村两委。另一方面，通过以参与网络为基础而建立起来的形式多样的民间组织，也具有一定的公共管理职能，辅助进行农村财务治理活动。总之，民间精英和民间组织越来越多地间接参与农村财务治理，促使农村财务治理结构越来越趋向开放，这有利于形成合理的农村财务治理格局。

综上所述，一个开放的和相对均衡的农村财务治理主体结构将有利于实现农村财务治理的目标，降低村民和村干部之间的信息不对称。

（3）对村干部治理行为的影响。

村干部是农村财务治理过程中的权威主体，他们的治理行为对农村财务治理效果有重大的影响。村干部为了履行自己的工作职责，往往动用同学、朋友或者战友等私人关系。这些非正式的方式，可以促进其完成工作任务。在农村财务治理过程中，社会资本作为非制度性参与网络对于农村财务治理的影响，既可能是有利的，也可能是有害的。

村干部在农村财务治理过程中，一方面，如果涉及其所在参与网络的成员利益，或者其所在参与网络成员与其他参与网络的成员利益之间产生冲突的情况

下，难以做到公平处理，而偏袒自己所参与网络的成员，实际上这是经常出现的情况。另一方面，为了树立自己的权威，获得广大村民对其工作的支持和尊重，村干部也常常发挥社会资本的作用，在拆迁、征地等过程中，首先做好自己亲属、朋友等关系密切的人的工作，发挥示范带头作用。另外，村干部在农村财务决策与管理中，也常常主动利用或被动受制于各种参与网络的作用，例如，土地补偿款分配等均受到参与网络的影响，起到积极的社会资本作用。

同样地，如果村干部在农村财务治理过程中，如果偏袒自己所参与网络的成员，就会加剧村干部与村民之间的信息不对称。反之，如果村干部为了树立自己的权威，获得广大村民对其工作的支持和尊重，就会做好自己所参与网络的成员的工作，发挥示范带头作用，积极公开农村财务信息，主动接受村民的监督。这就会降低村民和村干部之间的信息不对称。

（4）对保障和维护村民日常生活秩序的影响。

在农村财务治理的研究中，对村民日常生活秩序的保障与维护方面关注甚少。事实上，农村财务治理的真实过程，既有党领导下的村民委员会形式的村民自治，也有民间精英等的介入，还有政府部门的干预。同时，村民日常生活秩序的维持也是农村财务治理过程中不可或缺的条件。村民日常生活秩序的和谐为有效的农村财务治理提供强有力的社会基础，有助于降低村干部和村民之间的信息不对称。

在调研过程中发现，村民日常生活中，“远亲不如近邻”式的相互帮助，有利于减少村民生活方面的成本，提高农业生产的效率，加深村民之间的情谊，提高村民生活质量和幸福感。村民在日常生产、生活中遇到困难时，血缘、婚姻以及朋友等参与网络往往能够提供借贷、劳动力、耕作工具或信息等各方面的支持。一些以志趣、人品而非血缘为基础形成的新型合作组织，如生产合作社、行业协会等功能性组织，可以向成员提供必要的支持与帮助，促进成员搞好生产经营、提高经济收益或促进共同兴趣爱好等。邻里、亲朋、参与网络的互助、合作，都体现为村民之间的合作。合作关系的存在，在抵御生产生活风险、处理民间纠纷、维护乡村秩序等方面，都体现了积极的社会资本作用，并为农村财务治理提供良好的保障，有助于降低村干部和村民之间的信息不对称。

4.4.5.3 案例分析

（1）曲阳县某村黑恶势力控制农村集体财权加剧信息不对称。

刘某自2001年担任曲阳县某村村主任，后兼任村支部书记。长期以来，刘某非法操纵基层选举，控制农村基层政权。他通过采用各种方式拉拢、控制成员，逐渐形成了以其所在村为中心、等级分明、成员固定、分工明确的黑社会性质犯罪组织，该组织的影响辐射到周边地区。该组织为了扩大自身的影响，谋取非法利益，屡次对抗政府部门的执法活动，严重妨害公务活动。在有关建设项目施工过程中，该组织强行在施工企业里入股，强行承揽工程，敲诈其他企业钱财。如果有村民妨碍到该组织的利益，则肆意对村民进行殴打、拘禁。该组织成员屡屡寻衅滋事，毁坏田地，破坏村民财物。该组织的违法犯罪行为给当地的经济、社会生活秩序造成了严重的影响。

河北省保定市中级人民法院经开庭审理，查明“黑老大”刘某共受贿6024.60万元，贪污744.48万元，组织、指挥、故意伤害5起，致1人重伤、7人轻伤、1人轻微伤，妨害公务3起；强迫交易6起；寻衅滋事3起；故意毁坏财物4起，数额巨大；非法拘禁1起；破坏生产经营2起；敲诈勒索1起。经审理，刘某共构成11项犯罪。一审法院决定数罪并罚，判处其死刑，没收个人全部财产。刘某不服保定中院的一审判决，后来进行了上诉，并于2015年1月得到改判。河北高院虽然仍然判其犯11种罪名，但此前认定的贪污罪被改为职务侵占罪，而且最终执行的死刑也变为死刑、缓期2年执行。

刘某利用其担任村干部的便利，实施职务犯罪，在受贿方面，仅在两个项目上，他就收了6000多万元好处费。2009年，县政府决定在该村征地，用于建设廉租房项目。刘某利用职务之便，分三次收受开发商所送443万元。两年之后，县里决定建教育城等项目，刘某利用征地及补偿的职务便利，收受好处费5270万元。此外，他还收了10公斤黄金，价值311.6万元。

至于涉黑，刘某通过非法手段操纵基层选举，把持基层政权，利用各种手段拉拢、控制组织成员，形成了一个黑社会性质犯罪组织。该组织不仅等级分明、成员固定、分工明确，而且所做的事情更是令人吃惊。如在2007年6月，因对县检察院办理其子被伤害一案的处理结果不满，他竟纠集百余人围堵该县检察院。2011年8月，刘某以该县污水处理厂排放污水为借口，指使数百人冲击曲阳县政府。村民稍有反抗，就肆意殴打，更是“家常便饭”。比如村民委员会换届时，有一位村民未投他的票，就遭到殴打。

（案例来源：河北曲阳村干部被提请减刑：曾涉黑并敛财近 7000 万［N］. 法制晚报，2017－11－30.）

从农村财务治理角度分析该案发生的原因，对于加强农村财务治理，解决村民和村干部之间的农村财务治理中信息不对称问题，具有重要的启示。

第一，农村集体组织本身监督尚不完善。对村干部缺乏有效的监督制约，个别村干部往往是其一个人掌握农村集体财权，做任何决定都是一个人说了算，形成了内部人控制。在一些村干部为了谋求自身利益而损害村民的切身利益为代价的情况下，监督检查力度和村务公开不到位，村务只在于形式。尤其是农村财务信息不公开、财务治理混乱，从而为村干部贪腐埋下了伏笔。

第二，村民权利义务的混乱致使农村财务监督力量薄弱。村民自治意识薄弱，法律观念淡薄致使农村财务民主决策机制无法保证。在河北的许多农村，因为长期处于相同的环境下，熟人的传统思想根深蒂固，这就使得很多村民对贪污腐败的村干部放任自由，睁一只眼闭一只眼。在农村财务监督方面，村民担心将村干部滥用其财务权利的行为进行上访举报之后会遭打击报复，往往经过权衡利弊得失，对于村干部存在的影响村民利益的相关问题一再让步。此外，缺乏与村民参与农村财务治理相配套的法律规定，不仅《村民委员会组织法》本身对村民参与财务治理的权利保障缺少法律责任的规定，而且有关法律如《行政诉讼法》和《刑事诉讼法》等，也没有为村民维护有关权利提供足够的法律救助途径。

第三，对村干部财务违法行为惩罚力度弱，致使腐败村干部有恃无恐。中国现在司法机关对村庄相关事宜的认同仍然是有争议的，《刑事诉讼法》等一系列惩治腐败，行贿的划分，挪用公款等行为被认定为是不适当的。同时还有相当数量的自治管理功能的村庄，他们可以自由转让农村集体资产等，这些方面还是可以为村干部带来相当大的好处，现在制定的法律中对此还是接触不到的。按照现行法律规定，对贪污、挪用的管理流程中，协助政府工作时发生的贿赂事件才是监察机关的管辖范围，而在农村财务治理中不规范、不完善之处也很难让有关的执法部门参与进来，打击村干部财务违法行为的力量也是相当弱的。

第四，消极社会资本严重阻碍农村财务治理，加剧信息不对称。本案中的刘某操纵农村基层选举，控制农村基层政权，拉拢、控制组织成员，等级分明、成员固定、分工明确，形成犯罪组织具有黑社会性质。农村中的家族势力、黑恶势力属于社会资本的范畴。这些社会资本操纵基层政权，把持村务，严重影响了农村财务治理，致使村民不能参与农村财务治理，更不能获得农村财务信息，其利益受到严重损害。对于消极的社会资本，从国家层面应当通过加强立法等方式予以规范。

（2）辛集市吴家庄村乡贤理事会积极参与农村财务治理。

农村乡贤理事会，由经济能人、宗族长老等具有一定声望的人组成，是一个以村民的福利为中心，以一定的权威为基础，以亲情和乡情为纽带，以反哺工程为助力，以村民自治权为保障，维护乡村社会稳定的非行政的、新型村民自治组织或社会自组织。该组织的特殊之处在于，它不是正式治理者，也不是一级行政机构。它是一种村民参与的民治、村治、自治形式，也是推进农村产业和经济发展、促进群众参与公益事业建设和社会管理、化解社会矛盾、增进社会和谐、建设平安幸福社区的一个载体。

2015 年 7 月，辛集市吴家庄村成立乡贤理事会，登统记录乡贤人员数十人，涉及医生、教育、技术维修等多个领域，成为吴家庄村民参与农村财务治理不可或缺的力量。该理事会认真谋划、精心组织，积极参与村内经济社会发展和美丽乡村建设，理事会成员编制了《村规民约三字经》，开办了道德讲堂，兴办农村公益事业，调解村民之间纠纷，纠正村民生活陋习，对集体事务提出建议，履行自治职能，倡导“以德为先、以和为贵”的文明新风，在推进村内各项事业发展，完善社会主义新农村建设方面发挥了极其重要的作用。开展的具体活动有：编制《村规民约三字经》助推文明新风尚；开办道德讲堂传递社会正能量；“家庭式”调解矛盾促进村内和谐稳定；助力村班子为村内发展建言献策等。2017 年，该村被授予“全国文明村”和河北省“文明村镇”荣誉称号。

（案例来源：刘冰洋．辛集：新乡贤引领乡村振兴新风尚［EB/OL］．河北新闻网，http：//hebei. hebnews. cn/2018 -03/23/content_ 6821495. htm.）

吴家庄村乡贤理事会属于社会自组织，作为一种农村社会资本，为农村经济能人、具有一技之长的村民参与农村财务治理提供了重要组织依托，这些村民可以通过参与农村财务治理过程掌握农村财务信息。吴家庄村乡贤理事会的实践做法，对于加强农村财务治理，解决农村财务治理中信息不对称问题，具有如下启示：

第一，乡贤理事会在农村财务治理中具有重要作用。

吴家庄村乡贤理事会取得了许多成功经验，体现出乡贤理事会在农村财务治理中具有重要的作用，主要体现在两个方面：

一方面，在农村财务治理中，应当积极推进村民协商民主和有序参与，充分发挥民间社会的积极影响。在当今法治理念指导下，各种非政府组织、社会团体、村居自治组织等也应属于参与公共管理的主体。上述民间组织应当被赋予广阔的活动空间，利用对话、理解、生成、共享等互动合作形式，共同参与并实现农村财务治理目标。在目前的农村财务治理实践中，以村干部为代表的农村精英治理仍是农村财务治理的重要主体，掌握了大部分农村集体财权，普通村民不仅经济资源缺失、政治地位低下，在公共资源的占有和使用方面，在农村财务治理中的地位方面，与其他社会成员相比也处于劣势。吴家庄村乡贤及其理事会通过发挥动员和示范作用，使得国家政策给予村民以平等的地位，使农村的经济、政治和社会资源得以公平配置，提升了普通村民在农村财务治理的地位，使村民通过参与农村财务治理掌握农村财务信息，有利于解决农村财务治理中信息不对称问题。由此可见，从一定意义上讲，解决农村财务治理中信息不对称问题在很大程度上应当依靠乡贤理事会这类组织。

另一方面，以村民的积极认同为治理基础，有利于农村财务治理制度创新。在农村财务治理制度安排中，既有强制人们遵守的正式制度与规则，也包括村民同意或以为符合其利益的非正式的制度安排。所以，农村财务治理制度的变革应当符合村民意愿，获得广大村民认可与支持。吴家庄村乡贤理事会充分利用乡村地缘亲缘优势，发挥乡村公序良俗和乡规民约的积极作用，积极参与农村财务治理。并通过解决村民之间的纠纷，促进各农村财务治理主体之间协调规则的形成和实施，提供了一种相互影响、共同作用的模式。通过非正式的规则，包括价值取向、伦理规范、道德和习惯等文化因素，该组织实现了对村民的行为规范和约束，形成一种较为稳定的社会系统与特殊的社会人格，体现出一种农村熟人社会中的财务治理方式。

第二，乡贤理事会在农村财务治理中的作用受到主客观因素的制约。

在环保、道德教化、调处民间纠纷方面，吴家庄村乡贤理事会发挥了重要作用，但在参与集体事务尤其是农村财务治理方面仍有不足，其应有的作用尚未充分发挥。为了充分发挥乡贤理事会在农村财务治理的作用，应当加强以下几个方面：

首先，搭建乡贤参与农村财务治理的平台。新时代乡贤的作用不能局限于处理本宗族事务，而是要面向整个乡村的治理，其中的农村财务治理是非常重要的组成部分。因此，这就需要有关部门建立有关的乡贤活动组织，为乡贤参与农村财务治理搭建好平台，从而吸引在村里那些德高望重、有公信力、有才能，愿为农村财务治理献策出力的人参与进来。可以成立乡贤议事会、乡贤参事会，建立健全乡贤参事议事机制，促进乡贤在引领村民参与农村财务治理、解决村民与村干部之间的信息不对称问题方面发挥更大的作用。

其次，注重乡贤参与农村财务治理能力的培育。乡贤参与农村财务治理，促进乡村振兴，仅有德高望重还不够，必须有实打实具备参与农村财务治理的知识和能力。作为乡贤本人，应当与时俱进学习党的农村工作政策，了解新时代村民的思想、行为方式，掌握农村经济管理、农村财务等方面的知识，提高自己在农村财务治理方面的议事参事和管理能力。同时，上级有关部门要建立定期培训沟通机制，了解乡贤的所思所想，帮助他们解决工作中遇到的难题，提升他们的履职素质和能力。

最后，注重乡贤的表彰。表彰是为了彰显乡贤价值，增强乡贤的荣誉感和凝聚力。各地要积极探索乡贤的表彰激励办法，可以组织不同层级的年度乡贤先进集体、先进个人评选，并利用媒体大力宣传他们的事迹；也可引导鼓励乡贤参与道德模范、身边好人评选，让乡贤自己倍感荣誉，让他们的事迹家喻户晓，在激发乡贤奉献热情的同时，让广大村民加深了对乡贤工作的理解和认可，激励乡贤带动更多的村民更加积极地参与农村财务治理，促进农村财务治理更加有效开展。

本章小结

本章通过河北省的农村财务信息公开情况调研和相关资料，指出农村财务治理在很大程度上存在着村民和村干部之间的信息不对称。由于农村财务治理机制不完善，即农村集体财权配置合理、农村财务监督制度健全、农村财务激励制度不完善和农村财务信息公开制度不完善，以及农村社会资本的消极影响，进一步加剧了村民与村干部之间的信息不对称，即出现农村财务治理中信息不对称问题，导致农村财务治理中的代理问题更加严重，出现一系列问题，如委托人缺位、治理低效、加剧农村集体经济运营风险、滋生村干部腐败等不良后果，甚至会影响到农村社会的稳定。

分析了农村集体产权不清晰、农村集体资本结构不合理、农村财务法律制度不完善是农村财务治理中信息不对称问题产生的根源。农村财务治理机制的不完善、农村社会资本的消极影响与农村财务治理中信息不对称问题之间的影响是相互的。对农村财务治理中信息不对称问题的五个具体影响因素，即农村集体财权配置、农村财务监督制度、农村财务激励制度、农村财务信息公开制度以及农村社会资本，进行了深入的分析，并结合实际典型案例，分析了上述五个具体影响因素如何影响农村财务治理中信息不对称问题。

第 5 章　解决问题的基础

由第 4 章研究得知，农村集体产权不清晰、农村集体资本结构不合理、农村财务法律制度不完善是农村财务治理中信息不对称问题产生的根源。因此，解决农村财务治理中信息不对称问题的基础是创新农村集体产权制度、优化农村集体资本结构与完善农村财务法律制度。

5.1　创新农村集体产权制度

5.1.1　建立由不同权能内容的所有权构成的农村集体资产所有权体系

农村集体产权不清晰及其导致的农村集体资本结构不合理是产生农村财务治理信息不对称问题的主要根源，因此，为了解决农村财务治理信息不对称问题，就必须改革农村集体产权制度，重新构建农村集体产权制度。依据产权理论以及产权分解原理，结合我国经济、政治制度和国情，本书认为，应在坚持农村集体资产集体所有的前提下，为充分保障村民的产权利益，应当区分集体资产的不同类型，建立由不同权能内容的所有权构成的农村集体资产所有权体系。该体系具体内容如下：

第一，在总体上，农村集体资产仍归村民集体所有，村民集体享有农村集体资产的所有权，这一点不能改变。

第二，在坚持农村集体资产仍归村民集体所有的前提下，规定农村集体资产的总所有权归村民集体。在此基础上，区分不同类型的资产，赋予村民产权不同的权能。

第三，对于村民按照家庭承包所取得的农村集体土地经营权，目前我国《物权法》规定其为用益物权，而用益物权在物权法理上属于他物权，这与村民集体享有所有权存在一定的矛盾。村民作为村民集体的成员，对集体所有的土地享有的权利不应是他物权，而应属于自物权范畴。对于这部分资产所有权的重构，本书认为，既然村民是按照其村民身份取得承包权的，该承包权具有身份权的属性，而且数量上是可以确定的，所以可以用该具体份额确定，因此，可以实行按份所有。按照物权法原理，按份共有人对共有的不动产或者动产按照其份额享有所有权。所以，在坚持农村集体资产集体所有的前提下，对村民承包的土地资产，村民集体享有总所有权，而村民按照其份额享有所有权，也就是对于其承包的土地资产享有具体的所有权，其产权的权能主要包括具体所有权、经营权、收益权、部分处分权等，但是必须以集体总所有权为前提，其处分权受到集体总所有权的限制。

第四，对于农村集体组织管理的集体资产（非经营性资产除外），其总所有权仍归村民集体，其处分权归村民集体，经营管理权归农村集体组织，村民依据其村民身份享有特定份额，并按照其份额享有具体所有权即按份共有权，其产权的权能主要为具体所有权（按份共有权）、收益权及部分处分权，但不享有经营管理权。

第五，对于农村集体组织管理的非经营性集体资产，其总所有权仍归村民集体，其处分权归村民集体，经营管理权归农村集体组织，但是由于非经营性集体资产的服务性、非增值性等特点，不能实行村民按份共有，而应是共同共有，即全体村民对非经营性集体资产不分份额地共同享有具体所有权，可以按照农村集体组织规定使用该资产，但是不能主张分割，以维持共有关系，因非经营性资产具有非增值性，所以不涉及收益权问题，村民产权的权能主要为具体所有权（共同共有权）、使用权。

5.1.2　农村集体资产所有权体系的特点

上述农村集体资产所有权体系，既坚持了农村集体所有制，使农村集体资产仍归村民集体所有，又将村民的产权落到实处。在保障农村集体资产所有权归村民集体的前提下，仅根据农村集体资产的不同，赋予村民不同的权能内容，从农村集体资产所有权中分解出具体所有权作为村民享有的权能之一（该权能受到村民集体总所有权的限制），明确了村民享有的产权及其具体权能。村民从抽象的所有权主体变为具体的所有权主体，其参与农村集体财权配置就具有了明确的产权依据。

5.2 优化农村集体资本结构

5.2.1 优化农村集体资本结构的意义

资本结构理论是西方国家财务理论的重要组成部分之一。资本结构理论经历了旧资本结构理论和新资本结构理论两个阶段。旧资本结构理论是基于一系列严格假设进行研究的，包括传统理论、MM 理论和权衡理论等。主要的研究成果包括：在理想条件下，MM 理论得出资本结构与公司价值无关的结论；存在公司所得税条件下，MM 理论得出公司价值随负债的增加而增加的结论；存在破产成本的条件下，权衡理论得出实现公司价值最大化要权衡避税利益和破产成本的结论。新资本结构理论是基于非对称信息进行研究的，包括控制权理论、信号理论等。主要的研究成果就是分析了在非对称信息条件下资本结构的治理效应及对公司价值的影响。广义的资本结构是指企业全部资本价值的构成及其比例关系。狭义的资本结构是指企业各种长期资本价值的构成及其比例关系，尤其是指长期的股权资本与债权资本的构成及其比例关系。资本结构可以从不同角度来认识，于是形成各种资本结构种类，主要有资本的属性结构和资本的期限结构两种：资本的属性结构是指企业不同属性资本的价值构成及其比例关系；资本的期限结构是指不同期限资本的价值构成及其比例关系。资本结构的意义有：合理安排债权资本比例可以降低企业的综合资本成本率，合理安排债权资本比例可以获得财务杠杆利益，合理安排债券资本比例可以增加公司的价值。

财务治理系统的正常运行以资本结构为根本基础，资本结构作为一个重要框架，能够保障财务治理机制本身正常运行，并促使各种治理手段发挥其应有的功

能。资本结构与财务治理结构二者关系密切，资本结构是财务治理结构的基础，而财务治理结构是资本结构在财务方面的体现，不同的资本结构决定了财务治理高低不同的效力，决定了财务治理的特征及治理目标。利益相关者之间的财权配置受资本结构决定，其中股权的结构是研究股东之间关系如何处理和治理效应的出发点，而债权结构是确定债权人参与治理的权限，并保障债权人合理行使治理权利的依据。

有效农村财务治理是以有效资本结构为前提的。优化农村集体资本结构对农村财务治理具有重要的影响，选择资本结构中债权和股权不同的结构，从而对农村财务治理效率产生不同的影响，具体是指股权与债权之间，股权内部之间，债权内部之间，因不同比例形成的不同资本结构产生的不同治理效能。当前，实践中农村集体产权不清晰、农村集体负债显现突出等现象，不仅无助于规避财务风险，而且也不利于财务治理效应。为了实现农村财务治理目标，解决农村财务治理中信息不对称问题，应当对农村集体资本结构进行优化。

5.2.2　优化农村集体资本结构的措施

农村集体资产是农村集体多年来积累的宝贵财富，是发展集体经济发展、实现广大农民共同富裕所不可缺少的物质基础，管好用好十分重要。应当以提高效益为核心，进一步深化农村经济体制改革、创新农村经营体制机制，发挥市场配置资源决定性作用，提高农村土地产出率、资产收益率、劳动生产率，推动集体资产增值。

5.2.2.1　制定支持发展政策，壮大农村集体经济

创造良好宽松的集体经济发展环境，对集体经济发展减少限制性门槛，在税收减免、资金支持上给予更多优惠。进一步加大政府资金投入，财政支出进一步向经济实力较弱地区倾斜，引导社会资金、个人资金向农村地区投入。加大专项资金用于发展农村集体经济的力度，对于能增加集体经济收入的项目加大奖励力度，金融机构增加信贷扶持农村经济发展产业发展。建立长效激励机制，对发展好的农村集体实行奖励。

5.2.2.2 严格控制举债风险，防止资产损失

赋予农经管理部门相应的管理与处置权限，提升管理权威。加强农村土地承包管理，推进产权交易平台建设，完善产权流转交易市场。采取有效措施严格控制债务风险，禁止非生产性举债。提高集体经济科学理财、高效理财水平，进一步推进财务公开和民主理财工作，公开资产债务账面、重大资产处置情况。加大新型集体经济组织审计工作力度，开展专项资金审计和经营效益审计等专项审计，加强农民负担监管，严禁违法、违规支出，最大限度提高资金使用效率，杜绝资金、资源浪费现象。

5.2.2.3 深化产权制度改革，提高集体资产经营效益

继续推动产权制度改革进度，推进乡级集体经济产权制度改革。规范新型农村集体经济组织运营管理，完善股东会、理事会、监事会制度和法人治理结构，规范改制后集体经济组织内部管理，健全经营管理、民主决策与监督机制。建立完善村级财务预决算制度，规范财务管理及资产处置程序，保障资产处置合法、公开、透明。鼓励集体经济组织在法律和政策允许的范围内充分利用集体的资金、资产和资源，通过入股、合作、租赁等合法途径，进行多元化和多形式的经营，提升集体经济发展活力，提高集体经济经营效益。

5.2.2.4 转变经济发展方式，有效盘活集体资产

结合不同农村地区的功能定位及区位环境资源优势，从实际出发，因地制宜，不断调整产业结构，促进产业升级，盘活资金、资产、资源，推动农村集体土地、限制资产入市，实现农村集体土地资源化、市场化，提高集体资产收益率。鼓励创新，大胆探索集体经济发展新模式，积极发展资源开发型、土地流转型、产业带动型、租赁经营型、招商引资型、配套服务型等多种发展模式，推动集体经济健康发展，增强集体经济实力和发展后劲。积极化解债务，严格控制非生产性和经营性支出，避免增加新的债务。

5.2.2.5 积极推动农村集体产权股份合作制改革

按照中央文件的内容，积极改革农村集体产权股份合作制，加大维护农民集

体经济组织成员权利的力度，赋予农民更全面的权利，例如收益、转让、担保、继承等方面的权利，在农村建立公平合理的产权交易市场，加强对广大农村的集体资金、资产、资源的规范管理，提升集体经济组织的管理水平，促进农村集体经济进一步发展壮大。可是，在实践中，怎样进行集体产权股份合作制，如何通过此项改革来发展集体经济等，有关方面对这些问题的认识还需要统一，需要从政策以及操作等层面作出分析和规范。

农村集体产权股份合作制在本质上，是合作制与股份制二者的一种结合，它是一种新的生产组织形式，将农村集体的资产量化给每一个集体成员，以资产联合为主是股份合作制的主要特点，而劳动联合起到辅助作用。从目前来看，农村集体产权股份合作制总的来说符合农村发展趋势，但在其改革过程中出现许多问题，主要有：有关政策对股份合作制的关注不够，之前的农村农业改革主要是在城镇化较快的地方进行，但是上述地区与集体经济大量存在的农村地区有很大不同，今后要是在政策实施方面还不充分照顾到这些地区的特殊情况，那么在全国范围内推进此类改革就非常困难。此外，许多农村集体经济的股权通常是封闭的，范围限制在一定的村或乡镇，这与市场经济的要求不符，农村集体经济要想适应市场经济的发展，还有很长的路要走。

应从政策和操作两个层面设计相应路径，促使农村集体产权股份合作制改革尽快从所面临的困境中走出来，并走上规范发展的快车道：政策法律层面。应当规定农村股份合作组织的明确的法律地位，以立法形式规定农村股份合作组织的法人资格，对农村股份合作组织进行专门详尽的规范，使其能够独立参加市场经济活动，并按照市场规则独立地有效运行。充分考虑到农村集体经济的实际情况，制定相应的政策法案，对农村股份合作组织实行一定的财政税收优惠措施，比如，有关部门可以根据实际情况，制定针对合作组织及其成员的税收减免优惠，税务机关对于农民的股利分红，可以暂不征收个人所得税，而按照普通服务业的较低税率，对于集体经济的经营性收入征收较少的税收。此外，简化市场准入条件和程序，根据不同的合作社形式制定不同的工商登记办法。实践操作层面。在农村集体实施产权股份合作制改革的形势下，基层政府的社会服务和保障功能也在逐渐到位，农村集体经济组织应当通过改革将利润最大化作为自己的目标。股份制改革不仅会对农村集体经济产生重大影响，许多农民的生活方式也会因此而发生改变，所以，各项改革措施不能一蹴而就，而应当循序渐进，适当限制入股时间和比例，吸引尽可能多的村民入股，并通过发展壮大农村集体经济，保证广大农民得到实惠，实现农民收入和生活水平的提高。有一些发展状况较好的农村地区，可以试行开放部分股权，消除农民顾虑，开放的股权可以只具有收益权，而不对集体经济活动享有决策管理权。

5.3 完善农村财务法律制度

5.3.1 提高农村财务法律的立法层次

现有关于农村财务的立法层次较低，多数为财政部、农业部等制定的部门行政规章。为了适应深化农村经济改革、完善农村经济体制和建设社会主义新农村的要求，应当提高农村财务法律的立法层次，由国家立法机关行使农村财务基本法律的立法权，可以体现农村财务立法的严肃性、权威性、稳定性，可以解决不同部门、不同地方之间的利益冲突，并减少争权诿责的现象。

5.3.2 增强农村财务法律的可操作性

在农村财务法律的立法过程中，注重法律规定的可操作性、可执行力，法律条文做到清晰、明确，法律规范要素完整，减少原则规范的比重，对于涉及农村财务制度的重要事项不再授权行政部门自行决定。特别是农村财务法律的修订适应时代的发展，及时进行修订，使农村财务法律规范成为农村改革发展的重要保障。

5.3.3 减少重复立法现象

为了解决农村财务法律重复立法损害国家法制的完整性与统一性，甚至导致法规与国家立法相互抵触的现象，避免出现大多数地方性农村财务法规只是国家立法的简单重复，在国家出台一项农村财务法律后，不鼓励地方性重复性地制定细则，而只允许在特殊情况下制定因本地区特殊原因而变通适用的部分规定，而且通过规定备案或审查等程序，对地方性农村财务法规的立法质量进行控制。

5.3.4　健全农村财务法律体系

为了解决农村财务法律立法体系不完整问题，填补立法空白，消除在农村财务管理的许多领域存在的无法可依现象，应当完善农村财务立法，健全农村财务法律体系。例如，制定农村财务管理方面的基本法律，在农村财务基本法律之下，再健全与之配套的专门法律规定，例如关于农村集体财权及其配置、农村财务激励、农村财务监督、农村财务信息公开、规范农村社会资本在农村财务治理中的作用等方面制度的法律。

本章小结

农村集体产权不清晰及其导致的农村集体资本结构不合理是产生农村财务治理信息不对称问题的主要根源。为了解决农村财务治理信息不对称问题，就必须改革农村集体产权制度，重新构建农村集体产权制度，建立由不同权能内容的所有权构成的农村集体资产所有权体系。该体系既坚持农村集体所有制，使农村集体资产仍归村民集体所有，又将村民的产权落到实处。有效的农村财务治理是以有效资本结构为前提的。优化农村集体资本结构对农村财务治理具有重要的影响。解决农村财务治理中信息不对称问题，应当对农村集体资本结构进行优化，具体措施包括通过制定支持发展政策壮大农村集体经济、严格控制举债风险、防止资产损失等。还应完善农村财务法律制度，提高农村财务法律的立法层次等。

第6章　解决问题的措施体系：完善相关制度

上一章分析了农村财务治理中信息不对称问题会导致农村财务治理中的代理问题更加严重而产生一系列问题，而农村财务治理机制本身的不完善等因素也会进一步加剧农村财务治理中信息不对称，即出现农村财务治理中信息不对称问题，二者之间的影响是相互的。农村财务治理机制中的农村集体财权配置、农村财务监督制度、农村财务激励制度、农村财务信息公开制度以及农村社会资本是农村财务治理中信息不对称问题的具体影响因素。在创新农村集体产权制度和优化农村集体资本结构的基础上，完善农村集体财权配置、农村财务监督制度、农村财务激励制度、农村财务信息公开制度以及规范农村社会资本，将会有助于解决农村财务治理中信息不对称问题。

农村集体财权配置、农村财务监督制度、农村财务激励制度、农村财务信息公开制度构成了农村财务治理机制，该四个方面是相互影响的。农村集体财权配置是该机制的核心，具有决定性的作用。合理配置农村集体财权，村民有效参与农村财务治理，对于完善农村财务监督制度、农村财务激励制度、农村财务信息公开制度具有重要促进作用，同时，农村财务监督制度、农村财务激励制度及农村财务信息公开的完善程度，也会影响到农村集体财权配置的合理程度。而农村财务监督制度、农村财务激励制度与农村财务信息公开制度三者之间也是互相影响、互相促进的。

农村财务治理机制与农村财务治理中信息不对称问题之间互相影响。一方面，完善农村财务治理机制，合理配置农村集体财权，健全农村财务监督制度、农村财务激励制度、农村财务信息公开制度，合理界定村干部的财务权利，使其

受到全面的监督和有效的激励，提高农村财务信息公开质量，可以促使村民掌握更多的财务信息，打破村干部垄断财务信息的局面，有效解决农村财务治理中信息不对称问题。另一方面，如农村财务治理中信息不对称问题得到有效解决，村民与村干部之间的信息不对称得到降低，信息分布均衡，可以改善村民对村干部的监督和激励，促进农村财务信息公开质量进一步提升，使农村财务治理机制进一步完善。

全面规范农村社会资本，发挥农村社会资本的积极作用，可以促进农村财务治理中信息不对称问题的解决，促进农村财务治理机制的完善。村民借助其所处参与网络形式的社会资本的力量参与农村财务治理过程，体现出村民对农村财务治理广泛的民主参与，符合村民自治制度的要求。同时，农村财务治理中村民所处不同参与网络中的信任、互惠、参与和合作可以使村民获得农村财务信息，有利于降低信息不对称。而解决农村财务治理中信息不对称问题，使村民获得更多的农村财务信息，更有利于促进村民所处各种参与网络形式的社会资本在农村财务治理中发挥积极作用，促进农村财务治理机制的完善。而完善农村财务治理的机制，实现村民对村干部的全面监督与有效激励，提高农村财务信息公开质量，可以改善村民所处各种参与网络中的信任、互惠、参与和合作，为农村社会资本在农村财务治理中发挥积极作用提供重要的保障。

6.1 合理配置农村集体财权

6.1.1 建立新型农村集体组织结构

农村集体财权配置是农村财务治理的核心。农村集体财权配置不合理，会加剧信息不对称。解决农村财务治理中信息不对称问题，必须合理配置农村集体财权。而这就需要在创新农村集体产权制度的基础上，改革现有农村集体组织结构，建立分权制衡的新型农村集体组织结构。

6.1.1.1　现有的农村集体组织结构

农村集体组织结构是农村财务治理的组织基础。我国现行的《村民委员会组织法》规定，村民委员会是村民自我管理、自我教育、自我服务的基层群众性自治组织，实行民主选举、民主决策、民主管理、民主监督。村民委员会办理本村的公共事务和公益事业，向村民会议、村民代表会议负责并报告工作。该法还规定，村民应当建立村务监督委员会或者其他形式的村务监督机构。

分析现行《村民委员会组织法》所规定的现行农村集体组织结构，可以发现存在明显缺陷：

第一，该法规定村民委员会向村民会议、村民代表会议负责并报告工作，但是，村民会议、村民代表会议不是常设机构，在村民会议、村民代表会议闭会期间，村民委员会无处报告工作。这就使得村民委员会成为了农村集体组织事实上的最高权力机构，村民的权利得不到保障。

第二，该法没有明确规定村民会议、村民代表会议的召开程序。村民会议、村民代表会议的虚设，存在召开难问题，导致对于农村集体重大事项，村民委员会既享有决策权又享有执行权。

第三，该法对村务监督机构的成立缺乏明确具体的规定，其独立性缺乏保障，导致村务监督机构依附于村民委员会，不能发挥监督作用。

分析可知，现行《村民委员会组织法》下，农村集体组织的现有常设机构只有村民委员会、村务监督机构（且独立性缺乏保障），呈现为直线型结构（见图6－1）。

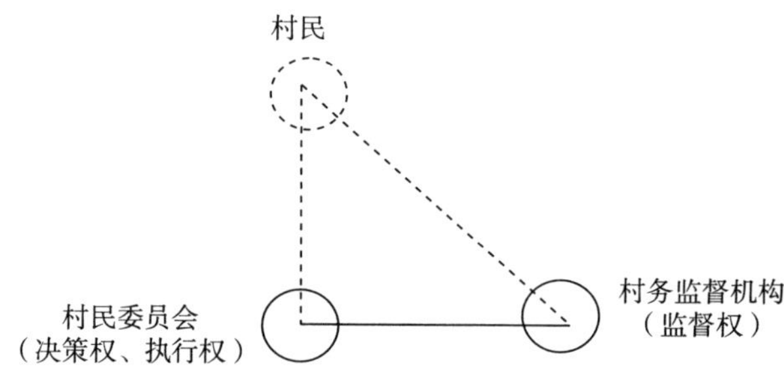

图6－1　现行农村集体组织结构

分析图6－1可知，直线型的农村集体组织结构中，村民委员会集中掌握了农村集体财务决策权、执行权，村务监督机构虽是名义上的监督机构，但由于其组成人员往往受村委会决定或影响，缺乏独立性，不能发挥监督作用，导致村委会的财权得不到制约。在此情形下，村民委员会及其村干部控制着农村财务治理，决定着农村财务信息的生成与公开，垄断了农村财务信息。而村民因缺乏有效组织形式依托，不能参与或不能有效参与农村财务治理，其财权处于虚置状态。从图6－1可以发现，村民处于农村集体组织结构之外，与村民委员会、村务监督机构的连接线为虚线。在这种情况下，村民对农村财务信息的生成与公开没有影响，不能及时获得农村财务信息。

因此，本书认为，现行的直线型农村集体组织结构简单，设置不科学，现有机构权责不清且缺乏必要的制衡，农村集体财权配置极不合理，是导致村民委员会在农村财务治理中权力过于集中且缺乏有效的监督，加剧村民与村干部之间的信息不对称的根本原因。为解决村民与村干部之间在农村财务治理中信息不对称问题，必须改革现行的农村集体组织结构，对农村集体财权进行合理配置。

6.1.1.2　建立新型农村集体组织结构

建立分权制衡的农村集体组织结构是对农村集体财权进行合理配置的前提。本书根据对农村集体产权制度改革以及对现有农村集体组织结构的分析认为，为了合理配置农村集体财权，必须改革现有农村集体组织结构，建立新型农村集体组织结构。

新型农村集体组织结构应改变现有的直线型结构，强调维护村民的权利，以村民为中心，健全农村集体组织机构，实现农村集体产权合理分配、互相制衡。具体内容如下：

第一，在坚持农村集体资产村民集体所有的前提下，村民集体享有总所有权，赋予村民具体所有权，即每一位村民享有具体所有权。在此基础上，为了维护村民集体以及每一位村民的产权利益，通过立法规定，由全体村民组成村民会，而且由该机构作为农村集体资产总所有权的代表。

第二，由村民会选举村民代表组成村民代表会，作为村民会的常设机构，按照村民会的授权，行使农村集体资产总所有权。

第三，由村民会决定村民委员的人选，并由村民委员组成村民委员会，作为村民会的执行机构，按照村民会、村代会的授权，行使农村集体资产经营管理权。

第四，由村民会选举村务监督人员组成村务监督机构，作为村民会的下设机构，按照村民会的授权，行使监督权，负责监督村代会及其成员、村委会及其成员、农村财务人员。

在上述新型农村集体组织结构中，农村集体组织资产的所有权、经营管理权、监督权主体明确，而且相互制约。与直线型的农村集体组织结构不同，增加了村民代表会作为常设机构，行使农村集体组织资产所有权，与行使经营管理权的村民委员会、行使监督权的村务监督机构之间形成了一个三角结构，三者与村民会共同形成一个锥体结构，如图6－2所示。

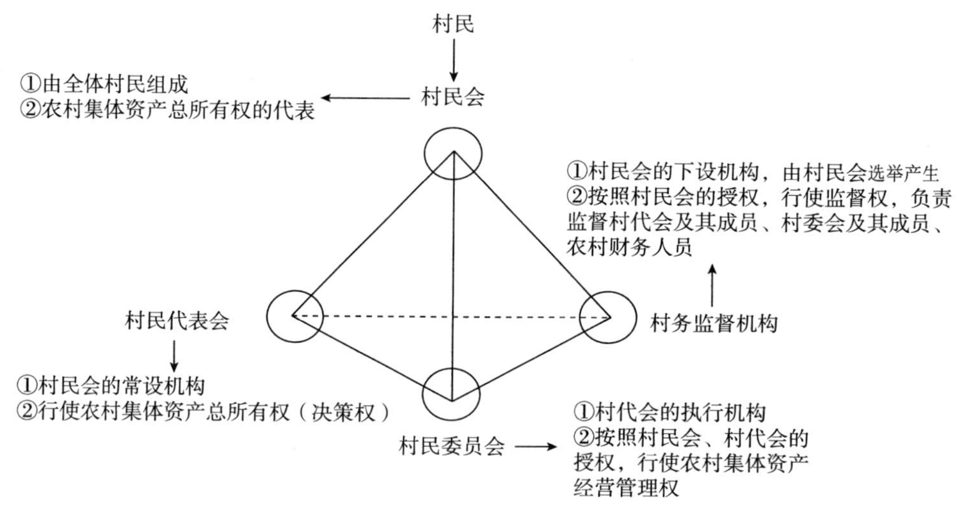

图6－2　新型农村集体组织结构

在新型农村集体组织结构中，村民会作为农村集体组织价值聚焦“顶点”，为了维护和争取农村集体组织实现最大利益，农村集体组织价值投射向村民代表会、村民委员会和村务监督机构三个利益“角位点”，此三个利益“角位点”相互制衡形成“三角形”，而几何学认为，三角形的结构因边长、内角确定后形状不能改变，因此是最稳定的结构；“顶点”和“三角”构成“锥体”，这体现该结构的稳定性。村民代表会、村民委员会和村务监督机构三个利益“角位点”

不可以重合或者处于同一直线，更不得与“顶点”重合或处于同一平面；一旦出现这些状况，将表示农村集体组织治理处于危机状态。

上述新型的农村集体组织结构以村民为中心，在改革农村集体产权制度的基础上，实现了农村集体组织各机构的分权和制衡，为合理配置农村集体财权、限制并监督村委会及村干部、保障村民直接或以组织形式参与农村财务治理并及时获得农村财务信息，从而解决农村财务治理中信息不对称问题，奠定了必要的组织基础。

6.1.2　农村集体财权合理配置应遵循的原则

6.1.2.1　分权与集权相结合原则

配置农村集体财权时，应当遵循依据分权与集权的原则，既要防止因农村集体财权过度集中可能产生的高风险，也要避免农村集体财权分散所带来的低效率甚至无效率，这就取决于各农村集体财权主体享有的相应的财权是否合理。信息成本与代理成本的存在决定了农村集体财权配置并非简单的对应逻辑，农村集体财权组合模式往往处于农村财务集权与分权之间的某一随机位置。农村财务决策越接近基层，因信息不对称产生的成本就越小，可是因代理人之间利益存在冲突而产生的代理成本越高。农村财务决策越接近顶层，由于链条缩短导致代理成本而降低，信息成本却相应增加。

农村集体财权配置从完全集权到完全分权的过程中，代理成本线呈现逐渐上升的趋势，信息成本线呈逐步下降的趋势，总成本线即代理成本与信息成本之和，呈现先降后升的趋势，并且线上任何一点均代表了农村集体财权配置的集权或分权程度，从而形成无数财权组合。然而，总成本线的最低点，在理论上也只有这一点，是农村集体财权配置的最佳点。位于该耦合点的农村财务治理组合模式，集权与分权程度恰到好处，也是最佳的农村财务治理组合，此时信息不完全、信息不对称引起成本与目标不一致所导致的代理成本之和最小，农村财务治理可以达到最高的效果。实际上，信息成本及代理成本是随时变化的，所以，最佳农村财务治理组合模式也是一个随时调整的动态过程。根据该模型，确定农村集体财权的集权与分权程度应当对代理成本及信息成本的大小进行权衡。除此之外，对农村集体组织规模、农村财务人员素质等因素也应全面考虑。

6.1.2.2 有效制衡原则

该原则体现了农村财务治理主体的“权、责、利”应当有机统一，应当充分联结各权利主体享有的财权与相关责任、利益，不能只依赖权利主体的自律，对各主体的财权需要进行一定的制衡，以保持农村集体财权配置发挥应有的作用。为了解决相关的权利不兼容的矛盾，对农村集体财权进行合理配置和优化，不同的权利应当归属于不同的主体，促使权利之间实现有效制衡。由于各农村集体财权主体都具有增加自身财务权利的意愿，明确区分不同性质权利并对其界限进行明晰界定，做到权利主体不重叠，使制约某一主体权利过度扩张行为更加容易，确保农村集体财权配置不失衡，有效制衡农村财务治理主体，保证农村财务治理主体能够公平地参与财务治理。

6.1.2.3 有效激励约束原则

提高农村集体财权配置效率的关键，是加强农村财务治理主体自身行使财务权利的激励，并且进行有效的约束。激励侧重的问题涉及治理主体参与配置动力，约束侧重关注的问题是限制农村集体财权被过度占有。两者侧重点不同，只有在各治理主体内部实现一定的均衡，农村集体财权的最终配置才可以确定。激励做到有效，各治理主体参与农村集体财权配置的积极性得以调动，各主体为了保护自身利益，能够积极要求并行使财务权利。与此同时，各主体能够重视加强约束自身行为，有利于农村集体财权配置达到均衡状态，这才是农村集体财权配置的理想结果，农村财务治理效率才能切实得到提高。

6.1.2.4 收益权与控制权相对应原则

农村财务收益权与财务控制权二者的安排做到相对应，才符合效率最大化要求。可以这样说，厘清收益权与控制权的对应关系，是正确理解农村财权配置的关键。在农村财务治理中，村民集体作为资产的所有者和经营风险承担者，应该拥有主要收益权和控制权，在农村集体财权配置方面的体现就是，在正常经营状态下，应当绝对占有财务收益分配权和重大财务决策权。这是农村集体财权配置的一个基本原则，反映出财务风险和收益应该相对称的要求。

6.1.3　以村民为中心合理配置农村集体财权

本书前面运用委托代理理论，分析了农村财务治理中存在于村民与村干部之间的委托代理关系。然而，农村财务治理主体的范围不能局限于村民与村干部。借鉴利益相关者理论和农村财务治理实际，农村财务治理的主体应当包括村民、村民组成的自治机构、村干部组成的管理机构、政府以及其他利益相关者主体例如债权人等。

按照本书提出的新型农村财务集体组织结构，村民组成的自治机构有村民会、村民代表会、村务监督机构，村干部组成的管理机构为村民委员会，四者共同构成农村财务治理的内部主体，而村民、政府、债权人构成农村财务治理的外部主体。

农村财务治理主体结构见图 6－3。

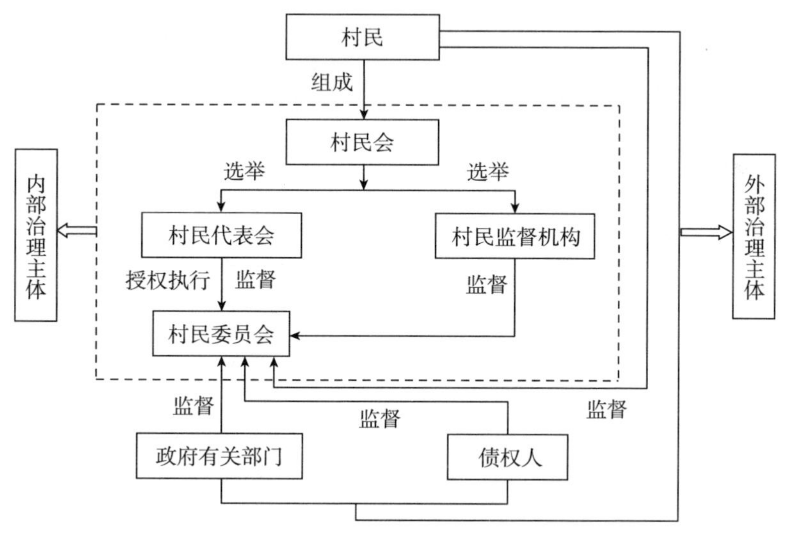

图 6－3　农村财务治理主体结构

农村集体财权配置的主要目的，是将农村集体财权在各农村财务治理利益相关者即农村财务治理主体之间进行合理、恰当的分配。

农村财务治理受农村集体产权制度决定，农村集体资产的所有权归村民集体所有，村民具有具体的所有权，又由于农村财务治理属于村民自治的范畴，所以，农村财务治理的中心应是村民，农村集体财权配置的中心应是村民。

以村民为中心，在农村集体组织内部各机构之间，以及各机构与村民、债权人、政府有关部门之间，进行农村集体财权的合理配置，是农村财务治理的核心，也是解决农村财务治理中信息不对称问题的关键。

以村民为中心合理配置农村集体财权的体现是：村民享有充分的财权，其他治理主体的财权围绕保障村民财权的目的而配置。村民参与农村财务治理的形式，可以是自己直接参与农村财务治理，行使自己的决策权、监督权等，也可以通过村民会、村民代表会等形式参与农村财务治理，而且，由村民组成的村民会作为最高权力机构，享有农村集体最重要的财权。

农村集体财权分为农村财务收益权和农村财务控制权，而农村财务控制权又分为决策权、执行权、监督权。在本书前面所提出的新型农村集体组织结构中，村民会是最高权力机构，村民代表会是村民会的常设机构，而村民委员会是村民代表会的执行机构，所以，农村财务战略决策权主要由村民会和村民代表会行使，日常财务决策权和财务执行权主要由村民委员会及村干部行使。村务监督机构、债权人、政府有关部门主要享有农村财务监督权。而村民作为农村集体组织成员，在通过村民会、村民代表会参与治理之外，本身也是重要的财务治理主体，按照自己的具体所有权享有部分收益权、部分决策权，并行使对村民委员会及村干部的监督权。

上述农村财务治理主体的农村集体财权配置见表6－1。本书将在后面详细分析。

表6－1　农村集体财权配置

	农村财务收益权	农村财务控制权		
		农村财务决策权	农村财务执行权	农村财务监督权
村民会	√（主要）	√（最高决策）		
村民代表会		√（战略决策）	√	√
村民委员会		√（战术决策）	√	
村务监督机构				√
村民	√（部分）	√（部分）		√
债权人				√
政府				√

6.1.3.1　村民的财权

村民即农村集体经济组织成员，是指户籍在该农村集体经济组织，或生活在该组织而对该组织的土地享有权利，负有义务的人。农村集体经济组织成员资格具有很强的身份性质，它可以依法定事件（如出生）而取得和依合法行为（嫁入）而取得。因此确定农村集体经济组织成员资格，必须具体以下条件：在该集体经济组织有户籍登记。户籍登记是从法律形式上确认该人是否为该集体经济组织成员的要件，若户籍迁出则当事人要举证证明自己跟该集体经济组织的其他紧密联系来证明自己的集体经济组织成员的地位，比如升学将户口迁出的，原则上户籍不在该集体经济组织，但若遇土地征收等也不能简单地将该成员排斥在外；生存生活在该集体经济组织。这是判断是否为该集体经济组织成员的实质要件；对该集体经济组织的土地享有权利承担义务。这主要是指对该组织的土地拥有与其身份不可分离的权利和义务。

按照现行法律规定，农村集体资产的所有权人是村民集体，但是对于村民集体如何行使所有权，规定不明确。农村集体资产所有权界定不清晰，造成农村集体资产被村民委员会及少数村干部控制。按照本书提出的农村集体资产所有权体系的特点，在坚持农村集体资产仍归村民集体所有的前提下，根据农村集体资产的不同，赋予村民不同的权能内容，从农村集体资产所有权中分解出具体所有权作为村民享有的权能之一，并明确了村民享有的产权及其具体权能，将村民的产权落到实处。

在村民从抽象所有权主体变为具体所有权主体之后，其参与农村集体财权配置就具有了明确的产权依据。在农村财务治理中，村民的财权包括：农村集体经济的收益权，指通过特定组织形式决定农村集体经济的收益分配并取得属于自己应得部分收益的权利；农村财务决策权，指按照村民自己具体所有权份额或者按照共同共有规则对农村财务治理中重大事项的决策的权利；农村财务监督权，指村民自己或者通过村民会、村务监督机构等形式，监督村民代表会、村民委员会及其村干部、农村财务人员行为的权利。

6.1.3.2　村民会的财权

村民会由全体村民组成，作为农村集体组织的最高权力机构，行使着农村集体资产的终极所有权，包括委托权、剩余控制权、剩余索取权。村民会的财权表现在其财务战略最终决策权，决定农村集体组织的经营方针和投资计划，审议批准农村集体组织的年度财务预算方案、决算方案，审议批准农村集体组织的利润分配方案和弥补亏损方案，享有剩余收益分配的决策权等。

村民会通过选举村民代表组成村民代表会，行使农村集体组织日常的财务治理权，并通过选举村民组成村务监督机构，监督村民代表会、村民委员会及其组成人员，以约束其财务治理权的行使。

6.1.3.3 村民代表会的财权

按照本书前面所提出的新型农村集体组织结构，村民代表会作为村民会的常设机构，按照村民会的授权，行使农村集体资产总所有权。

为了充分体现村民在农村财务治理中的中心地位，应当充分发挥村民代表会的作用，并且通过修改法律，规定村民代表会为常设机构，明确由村民代表会代表村民集体行使农村集体资产总所有权，使其成为村民参与农村财务治理的重要组织载体。

村民代表会的财权包括财务战略决策权和财务战术监控权。在农村财务治理中，村民代表会财务战略决策权，包括讨论决定农村集体组织的收益如何分配，以及农村集体组织的亏损如何弥补，决定政府征收集体土地的征地补偿费的如何使用及如何分配方案，决定村集体组织的经营管理方针和投资计划，土地承包经营方案，本村公益事业的兴办，村集体项目的立项，筹资筹劳方案，以借贷或者其他方式处分村集体财产等事项。村民代表会的财务监督权主要是财务战术监控权，主要内容是对村民委员会及村干部进行财务监督，监督村民委员会的财务战术决策权和财务执行权。

6.1.3.4 村民委员会的财权

在村民代表会成为常设机构后，在村民会闭会期间，作为村民代表会的执行机构，按照村民会、村民代表会的授权，行使农村集体资产经营管理权。

村民委员会的财权主要是负责财务战术决策和财务执行，即按照村民会议、村民代表会的授权或者决定，决定农村集体经济组织的具体经营管理计划和具体投资实施方案，决定聘任或者解聘辅助人员，制订村集体的年度财务预算草案、决算方案，制定村集体组织的基本财务管理规章制度等。

关于村民委员会主任等村干部的财权。村干部主要是指通过村民自治机制选举产生的，在村民委员会等组织担任一定职务，行使公共权力，管理公共事务，提供公共服务，并享受一定政治经济待遇的工作人员。村干部包括在村民委员会等组织的任职人员，其中村民委员会作为农村集体组织执行机构，其成员是主要的村干部。村干部是村民诉求的首选通道和依托对象，在农村财务治理中处于非常重要的地位。

村民委员会主任等村干部作为农村集体组织管理层成员，在农村集体财权配置方面，主要体现其享有的农村集体财务具体执行权上，但是对日常具体事务按照授权也可以决定，具体是：按照村民委员会的具体授权，决定农村集体的日常性财务收支事项、日常管理活动事项等；落实村民委员会决议、农村集体投资方案、农村集体分配方案以及年度计划等，并按要求组织实施。

6.1.3.5 村务监督机构的财权

为了加强农村财务监督，实现农村财务信息公开等制度，促进民主理财，解决农村财务治理中的信息不对称问题，农村集体组织应当建立村务监督委员会等形式的村务监督机构。村务监督机构按照村民会、村民代表会的授权，对按照村民代表会授权负责执行的村民委员会及其村干部进行监督，乡镇政府在监督村民委员会的同时，对村务监督机构的监督工作予以支持。村务监督机构制度运作机制见图 6 –4。

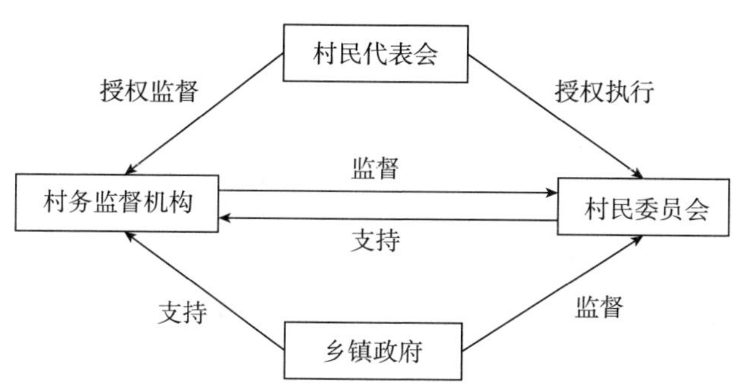

图 6 –4 村务监督机构制度运作机制

村务监督机构的财权配置比较单一，主要内容应是负责对农村集体财务进行监督检查，以及村民代表会授予的其他财务监督权。例如：监督村集体财务收支管理制度和财经纪律等执行情况，监督农村集体资产、农村集体资源处置决策是否符合规定程序和本村的村规民约，并公开公正规范操作；农村集体资产、农村集体资源增减变动情况是否及时登记入账，集体资源登记内容是否完整全面；大额资产、资源增减变动情况是否按照程序，由村民会或者村民代表会讨论；村级大额物资采购是否经过集体讨论；重大经济合同或协议的签订、变更、解除是否经村民会或村民代表会讨论决定；承包款是否按合同约定及时兑现；合同履约情况是否按规定公开等；监督工程建设项目立项是否经村民会或者村民代表会表决通过，是否符合本村的村规民约；是否按规定程序实行招投标管理，变更工程设计、增减工程量是否履行审批程序；是否存在建设工程转包、违法分包及挂靠行为；工程建设质量是否合格；工程建设资金管理是否规范；资金拨付是否严格按合同规定办理；监督村务公开是否严格执行相关制度规定，内容是否全面、真实，程序是否规范，时限是否按规定要求，公开前是否经村务监督机构审查盖章等。

6.1.3.6 农村集体组织债权人的财权

在财务治理理论上，债权融资具有对经营者激励约束职能，有利于形成债权人的监控机制及相机治理机制。以金融机构为例，作为农村集体组织的债权人，向农村集体组织投入了债务资本，就要以利息的形式分享其剩余。尽管本金和利息都具有固定支付的特征，但由于双方的利益非均衡性、目标不一致性、信息不对称性以及信贷环境的不确定性，就会导致农村集体组织的后机会主义行为的发生，从而使金融机构也存在着收不到本息的风险。为了降低这种风险，金融机构必须通过信贷合约等制度安排来参与农村集体组织控制权的分配，以对农村集体组织的行为施加影响和约束。

在农村财务治理的实践中，加强农村集体组织的债权人的财权配置，一是有利于形成债权人和农村集体组织之间的互动关系，促使农村集体组织债务资金有效利用；二是有助于有效监督村干部的行为，防止在农村集体组织出现“内部人控制”的现象；三是可以监督村民委员会的各项活动，进而维护农村集体利益。农村集体组织的债权人参与农村财务治理的活动可以分为三个阶段（见表6－2）。

表 6－2　农村集体组织的债权人治理的三个阶段

治理阶段	功能	相关问题
事前	项目评估，信用分析评级	逆向选择
事中	监督农村集体组织的资金使用情况	道德风险
事后	判断农村集体组织财务状况处于何种状态，然后采取相应强制承诺性和有约束力的惩罚措施	承诺

对于农村财务治理来说，农村集体组织的债权人的财权，主要体现在其对农村集体的享有财务监督权上，债权人通过获得必要而充分的财务信息，监控农村集体组织债务资金的使用是否符合合同及法律规定。农村集体组织向金融机构申请贷款，金融机构作为农村集体组织的债权人，享有的具体财权是：评估农村集体组织信用，监督农村集体组织及其村干部的财务行为，限制农村集体组织的负债期限和债务资金用途等。

6.1.3.7　政府有关部门的财权

政府为农村提供了公共环境资本，包括制定公共规则、优化信息指导、改善生态环境等公共产品，就要从农村集体组织剩余分配中获得税收。同时，由于信息不对称和农村集体组织剩余不确定，政府也要承担税收风险。所以，政府应当取得相应的财权。

关于农村集体的财务事项，政府有关部门可以按照法律的规定参与，行使其财权，主要是发挥其监督作用。例如，村民会议有权制定、修改村民自治章程、村规民约，然而需要遵循备案程序，即应当报乡、民族乡、镇的人民政府备案。如果村民自治章程、村规民约与法律和政策不一致，或者有具体内容侵犯村民的人身权利、民主权利、财产权利的，乡镇政府有权责令村民委员会改正。再如，政府有关部门负责组织村民委员会成员的任期和离任经济责任审计。对村民委员会成员的审计事项主要有：农村集体财务收支情况；农村集体债权债务情况等。对村民委员会成员的任期和离任经济责任审计的组织主体，法律规定的范围是县级政府农业部门、财政部门或者乡镇政府。

此外，政府可以通过法律法规、市场引导的方式对农村财务治理发生重大影响，对农村集体组织及其村干部的违纪违法行为进行惩处，保证农村集体组织的正常运转。政府站在公正的立场上，调整农村财务治理不同利益相关者的利益，做到公平与效率的统一。

6.2 健全农村财务监督制度

6.2.1 健全村民民主监督制度

6.2.1.1 切实落实有关制度，重视村民代表推选

完善农村财务决策制度，强化村民民主监督，关键是充分发挥村民代表的监督作用。而在村民代表的产生方面，推选应该做到规范、民主。只有村民代表选举过程符合代表性、广泛性和合法性的要求，村民代表才能得到广大村民的信任，村民才会对村民代表的工作进行积极配合。

在农村财务治理中，村民代表依靠深厚的群众基础，才能保证农村财务监督的民主程度。村民代表会可以有效制约村民委员会，从这个意义上说，村民代表的推选比村民委员会换届选举更加重要。然而，许多农村地区对村民委员会选举非常重视，而忽视村民代表选举，造成村民代表的产生极不规范，其代表性极差。县级政府、乡镇政府应按照法律规定，结合本地区实际情况，制定村民代表推选规则，确保村民代表选举程序规范。此外，在选举村民代表时，乡镇政府应发挥职能作用，加强培训与指导，全过程监督到位，防止村干部通过内定方式确定村民代表，侵犯村民选举村民代表的权利。

6.2.1.2 严格规范村民代表会的会议召集机制

在农村财务治理中，村民代表会是一个非常重要的治理主体。在民主决策方面，应重视发挥村民代表会的职能。召集人的范围应当适当扩大，形成村民代表会的会议召集主体多元化的格局，以解决村民代表会难以召开的问题。村民委员会、五分之一的村民代表、村民代表会主席都可以成为召集者和主持者。在目前实践中，村干部本身不愿意接受村民监督，更不愿意召开村民会议或村民代表会

议，特别是在村民对村干部意见纷纷，打算按照法律程序罢免村干部时，村干部不仅不愿意召开会议还想尽各种办法阻止村民会议的召开。

目前，村民会议或村民代表会议一般由村民委员会主持召开。在此情况下村民委员会的地位不公正，因为它既是裁判员又是运动员。在新型的农村集体组织结构框架下，在村民会或村民代表会的会议召集组的成立是非常必要的。村民会或村民代表会的会议召集组由若干组员组成，由村民会选举产生。村民会或村民代表会的会议召集主体的多样化，有利于保障村民代表会制度落到实处。

6.2.1.3　规范农村财务决策程序

（1）规范村民代表会召开会议程序。

为了充分发挥村民代表会在农村财务治理中的作用，会议召开程序应当规范化。特在召开次数、召开时间方面，应做出具体规定。村民代表会召开会议的形式分为定期和不定期两种形式，但是，定期召开方式作为重点应当坚持，目的是防止村民代表会召开不规范或者随意召开等现象。

（2）规范农村财务事项议案的提出程序。

村基层党组织在认真调查的基础上，广泛听取党员意见，通过集体讨论研究，提出初步意见和方案。有关农村财务事项的提议，不仅应符合农村集体组织的实际，还应满足广大村民的需求。村两委应对议案进行深入分析，并进行充分的讨论，依据少数服从多数原则要求，保证在最大限度上反映广大村民意愿。对村两委讨论形成的决议，由农村基层党组织负责，采取多种方式进行分析讨论来广泛征求党员、村民代表、群众的意见和建议，例如召开民主恳谈会、在村务报栏公开提议、走访座谈等。然后，农村党基层组织召开村两委会，针对农村财务决策方案存在的问题，进行修改与完善，提交党员大会或党员议事会，党员民主讨论研究后确定表决方案。最后，按照法律程序召开村民代表会，对于特别重大事项则应当召开村民会。会议对议案进行表决，村民或村民代表充分行使自治权，所有表决程序都应符合法律规定，确保村民代表或村民真正参与农村财务决策过程，其决策权、监督权落到实处。

6.2.1.4　农村财务决策过程有效公开

农村财务决策做到全过程有效公开，是保障农村财务民主监督科学化的措施。

首先，议前公开。提前公布财务议题，确保村民提前知道和认识拟表决事项。

其次，农村财务决策过程公开。在新型的农村集体组织结构框架下，村民会、村民代表会讨论研究同意的财务事项，在第一时间内应当进行公开，而且公开的形式应该多种多样，确保广大村民及时了解进展状况。

最后，农村财务执行公开。财务决策完成之后进入执行落实阶段。农村集体组织应当将财务事项执行情况，采用村务公开栏等形式，定期向广大村民公布，方便广大村民监督财务事项执行的全过程。

对农村集体组织的重大财务事项，应当加大监督力度，可成立村民专项事务监督小组。该小组负责监督专项事务，保证所有村民参与民主决策形成的议案，都能够执行到位、落到实处。

6.2.2 健全政府对农村财务的监督制度

6.2.2.1 创新政府对农村财务的监督体系

（1）明确政府监督的主体。

政府各职能部门应当提高认识，充分了解加强和规范农村财务治理的重要性，强化责任意识，加强领导与政策落实。在农村财务监督方面，政府应认真履行法律法规赋予的职责。研究拟定有关农村财务工作的具体制度，并负责监督执行。在农村集体组织会计核算、财务预决算、财务信息公开、民主理财方面加强指导。组织开展农村财务清理与检查，指导农村集体资产管理。指导农村集体债务的防范与化解。加强对农村财务人员和民主理财人员的业务培训，做好其持证上岗工作。积极推广农村会计电算化，指导农村财务档案管理工作。为确保行政监督落到实处，应当明确农村财务行政监督的主体，主要有政府农经部门、财政部门、乡镇双代管服务中心、纪检监察部门等。

作为农村集体组织最直接的领导部门，乡镇党委政府在农村财务治理的规范运行方面，是第一责任部门。乡镇干部应当加强农业农村政策法规和管理制度的学习，做农村财务工作的理论家、实践家。乡镇党委政府应当为农村集体组织选拔、培养好一支有号召力和影响力的班子队伍。乡镇党委政府应当加强调查研

究，了解辖区各农村集体组织的现状、存在问题和问题解决办法，及时化解农村集体组织存在的问题。建立健全农村财务管理规章制度，并严格落实。

（2）明确行政监管的对象。

政务处分对农村财务监管有盲区。由于村民委员会是农村群众性自治组织，不属于国家机关，村干部不属于监察对象，用于约束国家公职人员的法规，大多不能适用于村干部。但是，许多村干部是党员，《中国共产党纪律处分条例》适用于所有党员，纪检部门可以从党纪的角度对村干部的财务行为加强监管。另外，从农村财务监管的实践来看，与农村财务治理有关系的许多组织或个人，例如施工方、金融机构、评估、拍卖等第三方中介机构等，上述组织或个人主要从事市场活动，严格来说，他们并不属于行政监管的对象。但是，由于农村地区公共财政缺失，在这种情况下，拨入农村集体组织的资金成为一种补充。事实上，上述资金也起到了公共财政的作用。因此，无论是基于法律上的责任，还是出于管理上的需要，监管财政资金的实施效果是各级行政机关的义务。当然，各级行政机关应当依照法定程序行使监管权，还应当坚持行政监管的一般原则，例如合法性、平等性、广泛性、有效性以及经常性等原则。

重点加强对村干部的监督制约。在新型的农村集体组织结构框架下，村干部属于农村集体组织管理层成员。在监督和控制村干部的财权方面，应当做出具体明确的规定。对于由村民委员会主任直接决定的财务事项，应当由村两委会集体讨论的财务事项，应当由村民代表会讨论决定的财务事项，分别加以详细列举。例如，对于农村集体的收支审批权，可以明确规定一个上限，超过上限的事项，村干部无权审批，而必须由村民代表会审议决定。农村集体的每一张收支凭证都需由村务监督机构和理财小组审核，做到先理财、后监管。农村集体重大项目如果达到一定金额，那么按照规定应当依照法定程序招投标。此外，应加强对村干部的常规监督。中央巡视组的做法在农村地区可以借鉴。可以由乡镇对各农村集体组织进行巡视。乡镇纪检监察机构负责具体工作，成立巡视监管小组，不定期地到集体组织监督巡查。把对村干部的监督工作纳入乡镇的职责范围，并明确规定，村干部如果发生违纪违法行为，乡镇主要负责人应当负领导责任，这样可以促使乡镇对村干部更好地进行监管。

（3）重视涉农绩效监督。

绩效监管的目的是提高资金的使用效率，有效保证资金使用安全、合法。应当按照绩效管理的要求，对农村集体资金使用进行科学的监管和分析，对农村集体资金支出的过程和结果，进行客观公正评价。近年来，随着国家财政支农惠农力度越来越大，涉农资金越来越多。涉农资金的有效利用，与增加农村集体收入一样，都非常重要。因此，加强绩效监管已成为农村财务监督的重要内容。如果村干部盲目投资或者低效投资，给农村集体组织带来的损失，与其违纪行为相比，所产生的损失可能更大。因此，行政机关应转变思想，提高对绩效监管重要性的认识，通过加强绩效监管，确保有效落实各项惠农政策，提高国家财政资金的利用率。

6.2.2.2 完善农村财务监督具体制度

（1）强化村级财务内部管理，健全内部控制制度。

建立健全农村财务监管制度，严格执行相关要求，规范财务基础行为。既要建立必要的制度体系，又要确保各项制度执行到位。农村集体组织应当加强内部监管，根据现行法律的具体规定，重视并切实加强农村财务监管机构与人员配备，明确农村财务人员及监管人员的职责，并制订具体制约制度。

（2）根据实际健全农村财务管理制度。

规范农村集体财务收支与农村集体资产管理，制定农村财务规范管理制度，完善收支管理程序、审批程序等，严格地规范农村集体组织的财务活动。

（3）完善专项资金使用与监督制度。

监督专项资金的使用，保证做到专款专用，并提高专项使用效益率。将跟踪反馈责任制落到实处，在事前、事中、事后都监督到位，做到全过程监督。

（4）实施两公开一监督制度。

对于涉及广大村民利益的重大事项，村两委会议应当先保证接受村务监督机构监督，然后才能召开。初步意见经充分讨论后形成，并广泛征求村民意见，由村民代表会讨论决定。农村集体应当根据乡镇有关规定，及时报请乡镇产权交易管理机构审核。重大经济事项应当按照法定程序组织招标，并将实施结果向村民公开。

（5）实行农村集体组织财务收支预决算制度。

目前，农村集体组织财务工作之所以混乱，农村财务制度之所以难以执行，缺乏农村财务收支预决算制度，收支无计划和支出随意性大是重要的原因。所以，各农村集体组织建立财务收支预决算制度，由原来的事后监督改为全过程监督，可以有效解决农村集体资金使用的监管问题。

（6）完善农村审计监督制度。

农村审计监督是指为了保证农村集体经济活动的真实性和合法性，各级农村集体经济管理部门和乡镇政府依据有关法规与政策，对农村财务情况实施审计的一种专门方法。为了加强对农村财务的监督，应当拓展农村审计监督内容，农村集体组织财务收支审计监督、财经法纪审计监督、农民负担审计监督、农村集体土地承包合同审计监督、村干部离任经济责任审计监督等，都应纳入农村审计监督的范围。对农村审计监督的形式、对象、内容、方法、程序应当做出明确规定，规范农村审计监督。

6.3 完善农村财务激励制度

在当前农村财务治理处于市场经济的大环境中，有效的农村财务激励制度应当是符合市场经济要求的激励制度。农村财务激励制度的建立是一个系统的工程，要求对不同层次、多方面的影响因素进行综合考虑和配套改革。

在农村财务治理中，村干部是主要的被激励者，完善农村财务激励制度，应当遵循以下两方面的原则：

第一，以村干部绩效考核作为农村财务激励制度建立的支撑点。要使农村财务治理的激励制度高效运作，并逐渐规范化，就必须以有效的村干部绩效考核为支撑点，包括科学的考核指标体系、健全的考核机构和有效的考核办法等。这个支撑点，就是对村干部绩效进行有效的考核或评估，使村干部的收入与其绩效挂钩，责任和贡献相符。一种好的绩效考核机制，无疑是激励与约束机制高效运作的关键①。

第二，对村干部的激励与约束应当相容，以激励为主。农村财务激励的目的是积极的，就是要发挥调动作用，激发村干部的积极性和主动性，而约束的目的

① 卢正惠．论激励与约束［J］．经济问题探索，2002（4）：95－100.

是消极，要避免村干部的行为偏离农村集体组织发展的目标。激励与约束二者不相冲突，而是相辅相成的。对于二者之间的关系，可以说不可能有无约束的激励，也不可能有无激励的约束。激励产生在一定的约束下，而约束往往也是建立在激励基础上的约束。在农村财务治理中，只有保持激励与约束的相容，而且二者相互平衡，才能保证村干部充分发挥其主动性和创造性，又不偏离农村集体组织的目标。从我国农村集体组织的实际情况看，建立对村干部的激励制度，主要是解决好激励方面的问题，因为从某种意义上讲，激励本身也是一种约束，是最深层次的约束。

6.3.1 完善农村财务激励制度的要求

农村财务激励制度作为农村财务治理的重要动力，可以在促使农村财务治理主体规范行使其权利并承担义务方面，发挥重要作用，同时也会影响到农村财务治理能否发挥整体功效。农村财务治理中的激励制度影响着农村财务治理主体参与农村财务治理的积极性。农村财务激励制度设计科学与否，对于农村财务治理的效果能产生实质性影响。农村财务治理主体构成十分广泛，各有不同的利益需求，激励各主体积极参与农村财务治理问题变得非常复杂。在农村财务治理的诸多主体中，对参与农村财务治理的核心人员的激励，特别是对村干部的激励，是农村财务治理激励的重点，激励效果决定着上述人员的积极性，对农村集体经济组织的经营管理成果具有决定性影响。具体来说，完善农村财务激励制度应符合以下几个方面的要求：

第一，完善以产权为目标的农村财务激励制度。根据农村实际情况，应当积极稳步推进农村集体产权制度改革，符合条件的实行股份制改造，通过股权多元化和分散化，在农村集体组织内部建立规范的治理结构，给予村干部一定的剩余索取权。通过产权的明确界定和授予，使村干部承担一定的风险，在村干部身上实现权、责、利的统一，使他们作为农村集体组织的管理者，又作为农村集体组织部分产权的所有者，从而激发他们的内在动力。

第二，做到物质激励和精神激励相结合。个人对物质利益的需求是最直接、最现实的。对于村干部实行充分的物质激励，使其能够生活无忧，满足其物质方面的需求，这是农村财务激励的基础。而如果村干部的物质利益方面都不能得到满足，其他激励手段将很难起到发挥应有的激励作用。长期以来，村干部待遇较低现象比较突出，物质激励作用不明显①。2015 年 1 月 30 日中共河北省委发出通知，提高村干部待遇，从 2015 年起，全省村党组织书记、村民委员会主任补贴由年均 8300 元提高到 15000 元，增长 83%，这应该说是重视物质激励作用的一个显著例证。然而，激励不能停留在物质方面。根据马斯洛需求层次理论，核心管理人员在物质方面的需求得到满足后，便开始重视自我价值，在该情形下必须重视精神方面的激励方法。因此，在农村财务治理中，应充分地将物质激励和精神激励有机结合起来，并综合加以运用，才能收到满意的效果。

第三，短期激励与长期激励相结合。对于村干部的工作成绩应当及时给予肯定，否则就可能影响其以后工作的积极性，因此，这就需要短期内就要有反应，对村干部进行短期激励。但是短期激励方式会助长村干部的短期行为，给农村集体组织长远健康发展留下隐患，所以，应将长期激励与短期激励有机结合，必须全面考核村干部的工作并给予其合理的激励，这样才能起到较好的激励效果。

第四，要做到对村干部个人的激励和对村干部团队的激励相结合。在知识经济背景下，社会分工越来越细，不管是一个单位的经营活动，还是其内部管理活动，只有团队进行合作才具有较高的效率。所以，在农村财务治理中，建立农村财务激励制度，有一个不容忽视的重要问题，就是村干部个人和村干部团队之间关系的协调，制定不同村干部的合理的待遇差距，并注重把村干部队伍当成一个团队，进行有效的团队激励。

6.3.2　完善农村财务激励制度的具体措施

6.3.2.1　建立晋升机制

对符合组织行为的进行晋升奖励，而对不符合组织行为的进行淘汰。晋升作为一种长期的激励方法，激励的是长期行为，激励成员的行为要符合组织的发展目标。许多农村地区为了选好村干部，探索出许多新思路，出台了许多好办法，例如在村级后备干部的培养以及村两委干部的选拔方面，建立了一套相对比较完备的制度。对村干部晋升机制的重视程度还不够，村干部即使工作再有成绩，其晋升问题得不到重视，上升空间不大，最多到村民委员会负责人或者村基层党组

① 胡雪城．如何调动村干部的积极性［J］．组织人事学研究，2001（3）：20－21.

织负责人的位置，而且这就是其政治上走得最远的地方了，其身份依旧是农民。《公务员法》颁布后，村干部直接转为国家公务员身份，或者被提拔为乡镇党政领导，这在法律层面上存在一定的障碍，这对那些想进一步发展的农村干部特别是年轻的农村干部来讲，是非常不利的。

为了激励村干部，必须考虑出台新的晋升制度，例如乡镇级党组织及政府在招聘工作人员时，身份限制应该取消，村干部可以参与公平的竞争，考虑到农村实际情况，乡镇政府的一些特殊岗位如信访、调解等，可以考虑优先安排基层工作经验丰富的村干部，这样农村干部向乡镇干部的晋升通道就可以打开了。

6.3.2.2 维护合法政治权益

尽管《村民委员会组织法》有明确规定，全体村民委员会成员，包括主任、副主任和委员，都是由村民直接选举产生的。包括政府在内的任何组织以及任何个人都不能干涉村民自治，更不能指定、委派上述自治组织的成员。村民委员会成员的资格，在其任期内也不得被任意撤销。

然而，在目前的农村财务治理中，村干部这一最起码的合法政治权益不能得到充分保障，经常被乡镇政府不按照法律规定的程序而随意进行撤换。例如：2014 年 11 月 12 日，衡阳市石鼓区角山乡人民政府颁布一份文件，将该乡三星村村民委员会主任刘吉华免职①。类似上述情况被媒体公开报道出来的只是冰山一角，到底有多少村干部被不按照法律程序而非法撤换，这个数据难以统计，如果广大村干部连自身最基本的合法政治权益都维护不了，其工作积极性也无从谈起。虽然村干部非法被撤后，其可以通过行政渠道向上级申诉，要求“平反”。然而，在现实社会中，做出撤换村干部决定的主体是乡镇政府，即村干部的上级，向撤换自己的人申诉，要求撤销撤换决定，如同与虎谋皮。从法理上分析，村干部被非法撤换，是可以到法院起诉，用法律武器来维护自身权益的。但《行政诉讼法》等法律并没有规定村干部起诉乡镇政府撤换村干部行为的诉权，村干部法律维权难上加难。

为了实现对村干部的有效激励，必须坚决维护村干部的合法政治权益，进一

① 湖南两位村主任被免职，通过诉讼赢回“乌纱帽”［EB/OL］. https：//www. sohu. com/a/56354793_ 237443，2016－01－25.

步完善现有的法律体系，修改《行政诉讼法》和《行政复议法》，增加针对乡镇政府侵害村集体权益的行政诉权和行政复议权的事项，特别是需要尽快对《村民委员会组织法》中部分条文进行修改，增加非法撤换村干部的法律责任以及处罚方式等条款。

6.3.2.3　完善选拔任用机制

有效激励村干部，应当完善村干部选拔任用机制，进一步总结“海选”农村集体自治组织成员的办法，扩大农村集体组织选举成员的民主，提高选任的人选的质量。另外，要努力开展制度创新，拓宽选人用人的渠道，切实解决选人难问题。在确定农村集体自治组织人选时，可以不受自然村的限制，优化农村集体组织的建制，建立适合农村新形势的组织设置新格局①。那些村民总人数少，党员数量不多，但基层党组织、农村集体经济组织仍齐备的村，要按照地理分布特点，进一步完善制度进行规范，选取一个工作开展比较好的村作为中心村，以其为中心组建农村集体联合党组织，发挥中心村的带头作用和联合党组织的政治优势，带动其他落后村一起致富，一起发展，形成共同致富的新模式。

高度重视三个方面的农村人才培养，即把农村中的能人培养成党员，把党员培养成“三农”工作方面的能人，把“三农”工作方面的能人中的党员培养成农村集体组织负责人。农村集体党支部可以把这些人推荐参加公推或者公选，一方面他们可以得到广大村民的支持和拥护，另一方面可以较好地遵循党管干部的原则。

6.3.2.4　建立多方参与的民主评议机制

对村干部的民主评议机制，是其日常工作进行量化考察的一种有效形式②。民主评议村干部，一般应由乡镇级党委政府负责实施，由全体村干部或其代表根据村干部的平时表现，对每一名村干部的德、能、勤、绩、廉等方面进行考核，采用打分量化方式进行。

通过完善民主评议村干部制度，可以使村干部处在广大村民的监督之下，促

---

① 徐勇．乡村治理与中国政治［M］．北京：中国社会科学出版社，2003.

② 王华．乡村治理：基层民主与社会结构［J］．云南行政学院学报，2009（1）：15－18.

进其进一步强化服务意识，端正态度，摆正位置，努力为广大村民办好事、办实事，对自己严格要求，做到清正、廉洁，了解广大村民的生活状况以及农村农业发展的难点问题，积极为广大村民尤其是生活困难的村民服务。村干部工作的好坏，广大村民看得最清楚，让广大村民来参与民主评议，为广大村民提供评议村干部甚至决定其任命及罢免的选择权，充分保障广大村民在村干部选拔任用过程中的知情权和监督权，也为广大村民行使民主权力提供便利条件，进一步畅通对村干部监督的渠道。

6.4 提升农村财务信息公开质量

农村财务信息公开是指农村集体财务接受村民有效监督的一种制度和措施，农村财务活动及其账目通过一定的形式，定期或不定期地公布，便于全体村民了解集体财务状况以及参与民主管理。农村财务信息公开作为一项民心工程，公开质量好坏影响到农村社会是否稳定，影响农村民主政治建设是否可以顺利推进，在一定程度上代表着农村财务治理水平的高低。切实落实农村财务信息公开，能够及时发现并解决农村财务信息公开过程中存在的问题，提高村民对农村财务信息公开的满意度，有利于实现农村地区稳定发展。农村财务存在的许多混乱现象，在一定程度上，通过农村财务信息公开可以有效地解决，并使农村经济秩序得以规范，农民收入得以增长，农民负担得以减轻，促进村干部廉洁自律。

如果农村财务信息能够高质量公开，那么对于农村集体组织建设的巩固、农村社会各项事业的发展、村民自治的实现、农村矛盾的化解等方面也具有重要作用。然而，具体的操作中由于很多问题的存在，导致农村财务信息公开作用不能充分发挥出来。目前农村财务信息公开在时间、地点、形式、内容、程序和反馈方面等方面，仍然存在很多问题，公开仍然不规范、不到位。实际上，我国各地农村的经济发展水平很不平衡，各农村集体组织的财务事项数量有多有少，村民的文化素质、法律意识也千差万别。因此，农村财务信息公开不可能有一个可以套用的模式，应当从本地本村实际情况出发，探索既符合法律规定又符合村情的公开模式。完善和深化农村财务信息公开，构建规范的农村财务信息公开机制，

提升农村财务信息公开质量，对于解决农村财务治理中信息不对称问题，实现农村财务治理目标具有重要意义。

6.4.1　严格按要求编制农村财务分析报告

目前农村财务治理过程中，普遍存在着对农村财务报表分析、重大经济事项报告重视不够的问题。农村财务分析主要分析农村集体组织的经营能力和统筹能力，评估资金的利益程度，制订农村集体组织筹集资金的策略。在总体上，农村财务分析评价农村集体组织的财务状况和资金实力，揭示农村财务活动所存在的优势和劣势，剖析影响完成农村集体组织财务计划的主要因素，为改进农村集体组织理财工作提供依据。

鉴于农村财务分析报告的重要性，应当按照有关要求规范编制农村财务分析报告，下大力气提高其质量。农村财务分析报告应当对会计报表、经济指标进行全面系统的分析，单独分析会计报表中的某一指标，是不能全面掌握农村集体组织的经营成果和财务状况的。只有综合地分析报表中的数据，才能对农村集体经济组织的财务状况做出比较合理、全面的评价和判断。

6.4.2　规范农村财务信息公开

6.4.2.1　规范农村财务信息公开的制度与规则

改革开放以来，我国农村地区村民自治发展较为迅速，特别是在财务制度的安排上，乡村两级都有了较大的自主权。但是，由国家制定规范农村财务治理所需的基本规则，这个格局始终没有转变。因此，国家处于管理地位，应当制定农村财务治理所需要的基本制度，即关于农村财务信息公开的法律、法规和行政规章等制度属于国家应当供给的基本制度。

为了与国家制定的法律、法规相配套，各级地方政府应当根据国家制定的基本制度，密切结合本地区实际，制定符合本地农村情况的财务信息公开的具体规章。各农村集体组织应制定符合自身实际的财务信息公开等方面的具体规则，确保规则内容详细、具有可操作性，为农村财务信息公开提供规则保障。

6.4.2.2 规范农村财务信息公开的内容与方式

当前，农村财务信息公开应当回应村民关注的热点，主要内容包括：土地征收补偿款的管理与分配、集体债权债务、农业税减免、低保户确认、新农合医疗、种粮补贴、苦难村民补助，以及国家其他补贴村民、资助集体的政策落实情况，各级财政部门到村到户的优惠政策和资金，社会人士捐助的资金和项目等。以上信息都属于农村财务信息公开的事项，应该全面、及时地向全体村民公开。集体组织还应当将财务信息公开内容进一步细化，确保农村财务信息公开具有较高的公信力。

村务公开栏是农村财务信息公开的主阵地，该公开栏不应设立在偏僻的地方，而应该设立在方便村民看到的地方。另外，还可以采用其他有效的形式，例如广播电视、微信群、QQ 群、村民听证会等。在经济发达的农村地区，应大力运用现代科技手段进行公开财务信息，例如互联网和局域网等形式。有的农村集体组织经济发展较好，财务活动较多，可以通过发放“明白纸”予以财务信息公开，即定期或不定期地把财务收支明细发给农户代表。如果村里外出务工或经营企业的人数较多，可趁这些外出人员在节假日返乡探亲的时机，组织召开民主听证会，在听证会上将农村财务信息公开。

6.4.2.3 规范农村财务信息公开的程序与时间

村民自治组织应当在农村财务信息公开方面充分发挥作用，负责评议审核公开内容，落实信息公开实施，以及落实信息反馈等。同时，各地农村应根据自身实际情况，进一步完善和规范公开的程序。此外，财务活动较多的集体组织，也可以编制不同的公开流程图，对于不同的财务事项实施分类管理，对于每种不同的类型，提出不同的要求，做到公开的重点更加突出，公开的程序更加明确。

做到定期公开和即时公开相结合。对于常规财务事项，坚持做到定期公开。同时，对于时限较长的财务信息，多数村民要求即时公布的专项财务信息，都应即时公开。需要注意的是，以前公开侧重办事结果，现在应当注重向公开办事全过程转变。也就是说，农村财务信息公开应涵盖事前、事中、事后全过程。

6.4.3　加强对农村财务信息公开的监督

6.4.3.1　加强村民对农村财务信息公开的监督

广大村民参与农村财务治理，知情权是其依法享有的一项基本权利，同时，村民对农村财务信息公开也享有监督权，应当加强村民对农村财务信息公开的监督。对农村集体组织公开的财务账目，村民有权提出质疑。对农村集体有关财务账目，村民有权委托审计机构进行审核。对农村集体不合理的开支，村民有权提出质疑并反馈意见。对农村集体财务问题，村民有权要求有关当事人进行解释。对于农村财务信息公开中存在的问题，村民有权向有关部门反映，提出意见或者建议。村民的权利受法律保护，村干部不得对提出和反映问题的村民进行制裁或打击报复。

此外，村民还可以通过村民代表会、村务监督机构等组织形式对农村财务信息公开进行监督。

6.4.3.2　加强民主理财机构对农村财务信息公开的监督

民主理财机构是应由村民大会或村民代表会按照有关规定选举村民组成，代表全体村民，专门监督农村财务的内部机构。民主理财机构负责对农村财务进行审查，检查农村集体组织账目，是村民实行民主监督的重要形式，其监督职能应当予以加强。

在农村财务治理中，应通过完善制度，保障民主理财机构对农村财务信息公开监督充分享有检查和监督农村财务情况的职权。民主理财机构代表村民查阅审核有关财务账目，反映有关财务问题，对农村财务信息公开中发现的问题，可以提出处理建议。有权会同上级有关部门，对农村财务信息公开中出现的问题进行查处。民主理财机构应经常监督村集体按要求做好农村财务信息公开。具体是检查农村财务信息公开是否及时，公开的项目和内容是否全面，公布数据是否真实等。民主理财机构应对农村财务信息公开的资料出具审核意见。对于农村集体组织的财务收支票据，民主理财机构按照有关规定认真履行自己的职责，应进行严格审查。

6.5 全面规范农村社会资本

6.5.1 规范社会资本，促进农村财务治理

从农村财务治理所受到的积极和消极社会资本的影响来看，如果农村参与网络中的参与、信任、合作等非正式规范与现行制度设计的价值发生冲突，那么，社会资本就表现为消极作用；相反，如果两者能够很好地契合时，社会资本就表现出积极作用。所以，消除社会资本的消极影响，发挥社会资本积极作用，解决农村财务治理中信息不对称问题，实现农村财务治理目标，就成为摆在人们面前的一个新课题。对于目前我国农村财务治理，政治、经济是更重要的两个因素，社会资本并不属于决定性因素，但也不能忽视其影响。通过化解社会资本的消极作用，培育积极的社会资本，更确切地说，促使消极社会资本转化为积极社会资本，是解决农村财务治理中信息不对称问题的一条重要途径。

农村财务治理应以村民为中心，以村民自治法律为制度基础，但又离不开实际的村庄基础。也就是说，农村财务治理既要结合村民自治法律制度背景，更要考虑实际的村庄基础环境。按照村民自治法律制度的有关法律规定，村民通过民主选举、民主决策、民主管理与民主监督，实现自我管理、自我教育与自我服务。在农村财务治理中，农村财务治理目标的实现过程，离不开村民的广泛积极参与，而且村民是农村财务治理的最重要参与主体。然而，在现实中，村民生活在不同参与网络，这些网络动态地影响着农村财务治理，形成了农村财务治理的非制度环境，影响着农村财务治理目标的实现。因此，如何将村民之间结成的各种参与网络很好地与村民自治制度结合在一起，使参与网络的价值规范与村民自治这一制度设计的价值很好地统一起来，对于农村财务治理目标的实现意义极为重大。在这里，仅根据本书揭示的社会资本作用于农村财务治理，以及政府有关部门应当如何规范农村社会资本促进农村财务治理，解决农村财务治理中信息不对称问题，提出相应的建议。

农村社会资本以各种参与网络形式存在，因此，规范农村社会资本，发挥其

在农村财务治理中的积极作用，政府有关部门应在参与网络管理方面发挥作用。

首先，政府有关部门要不断加强投入，通过政策支持、经常性的互动情感交流等方式维护村民的政治信任，并避免在农村财务治理方面的政策多变、“雁过拔毛”等损害政治信任行为的发生。换言之，村民对政府的信任则主要取决于政府在政策执行中的政策连续性和忠实性，要避免地方政策执行中的随意更改或表面化执行，并积极主动为村民做好服务支持。比如基层党委和政府要积极发挥其在农村财务治理中的作用，协助做好农村集体资产管理等事项。

其次，政府要发挥其在农村财务治理中的监督作用，尤其是认真甄别村干部在网络中的行动，防止其恶意破坏农村财务治理，以此来促进农村财务治理主体之间的信任与沟通。

最后，有关部门应密切合作共筑农村财务治理中的守信联合激励和失信联合惩戒制度，明确各类农村财务治理主体间的互动规则，减少预期行为的不确定性，进而增进主体间的信任，促进更多的潜在行动者向显性行动者转变，促使更多的村民积极参与到农村财务治理过程中。

6.5.2 减少社会资本的消极影响

在农村财务治理的实践过程中，农村集体财权的分配以及运作等方面，都受到了来自社会资本的影响。从村民参与农村财务治理的角度分析，他们依靠其所处参与网络的力量，积极参与或者影响到农村集体财权的分配以及运作的过程，应当是有益的，有利于农村财务治理。从根本上讲，村民借助其所处的参与网络的力量参与农村财务治理过程正好体现了村民广泛的民主参与，符合目前我国村民自治制度的内在价值要求。然而，在农村集体财权的分配、运作过程中，这一非制度性的参与网络在某些时候可能会产生某种不公平。这种不公平在研究中就体现为消极的社会资本。例如，在那些受家族宗族网络影响强烈的村庄，大家族可能垄断了大部分农村集体财权。在办理涉及公共利益的财务事项过程中，大家族可能运用这种网络的力量而损害小家族的利益。而小家族或其他村民对于大家族，无力进行监督和制衡，造成农村财务治理的不公平或者效果不佳。

当然，参与网络在农村社会中存在是一个客观事实，在农村财务护理中也具有积极的作用。村民们建立在这些参与网络基础上的互动关系，也很难在短时间内改变。发挥社会资本在农村财务治理方面的积极作用，应当加强法治，改进有关制度安排，减轻参与网络在农村财务治理过程中所起的消极作用，使农村财务治理的运作建立在法治和制度化的基础之上。例如，在有些地方，家族宗族势力和拉帮结派等因素，严重影响到村民参与农村财务治理。关于应该如何消除上述因素对农村财务治理的不利影响的问题，在较短的时间里，人们无法采用强制的办法或者其他手段消失家族宗族势力和派性力量。为遏制家族宗族势力或者派性等通过控制农村民主选举而对农村财务治理产生的不利影响，应当对现有的选举制度进行创新，例如参加选举的村民委员会主任、副主任和委员的人选由村民先分别加以提名，然后，村民委员会主任候选人在村民提名的副主任和委员人选中，挑选各自认可的村民委员会组成人选，共同组成自己的竞选班子，一起参加选举。

6.5.3 发挥社会资本的积极作用

6.5.3.1 发展农村民间社会和功能性组织

随着我国经济社会的发展和村民自治的实行，农村民间组织发展较为迅速，其在农村财务治理中的作用日益凸显。然而，农村民间组织的发展受多方面的制约，力量还不够壮大，甚至大多为半官方民间组织，缺少民间自发的组织。虽然农村也存在以农民为成员的社会组织，例如种植合作社等，但不属于严格意义的村民利益群体组织。

有效地改变上述情况的一条重要途径是，在农村地区，积极培育新型的民间组织，为应充分发挥这些组织在农村财务治理中的积极作用。特别是大力培育功能性组织网络，发挥其积极作用，为农村财务治理提供良好的村庄组织基础，实现村民与村干部以及其他农村财务治理主体合作互动的治理格局。一方面，要树立村级正式权力组织的合法权威，特别是村民的自治组织应当成为村庄权力的中心；另一方面，又要引导合法的民间组织成长，给这些组织以生存的空间，为其创造积极影响农村财务治理的制度化途径。

6.5.3.2 培育村民互助、合作的精神

在我国农村，村民周围存在着各种参与网络，不同村民之间有着一些优良传

统，彼此互帮互助、相互合作。例如，邻里互助，亲朋相助，遇到红白喜事时积极帮忙，扶贫济困。又例如，为保护全村的公共安全，村民自发成立治安联防队或巡逻队等。这些互帮互助、相互合作的行为和精神需要有意识地发扬，需要人们用心去维持，也可以通过村规民约等形式加以强化，为培育符合社会经济情况的新型社会关系提供强有力的基础。对村民互助、合作精神的培育，有利于村民之间加强沟通与合作，更好参与农村财务治理，充分行使自己在农村财务治理中的权利，这对于村民监督制约村干部的代理行为具有重要作用，也有助于解决农村财务治理中信息不对称问题。

在这里，本书只对参与农村财务治理的社会资本作了初步探讨。事实上，对于农村财务治理来说，遏制消极社会资本、培育积极社会资本加强农村财务治理，促进农村财务治理目标实现，是一个多方面、多角度的综合工程。在市场经济与法治经济条件下，积极对传统社会资本形式进行创造性转换，引导传统社会资本向符合目前经济社会发展条件的现代社会资本转化，发挥农村教育在培育积极社会资本中的作用，政府在培育积极社会资本以及自身在树立诚信政府、服务政府、责任政府、透明政府形象，为农村财务治理提供积极社会资本方面充分发挥指导和引领作用。

6.6　解决农村财务治理中信息不对称问题的措施体系构成

基于信息不对称、委托代理等相关理论和对农村财务治理中信息不对称问题的具体影响因素的深入分析，本书认为，解决农村财务治理中信息不对称问题的具体措施包括合理配置农村集体财权、健全农村财务监督制度、完善农村财务激励制度、提升农村财务信息公开以及全面规范农村社会资本，并且这五项措施密切联系、互相影响，共同构成了解决农村财务治理中信息不对称问题的措施体系（见图6-5）。

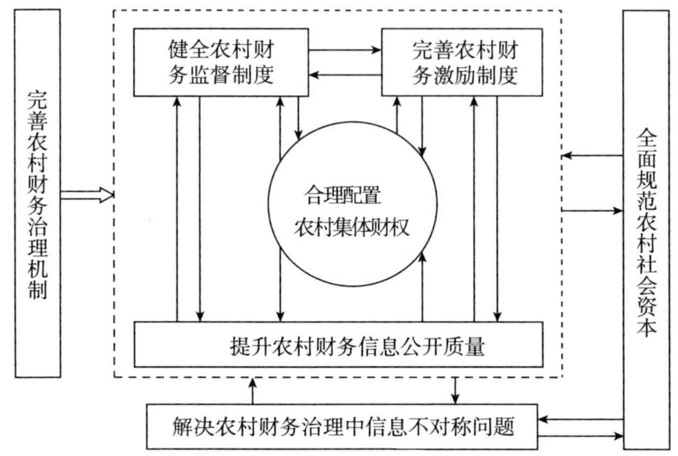

图6－5　解决农村财务治理中信息不对称问题的措施体系

本章小结

完善农村财务治理机制中的农村集体财权配置、农村财务监督制度、农村财务激励制度、农村财务信息公开制度，以及规范农村社会资本，将会有助于解决农村财务治理中信息不对称问题。针对农村财务治理中信息不对称问题的五个具体影响因素，从以下五个方面构建出解决农村财务治理中信息不对称问题的措施体系，包括：以村民为中心，合理配置农村集体财权；健全农村财务监督制度；完善农村财务激励制度，促使村干部充分发挥其主动性和创造性，不偏离农村财务治理中村民作为委托人的目标；提升农村财务信息公开质量；全面规范农村社会资本，减少消极社会资本对于农村财务治理的不当干预与影响，发挥积极社会资本对于农村财务信息对称的促进作用。

第 7 章　结论与展望

7.1　研究结论

农村财务治理深刻影响着农村社会治理的效率走向，对于我国农村经济发展和社会稳定具有重要意义。当前，许多农村社会矛盾、农村经济发展障碍最终都会归结到农村财务治理不完善上来。作为现阶段影响农村经济社会治理大局的一项基础性、全局性内容，农村财务治理是整个农村社会治理函数的重要变量。有鉴于此，本书结合河北省的调查研究和相关案例，对农村财务治理中信息不对称问题进行研究，得出了以下结论：

第一，村民（委托人）与村干部（代理人）之间存在委托代理关系，并且双方之间存在农村财务信息的不对称，可以运用信息不对称理论和委托代理理论对农村财务治理中信息不对称问题进行研究。

第二，通过运用委托代理理论和信息不对称理论对农村财务治理中的村民（委托人）与村干部（代理人）的目标和行为进行研究，并且通过调查和实际案例进行佐证，发现由于信息不对称，村干部就有机会利用信息优势违背农村财务治理目标追求自己的最大效用，从而产生村民利益受损的问题即代理问题，而农村财务治理机制不完善等因素加剧信息不对称，即出现农村财务治理中信息不对称问题。因此，处于信息劣势的村民必须通过设计改进农村财务治理机制来增强对村干部的激励和约束，从而实现农村财务治理目标。这其中的关键是解决农村财务治理中信息不对称问题。

第三，通过分析农村财务信息公开状况得出农村财务治理信息不对称问题的情况不容乐观。农村财务治理中信息不对称问题的存在会导致农村财务治理中代理问题更加严重，出现委托人缺位、治理低效、加剧农村集体经济运营风险、滋生村干部腐败等一系列问题，甚至会影响到农村社会的稳定。而农村集体财权配置、农村财务监督制度、农村财务激励制度、农村财务信息公开制度，以及农村社会资本，这五个具体影响因素都会对村民（委托人）与村干部（代理人）之间的信息不对称产生影响，上述五个具体影响因素的不完善会加剧信息不对称。

第四，农村财务治理中信息不对称的加剧会导致农村财务治理产生一系列问题，而农村财务治理机制不完善等因素也会进一步加剧农村财务治理中的信息不对称，二者的影响是相互的。完善农村财务治理自身机制以及规范农村社会资本有助于解决农村财务治理中信息不对称问题。针对农村财务治理中信息不对称问题的具体影响因素，本书构建出解决农村财务治理中信息不对称问题的措施体系，包括：以村民为中心，合理配置农村集体财权；健全农村财务监督制度；完善农村财务激励制度，促使村干部充分发挥其主动性和创造性，不偏离农村财务治理中村民作为委托人的目标；提升农村财务信息公开质量；全面规范农村社会资本，减少消极社会资本对于农村财务治理的不当干预与影响，发挥积极社会资本对于农村财务信息对称的促进作用。

7.2 研究展望

目前，国内对我国农村财务治理的理论研究还很薄弱，可供借鉴的研究成果尚显不足。笔者的理论学识和研究功底还很粗浅，又受到时间、研究条件和研究经历的限制，所以书中对所研究问题的深入程度依然不够。今后，将在现有研究的基础上，在以下几个方面继续对农村财务治理中信息不对称问题开展研究。

第一，研究的深化和体系化。本书主要运用了信息不对称理论和委托代理理论，并借鉴了产权理论、财权理论、利益相关者理论、博弈理论、社会资本理论等，从经济学、管理学、法学和社会学等学科的角度上，结合典型实例进行了分析和研究，但研究仍处于初步阶段，需要在今后的研究过程中进一步研究和加以更详细地论证，以促进研究更加深入和完整。

第二，理论与实际相联系。本书虽然将相关理论应用到农村财务治理中信息不对称问题的研究中去，然而，理论与实际的联系还不够。在今后的研究中，进一步加强实证研究，针对典型农村财务治理中信息不对称案例详细地进行分析。

第三，不同地区的调查分析。我国幅员辽阔，不同农村地区的经济、社会和自然等方面的条件存在明显的不同，而本书所做的调查主要针对河北省的情况，调查分析的地区不够充足。今后将尽可能多地针对不同地区农村财务治理中信息不对称问题进行分析和研究，期望能够提出解决农村财务治理中信息不对称问题的更具有针对性的建议。

参考文献

［1］叶光山．温州市永嘉县村级财务管理发展研究［D］．长春：吉林大学，2016.

［2］李涛．秦皇岛市农村财务管理问题及对策研究［D］．秦皇岛：河北科技师范学院，2016.

［3］谭静．湖南省村级财务管理模式研究［D］．长沙：中南林业科技大学，2016.

［4］邱汀林．村级财务管理现状与对策分析——以Y市X镇为例［D］．南昌：江西农业大学，2017.

［5］李超．衡阳县金兰镇村级财务管理问题研究［D］．长沙：中南林业科技大学，2017.

［6］陈小伟．快速城镇化背景下村级财务管理问题及对策研究——以天津市N村为例［D］．天津：天津大学，2017.

［7］马建军．农村财务管理的困境及其化解路径［J］．农业经济，2017（1）：27－29.

［8］袁春燕．规范委托代理制模式下的农村财务管理创新机制［J］．农业经济，2017（5）：62－63.

［9］张惠军．农村财务会计与管理体制创新研究［J］．农业经济，2018（9）：62－63.

［10］李为毅．经济欠发达地区农村财务监控问题研究［J］．农业经济，2018（5）：51－52.

［11］蔺雪娜．我国农村财务管理模式创新分析［J］．农业经济，2018

(1)：71 –73.

［12］张真．城乡一体化建设进程中村级财务管理的问题与对策［J］．农业经济，2017（11）：63 –65.

［13］黄丽玲．泰兴市 S 镇村级财务工作监管问题的研究［D］．扬州：扬州大学，2016.

［14］杨凌云．完善郑州农村财务管理模式的策略探讨［J］．农业经济，2017（11）：60 –62.

［15］李益求．推进农村财务管理信息化的途径分析［J］．农业经济，2017（8）：53 –55.

［16］董丽．农村财务监督机制有效性检验［J］．华南农业大学学报（社会科学版），2017，16（2）：102 –109.

［17］夏文杰，康玉霞．村级集体经济组织财务管理问题的探讨［J］．经济研究参考，2017（34）：113 –117.

［18］吴梅．浅析村级财务审计必要性与审计要点［J］．财务与会计，2018（3）：74 –75.

［19］Blair M. M. Whom Should Corporations Economic Rationale Stakeholder Management［J］. Long Range Planning，1995（2）.

［20］Jensen Michael，Meckling William. Theory of the Firm：Managerial Behavior，Agency Costs，and Capital Structure［J］. Journal of Financial Economics，1976（3）：305 –360.

［21］Fama Eugene，Michael Jensen. Separation of Ownership and Control［J］. Journal of Law and Economics，1983（26）：301 –326.

［22］Shleifer，Vishny Robert W. A Survey of Corporate Governance［J］. The Journal of Finance，1997，52（2）：737 –783.

［23］郭树华．企业融资结构理论研究［M］．北京：中国社会科学出版社，1999.

［24］张维迎．所有权、治理结构及委托代理关系［J］．经济研究，1996（9）：3 –6.

［25］沈艺峰．资本结构理论史［M］．北京：经济科学出版社，1999.

［26］伍中信．财权流：现代财务本质的恰当表述［J］．财政研究，1998

（2）.

［27］张兆国，黄永波.企业财权安排的经济学解释［J］.财会月刊，2004（2）.

［28］白华，余国杰.产权财务基础理论研究述评［J］.暨南大学学报（哲学社会科学版），2004（2）：62－67.

［29］黄灿.财权配置新论［D］.长沙：湖南大学，2007.

［30］王健.利益相关者视角下的企业财权配置研究［D］.厦门：集美大学，2007.

［31］张敦力.公司治理的核心：财务治理［J］.中国审计，2002（4）：45－47.

［32］杨淑娥.关于公司财务治理问题的思考［J］.会计研究，2002（12）：51－55.

［33］李心合.利益相关者财务控制论——新制度主义与财务学的互动和发展［M］.北京：中国财政经济出版社，2003.

［34］龙衣新.财务治理理论初探［J］.财会通讯，2005（10）：13－15.

［35］谢立本.财务治理内涵及治理模式探究［J］.商业会计，2015（4）.

［36］潘自强.村级财务治理机制的构建和完善［J］.经济管理，2009（6）：20.

［37］杜飞燕.村级财务治理研究［D］.杭州：浙江农林大学，2018.

［38］刘知林.1949～1978年我国农村财务治理的历史变迁及其启示［J］.生态经济，2008a（8）：47－51.

［39］刘知林.农村财务治理及其变迁研究——以浙江为例［J］.经济体制改革，2008b（3）：113－117.

［40］潘自强.乡村典章：农村财务治理的制度创新——基于浙江省新昌县的调查［J］.农村经济，2010（1）：121－124.

［41］闻新国.村级财务治理的二重障碍与突破路径［J］.地方财政研究，2011（3）：64－68.

［42］王海燕.会计电算化在农村财务治理中存在的问题及建议［J］.农家参谋，2012（2）：35－36.

［43］许志忠.信息不对称理论及其经济学意义［J］.经济学动态，1997(1).

［44］曾国安．论信息不对称产生的原因与经济后果［J］．经济学动态，1999（11）．

［45］辛琳．信息不对称理论研究［J］．嘉兴学院学报，2001（3）．

［46］袁红．信息不对称理论及其应用——以保险市场为例［J］．情报探索，1998（3）．

［47］路小红．信息不对称理论及实例［J］．情报理论与实践，2000（5）．

［48］盛芳．论信息不对称与信用经济［J］．现代情报，2003（1）．

［49］胡豹，黄祖辉．银企金融交易：信息不对称及其对策［J］．中国软科学，2003（2）．

［50］杨峰．信息不对称与金融风险问题［J］．黑龙江财专学报，2001（3）．

［51］赵晓菊．信息不对称与金融风险的控制管理［J］．国际金融研究，1999（5）．

［52］燕惠兰．信息不对称与金融证券市场［J］．情报理论与实践，2003（3）．

［53］李华．信息不对称理论在审计关系中的应用［J］．审计与经济研究，2003（5）．

［54］程李梅．信息不对称与独立审计风险［J］．商业研究，2003（9）．

［55］段立明．信息不对称条件下对子公司财务控制研究［D］．成都：四川大学，2004.

［56］孟庆南．信息不对称下母公司对子公司财务控制的研究［D］．郑州：郑州大学，2013.

［57］王茂超．基于信息不对称的企业集团财务控制系统研究［D］．成都：四川大学，2005.

［58］赵雪悦．公司治理、信息不对称和股价行为研究［D］．天津：天津大学，2017.

［59］李美．公司治理缺陷与独立董事尽职［D］．福州：福州大学，2016.

［60］庞海英．公司治理对信息不对称的影响［D］．广州：暨南大学，2014.

［61］冯根福．双重委托代理理论：上市公司治理的另一种分析框架——兼论进一步完善中国上市公司治理的新思路［J］．经济研究，2004（12）．

［62］贾伟强，贾仁安，“公司＋农户”模式中的公司与农户：一种基于委托代理理论的解释［J］．农村经济，2005（8）．

［63］战勇，严太华．公司治理中多重委托代理悖论与制度辅助——兼与冯根福商榷［J］．财经科学，2007（3）．

［64］颜淑姬．家族企业公司治理、税收规避与企业价值——基于代理理论框架的分析［J］．财政监督，2015（3）．

［65］朱光宇．委托代理理论在公司治理问题中的应用与扩展［J］．知识经济，2017（8）：104－105.

［66］朱洪春，周方召．委托代理理论视角的CFO背景特征与公司绩效——基于中国家族控股上市公司的经验研究［J］．商业研究，2017（12）：153－161.

［67］夏晗．终极控制权、委托代理对公司绩效的影响［J］．信阳师范学院学报（哲学社会科学版），2018，38（4）：55－59.

［68］梁华杰．上市公司委托代理问题与对策［J］．现代商业，2018（19）：112－117.

［69］许淑君，马士华．供应链企业间的信任机制研究［J］．工业工程与管理，2000，5（6）：5－8.

［70］杨治宇，马士华．供应链企业间的委托代理问题研究［J］．计算机集成制造系统，2001（1）．

［71］杨小力，杨林岩，周小耀．基于委托代理理论的企业供应链激励机制分析［J］．经济问题，2006（4）：38－40.

［72］道日娜．奶站治理与奶源供应链系统改进——基于双重委托代理理论的分析［J］．农业经济与管理，2011（4）：87－96.

［73］周业付．基于委托—代理理论的农产品供应链激励机制研究［J］．统计与决策，2015（24）．

［74］蒋天文，樊志宏．中国医疗系统的行为扭曲机理与过程分析［J］．经济研究，2002（12）：71－81.

［75］曹晓琳，张庆洪．基于委托代理理论的寿险个人代理人佣金激励分析［J］．华东经济管理，2003（1）．

［76］李勇杰．社会医疗保险制度创新的框架研究——基于委托代理理论视

角［J］．广西社会科学，2009（4）：48－51.

［77］马本江．基于委托代理理论的医患交易契约设计［J］．经济研究杂志，2007（12）：72－81.

［78］熊季霞，苏晓燕．基于委托代理理论提升公立医院综合绩效的法人治理改革设计［J］．中国卫生事业管理，2016（2）．

［79］周景泰．基于委托代理理论的政府资源管理对策分析［J］．研究与发展管理，2003，15（3）：13－16.

［80］董恩刚．委托代理理论与国有资产监管分析［J］．边疆经济与文化，2006（3）．

［81］杨荣君．从委托代理理论到我国政府预算监督机制的构建［J］．市场周刊（理论研究），2009（12）：50－51.

［82］全世文，曾寅初，朱勇．我国食品安全监管者激励失灵的原因——基于委托代理理论的解释［J］．经济管理，2015（4）：159－167.

［83］郭科，顾昕．教师有偿补习为何屡禁不止：从委托代理理论的视角分析政府监管的困境［J］．教育与经济，2016（2）：53－60.

［84］董成武．基于委托代理理论的金融消费者权益保护机制研究［D］．北京：中国农业大学，2017.

［85］唐亚林．社会资本与治理［J］．探索与争鸣，2003（8）．

［86］叶笑云．社会资本与政府治理研究［J］．兰州学刊，2004（6）．

［87］俞可平．治理与善治［M］．北京：社会科学文献出版社，2000．

［88］伍中信．高级财务管理理论研究［M］．上海：立信会计出版社，2001.

［89］张敦力．财务管理研究［M］．北京：中国财政经济出版社，2002.

［90］李心合．利益相关者财务论——新制度主义与财务学的互动和发展［M］．北京：中国财政经济出版社，2003.

［91］杨淑娥．财务管理研究［M］．北京：经济科学出版社，2002.

［92］宋献中．财务理论与机制［M］．大连：东北财经大学出版社，1999.

［93］吴树畅．财务管理［M］．重庆：西南财经大学出版社，2006.

［94］龙衣新．公司财务治理论［M］．北京：清华大学出版社，2005.

［95］林钟高．财务治理：结构、机制与行为研究［M］．北京：经济管理出版社，2005.

［96］褚颖，杨君．农村财务管理［M］．北京：中国农业科学技术出版社，2011.

［97］王林等．农村财务管理学［M］．长春：吉林人民出版社，1998.

［98］丁元霖．财务管理［M］．上海：立信会计出版社，2006：8－12.

［99］牛继芬．河北省检方集中惩防惠农扶贫领域职务犯罪［EB/OL］．河北法制网，2015－11.

［100］伍俊斌．推进基层治理的困境与对策分析［J］．商丘师范学院学报，2016（2）.

［101］卢正惠．论激励与约束［J］．经济问题探索，2002（4）：95－100.

［102］胡雪城．如何调动村干部的积极性［J］．组织人事学研究，2001（3）：20－21.

［103］湖南两位村主任被免职，通过诉讼赢回“乌纱帽”［EB/OL］．htps：//www. sohu. com/a/56354793_ 237443，2016－01－25.

［104］徐勇．乡村治理与中国政治［M］．北京：中国社会科学出版社，2003.

［105］王华．乡村治理：基层民主与社会结构［J］．云南行政学院学报，2009（1）：15－18.

附录　农村财务治理相关法律、法规与政策文件

目　录

中华人民共和国村民委员会组织法

（1998 年 11 月 4 日第九届全国人民代表大会常务委员会第五次会议通过 2010 年 10 月 28 日第十一届全国人民代表大会常务委员会第十七次会议修订 根据 2018 年 12 月 29 日第十三届全国人民代表大会常务委员会第七次会议《关于修改〈中华人民共和国村民委员会组织法〉〈中华人民共和国城市居民委员会组织法〉的决定》修正）

第一章　总则

第一条　为了保障农村村民实行自治，由村民依法办理自己的事情，发展农村基层民主，维护村民的合法权益，促进社会主义新农村建设，根据宪法，制定本法。

第二条　村民委员会是村民自我管理、自我教育、自我服务的基层群众性自治组织，实行民主选举、民主决策、民主管理、民主监督。

村民委员会办理本村的公共事务和公益事业，调解民间纠纷，协助维护社会治安，向人民政府反映村民的意见、要求和提出建议。

村民委员会向村民会议、村民代表会议负责并报告工作。

第三条　村民委员会根据村民居住状况、人口多少，按照便于群众自治，有利于经济发展和社会管理的原则设立。

村民委员会的设立、撤销、范围调整，由乡、民族乡、镇的人民政府提出，经村民会议讨论同意，报县级人民政府批准。

村民委员会可以根据村民居住状况、集体土地所有权关系等分设若干村民小组。

第四条　中国共产党在农村的基层组织，按照中国共产党章程进行工作，发挥领导核心作用，领导和支持村民委员会行使职权；依照宪法和法律，支持和保障村民开展自治活动、直接行使民主权利。

第五条　乡、民族乡、镇的人民政府对村民委员会的工作给予指导、支持和帮助，但是不得干预依法属于村民自治范围内的事项。

村民委员会协助乡、民族乡、镇的人民政府开展工作。

第二章　村民委员会的组成和职责

第六条　村民委员会由主任、副主任和委员共三至七人组成。

村民委员会成员中，应当有妇女成员，多民族村民居住的村应当有人数较少的民族的成员。

对村民委员会成员，根据工作情况，给予适当补贴。

第七条　村民委员会根据需要设人民调解、治安保卫、公共卫生与计划生育等委员会。村民委员会成员可以兼任下属委员会的成员。人口少的村的村民委员会可以不设下属委员会，由村民委员会成员分工负责人民调解、治安保卫、公共卫生与计划生育等工作。

第八条　村民委员会应当支持和组织村民依法发展各种形式的合作经济和其他经济，承担本村生产的服务和协调工作，促进农村生产建设和经济发展。

村民委员会依照法律规定，管理本村属于村农民集体所有的土地和其他财产，引导村民合理利用自然资源，保护和改善生态环境。

村民委员会应当尊重并支持集体经济组织依法独立进行经济活动的自主权，维护以家庭承包经营为基础、统分结合的双层经营体制，保障集体经济组织和村民、承包经营户、联户或者合伙的合法财产权和其他合法权益。

第九条　村民委员会应当宣传宪法、法律、法规和国家的政策，教育和推动村民履行法律规定的义务、爱护公共财产，维护村民的合法权益，发展文化教育，普及科技知识，促进男女平等，做好计划生育工作，促进村与村之间的团结、互助，开展多种形式的社会主义精神文明建设活动。

村民委员会应当支持服务性、公益性、互助性社会组织依法开展活动，推动农村社区建设。

多民族村民居住的村，村民委员会应当教育和引导各民族村民增进团结、互相尊重、互相帮助。

第十条　村民委员会及其成员应当遵守宪法、法律、法规和国家的政策，遵守并组织实施村民自治章程、村规民约，执行村民会议、村民代表会议的决定、决议，办事公道，廉洁奉公，热心为村民服务，接受村民监督。

第三章　村民委员会的选举

第十一条　村民委员会主任、副主任和委员，由村民直接选举产生。任何组织或者个人不得指定、委派或者撤换村民委员会成员。

村民委员会每届任期五年，届满应当及时举行换届选举。村民委员会成员可以连选连任。

第十二条　村民委员会的选举，由村民选举委员会主持。

村民选举委员会由主任和委员组成，由村民会议、村民代表会议或者各村民小组会议推选产生。

村民选举委员会成员被提名为村民委员会成员候选人，应当退出村民选举委员会。

村民选举委员会成员退出村民选举委员会或者因其他原因出缺的，按照原推选结果依次递补，也可以另行推选。

第十三条　年满十八周岁的村民，不分民族、种族、性别、职业、家庭出身、宗教信仰、教育程度、财产状况、居住期限，都有选举权和被选举权；但是，依照法律被剥夺政治权利的人除外。

村民委员会选举前，应当对下列人员进行登记，列入参加选举的村民名单：

（一）户籍在本村并且在本村居住的村民；

（二）户籍在本村，不在本村居住，本人表示参加选举的村民；

（三）户籍不在本村，在本村居住一年以上，本人申请参加选举，并且经村民会议或者村民代表会议同意参加选举的公民。

已在户籍所在村或者居住村登记参加选举的村民，不得再参加其他地方村民委员会的选举。

第十四条　登记参加选举的村民名单应当在选举日的二十日前由村民选举委员会公布。

对登记参加选举的村民名单有异议的，应当自名单公布之日起五日内向村民选举委员会申诉，村民选举委员会应当自收到申诉之日起三日内作出处理决定，并公布处理结果。

第十五条　选举村民委员会，由登记参加选举的村民直接提名候选人。村民提名候选人，应当从全体村民利益出发，推荐奉公守法、品行良好、公道正派、热心公益、具有一定文化水平和工作能力的村民为候选人。候选人的名额应当多于应选名额。村民选举委员会应当组织候选人与村民见面，由候选人介绍履行职责的设想，回答村民提出的问题。

选举村民委员会，有登记参加选举的村民过半数投票，选举有效；候选人获得参加投票的村民过半数的选票，始得当选。当选人数不足应选名额的，不足的名额另行选举。另行选举的，第一次投票未当选的人员得票多的为候选人，候选人以得票多的当选，但是所得票数不得少于已投选票总数的三分之一。

选举实行无记名投票、公开计票的方法，选举结果应当当场公布。选举时，应当设立秘密写票处。

登记参加选举的村民，选举期间外出不能参加投票的，可以书面委托本村有选举权的近亲属代为投票。村民选举委员会应当公布委托人和受委托人的名单。

具体选举办法由省、自治区、直辖市的人民代表大会常务委员会规定。

第十六条　本村五分之一以上有选举权的村民或者三分之一以上的村民代表联名，可以提出罢免村民委员会成员的要求，并说明要求罢免的理由。被提出罢免的村民委员会成员有权提出申辩意见。

罢免村民委员会成员，须有登记参加选举的村民过半数投票，并须经投票的村民过半数通过。

第十七条　以暴力、威胁、欺骗、贿赂、伪造选票、虚报选举票数等不正当手段当选村民委员会成员的，当选无效。

对以暴力、威胁、欺骗、贿赂、伪造选票、虚报选举票数等不正当手段，妨害村民行使选举权、被选举权，破坏村民委员会选举的行为，村民有权向乡、民族乡、镇的人民代表大会和人民政府或者县级人民代表大会常务委员会和人民政府及其有关主管部门举报，由乡级或者县级人民政府负责调查并依法处理。

第十八条　村民委员会成员丧失行为能力或者被判处刑罚的，其职务自行终止。

第十九条　村民委员会成员出缺，可以由村民会议或者村民代表会议进行补选。补选程序参照本法第十五条的规定办理。补选的村民委员会成员的任期到本届村民委员会任期届满时止。

第二十条　村民委员会应当自新一届村民委员会产生之日起十日内完成工作

移交。工作移交由村民选举委员会主持，由乡、民族乡、镇的人民政府监督。

第四章　村民会议和村民代表会议

第二十一条　村民会议由本村十八周岁以上的村民组成。

村民会议由村民委员会召集。有十分之一以上的村民或者三分之一以上的村民代表提议，应当召集村民会议。召集村民会议，应当提前十天通知村民。

第二十二条　召开村民会议，应当有本村十八周岁以上村民的过半数，或者本村三分之二以上的户的代表参加，村民会议所作决定应当经到会人员的过半数通过。法律对召开村民会议及作出决定另有规定的，依照其规定。

召开村民会议，根据需要可以邀请驻本村的企业、事业单位和群众组织派代表列席。

第二十三条　村民会议审议村民委员会的年度工作报告，评议村民委员会成员的工作；有权撤销或者变更村民委员会不适当的决定；有权撤销或者变更村民代表会议不适当的决定。

村民会议可以授权村民代表会议审议村民委员会的年度工作报告，评议村民委员会成员的工作，撤销或者变更村民委员会不适当的决定。

第二十四条　涉及村民利益的下列事项，经村民会议讨论决定方可办理：

（一）本村享受误工补贴的人员及补贴标准；

（二）从村集体经济所得收益的使用；

（三）本村公益事业的兴办和筹资筹劳方案及建设承包方案；

（四）土地承包经营方案；

（五）村集体经济项目的立项、承包方案；

（六）宅基地的使用方案；

（七）征地补偿费的使用、分配方案；

（八）以借贷、租赁或者其他方式处分村集体财产；

（九）村民会议认为应当由村民会议讨论决定的涉及村民利益的其他事项。

村民会议可以授权村民代表会议讨论决定前款规定的事项。

法律对讨论决定村集体经济组织财产和成员权益的事项另有规定的，依照其规定。

第二十五条　人数较多或者居住分散的村，可以设立村民代表会议，讨论决定村民会议授权的事项。村民代表会议由村民委员会成员和村民代表组成，村民代表应当占村民代表会议组成人员的五分之四以上，妇女村民代表应当占村民代表会议组成人员的三分之一以上。

村民代表由村民按每五户至十五户推选一人，或者由各村民小组推选若干人。村民代表的任期与村民委员会的任期相同。村民代表可以连选连任。

村民代表应当向其推选户或者村民小组负责，接受村民监督。

第二十六条 村民代表会议由村民委员会召集。村民代表会议每季度召开一次。有五分之一以上的村民代表提议，应当召集村民代表会议。

村民代表会议有三分之二以上的组成人员参加方可召开，所作决定应当经到会人员的过半数同意。

第二十七条 村民会议可以制定和修改村民自治章程、村规民约，并报乡、民族乡、镇的人民政府备案。

村民自治章程、村规民约以及村民会议或者村民代表会议的决定不得与宪法、法律、法规和国家的政策相抵触，不得有侵犯村民的人身权利、民主权利和合法财产权利的内容。

村民自治章程、村规民约以及村民会议或者村民代表会议的决定违反前款规定的，由乡、民族乡、镇的人民政府责令改正。

第二十八条 召开村民小组会议，应当有本村民小组十八周岁以上的村民三分之二以上，或者本村民小组三分之二以上的户的代表参加，所作决定应当经到会人员的过半数同意。

村民小组组长由村民小组会议推选。村民小组组长任期与村民委员会的任期相同，可以连选连任。

属于村民小组的集体所有的土地、企业和其他财产的经营管理以及公益事项的办理，由村民小组会议依照有关法律的规定讨论决定，所作决定及实施情况应当及时向本村民小组的村民公布。

第五章 民主管理和民主监督

第二十九条 村民委员会应当实行少数服从多数的民主决策机制和公开透明的工作原则，建立健全各种工作制度。

第三十条 村民委员会实行村务公开制度。

村民委员会应当及时公布下列事项，接受村民的监督：

（一）本法第二十三条、第二十四条规定的由村民会议、村民代表会议讨论决定的事项及其实施情况；

（二）国家计划生育政策的落实方案；

（三）政府拨付和接受社会捐赠的救灾救助、补贴补助等资金、物资的管理使用情况；

（四）村民委员会协助人民政府开展工作的情况；

（五）涉及本村村民利益，村民普遍关心的其他事项。

前款规定事项中，一般事项至少每季度公布一次；集体财务往来较多的，财务收支情况应当每月公布一次；涉及村民利益的重大事项应当随时公布。

村民委员会应当保证所公布事项的真实性，并接受村民的查询。

第三十一条　村民委员会不及时公布应当公布的事项或者公布的事项不真实的，村民有权向乡、民族乡、镇的人民政府或者县级人民政府及其有关主管部门反映，有关人民政府或者主管部门应当负责调查核实，责令依法公布；经查证确有违法行为的，有关人员应当依法承担责任。

第三十二条　村应当建立村务监督委员会或者其他形式的村务监督机构，负责村民民主理财，监督村务公开等制度的落实，其成员由村民会议或者村民代表会议在村民中推选产生，其中应有具备财会、管理知识的人员。村民委员会成员及其近亲属不得担任村务监督机构成员。村务监督机构成员向村民会议和村民代表会议负责，可以列席村民委员会会议。

第三十三条　村民委员会成员以及由村民或者村集体承担误工补贴的聘用人员，应当接受村民会议或者村民代表会议对其履行职责情况的民主评议。民主评议每年至少进行一次，由村务监督机构主持。

村民委员会成员连续两次被评议不称职的，其职务终止。

第三十四条　村民委员会和村务监督机构应当建立村务档案。村务档案包括：选举文件和选票，会议记录，土地发包方案和承包合同，经济合同，集体财务账目，集体资产登记文件，公益设施基本资料，基本建设资料，宅基地使用方案，征地补偿费使用及分配方案等。村务档案应当真实、准确、完整、规范。

第三十五条　村民委员会成员实行任期和离任经济责任审计，审计包括下列事项：

（一）本村财务收支情况；

（二）本村债权债务情况；

（三）政府拨付和接受社会捐赠的资金、物资管理使用情况；

（四）本村生产经营和建设项目的发包管理以及公益事业建设项目招标投标情况；

（五）本村资金管理使用以及本村集体资产、资源的承包、租赁、担保、出让情况，征地补偿费的使用、分配情况；

（六）本村五分之一以上的村民要求审计的其他事项。

村民委员会成员的任期和离任经济责任审计，由县级人民政府农业部门、财政部门或者乡、民族乡、镇的人民政府负责组织，审计结果应当公布，其中离任经济责任审计结果应当在下一届村民委员会选举之前公布。

第三十六条　村民委员会或者村民委员会成员作出的决定侵害村民合法权益的，受侵害的村民可以申请人民法院予以撤销，责任人依法承担法律责任。

村民委员会不依照法律、法规的规定履行法定义务的，由乡、民族乡、镇的人民政府责令改正。

乡、民族乡、镇的人民政府干预依法属于村民自治范围事项的，由上一级人民政府责令改正。

第六章　附则

第三十七条　人民政府对村民委员会协助政府开展工作应当提供必要的条件；人民政府有关部门委托村民委员会开展工作需要经费的，由委托部门承担。

村民委员会办理本村公益事业所需的经费，由村民会议通过筹资筹劳解决；经费确有困难的，由地方人民政府给予适当支持。

第三十八条　驻在农村的机关、团体、部队、国有及国有控股企业、事业单位及其人员不参加村民委员会组织，但应当通过多种形式参与农村社区建设，并遵守有关村规民约。

村民委员会、村民会议或者村民代表会议讨论决定与前款规定的单位有关的事项，应当与其协商。

第三十九条　地方各级人民代表大会和县级以上地方各级人民代表大会常务委员会在本行政区域内保证本法的实施，保障村民依法行使自治权利。

第四十条　省、自治区、直辖市的人民代表大会常务委员会根据本法，结合本行政区域的实际情况，制定实施办法。

第四十一条　本法自公布之日起施行。

农村集体经济组织财务公开规定

农经发〔2011〕13号

第一条　为了加强对农村集体经济组织财务活动的管理和民主监督，促进农村经济发展和农村社会稳定，根据国家有关法律、法规和政策，制定本规定。

第二条　本规定适用于按村或村民小组设置的集体经济组织（以下称村集体经济组织）。代行村集体经济组织职能的村民委员会（村民小组）、撤村后代行原村集体经济组织职能的农村社区（居委会）、村集体经济组织产权制度改革后成立的股份合作经济组织，适用本规定。

第三条　村集体经济组织实行财务公开制度。村集体经济组织应当将其财务活动情况及其有关账目，以便于群众理解和接受的形式如实向全体成员公开，接受成员监督。实行村级会计委托代理服务的，代理机构应当按规定及时提供相应的财务公开资料，并指导、帮助、督促村集体经济组织进行财务公开。

第四条　村集体经济组织应当建立以群众代表为主组成的民主理财小组，对财务公开活动进行监督。民主理财小组成员由村集体经济组织成员会议或成员代表会议从村务监督机构成员中推选产生，其成员数依村规模和理财工作量大小确定，一般为3至5人；村干部、财会人员及其近亲属不得担任民主理财小组成员。

第五条　村集体经济组织财务公开的内容包括：

（一）财务计划

1. 财务收支计划；

2. 固定资产购建计划；

3. 农业基本建设计划；

4. 公益事业建设及“一事一议”筹资筹劳计划；

5. 集体资产经营与处置、资源开发利用、对外投资等计划；

6. 收益分配计划；

7. 经村集体经济组织成员会议或成员代表会议讨论确定的其他财务计划。

（二）各项收入

1. 产品销售收入、租赁收入、服务收入等集体经营收入；

2. 发包及上交收入；

3. 投资收入；

4. “一事一议”筹资及以资代劳款项；

5. 村级组织运转经费财政补助款项；

6. 上级专项补助款项；

7. 征占土地补偿款项；

8. 救济扶贫款项；

9. 社会捐赠款项；

10. 资产处置收入；

11. 其他收入。

（三）各项支出

1. 集体经营支出；

2. 村组（社）干部报酬；

3. 报刊费支出；

4. 办公费、差旅费、会议费、卫生费、治安费等管理费支出；

5. 集体公益福利支出；

6. 固定资产购建支出；

7. 征占土地补偿支出；

8. 救济扶贫专项支出；

9. 社会捐赠支出；

10. 其他支出。

（四）各项资产

1. 现金及银行存款；

2. 产品物资；

3. 固定资产；

4. 农业资产；

5. 对外投资；

6. 其他资产。

（五）各类资源

包括集体所有的耕地、林地、草地、园地、滩涂、水面、“四荒地”、集体建设用地等。

（六）债权债务

1. 应收单位和个人欠款；

2. 银行（信用社）贷款；

3. 欠单位和个人款；

4. 其他债权债务。

（七）收益分配

1. 收益总额；

2. 提取公积公益金数额；

3. 提取福利费数额；

4. 外来投资分利数额；

5. 成员分配数额；

6. 其他分配数额。

（八）其他需要公开的事项

第六条　村集体经济组织应当按规定的公开内容进行逐项逐笔公开。下列事项，应当专项公开：

（一）集体土地征占补偿及分配情况；

（二）集体资产资源发包、租赁、出让、投资及收益（亏损）情况；

（三）集体工程招投标及预决算情况；

（四）“一事一议”筹资筹劳及使用情况；

（五）其他需要进行专项公开的事项。

第七条　村集体经济组织财务至少每季度公开一次；财务往来较多的，收支情况应当每月公开一次，具体公开时间由所在地县级以上农村经营管理部门统一确定。对于多数成员或民主理财小组要求公开的内容，应当及时单独进行公开。涉及集体经济组织及其成员利益的重大事项应当随时公开。

第八条　村集体经济组织应当设置固定的公开栏进行财务公开。同时，也可以通过广播、网络、“明白纸”、会议、电子触摸屏等形式进行辅助公开。

第九条　村集体经济组织财务公开内容必须真实可靠。财务公开前，应当由民主理财小组对公开内容的真实性、完整性进行审核，提出审查意见。财务公开资料经村集体经济组织负责人、民主理财小组负责人和主管会计签字后公开，并报乡（镇）农村经营管理部门备案。

第十条　村集体经济组织财务公开后，主要负责人应当及时安排专门时间，解答群众提出的质疑和问题，听取群众的意见和建议。对群众反映的问题要及时答复解决；一时难以答复解决的，要作出解释。不得对提出和反映问题的群众进行压制或打击报复。

第十一条　乡（镇）、村两级要建立村集体经济组织财务公开档案管理制度，及时搜集、整理财务公开档案，并妥善保存。财务公开档案应当包括财务公开内容及审查、审核资料，成员意见、建议及处理情况记录等。

第十二条　村集体经济组织成员享有下列监督权：

（一）有权对公开的内容提出质疑；

（二）有权委托民主理财小组查阅审核有关财务账目；

（三）有权要求有关当事人对财务问题进行解释或解答；

（四）有权逐级反映财务公开中存在的问题，提出意见和建议。

第十三条　村集体经济组织民主理财小组行使下列监督权：

（一）参与制定本村集体的财务计划和各项财务管理制度；

（二）审核原始凭证，查阅有关财务账目及相关的经济活动事项，否决不合规开支。对否决有异议的，可提交村集体经济组织成员会议或成员代表会议讨论决定；

（三）对财务公开情况进行检查和监督，对公开中有关问题提出处理建议；

（四）向上一级部门反映有关财务和公开中的问题。

第十四条　村集体经济组织民主理财小组应当自觉接受村党支部和村务监督机构的工作指导，依法依规履行监督职责，定期向成员会议或成员代表会议汇报民主理财和财务公开监督工作情况，不得徇私舞弊、滥用职权。理财小组成员监督不力、怠于履行职责的，成员会议或成员代表会议应当终止其职务。

第十五条　县级以上农村经营管理部门和乡（镇）党委、政府行使下列指导和监督职责：

（一）指导和监督村集体经济组织依照本规定实行财务公开；

（二）指导和监督村集体经济组织建立健全财务公开制度；

（三）对财务公开中存在的问题进行查处。

第十六条　对违反本规定的村集体经济组织和会计委托代理服务机构，由县级以上农村经营管理部门和乡（镇）党委或政府责令限期纠正；仍不纠正的，由县级纪检监察机关和乡（镇）党委或政府依照有关规定给予相关责任人相应处分。

第十七条　县、乡（镇）两级应将执行本规定纳入党委和政府工作的目标管理，作为考核乡（镇）村两级干部的重要内容，定期检查和监督。

第十八条　各省、自治区、直辖市农业、监察部门可以根据本规定，结合当地实际情况制定具体实施细则或办法，并报农业部、监察部备案。

第十九条　本规定自 2012 年 1 月 1 日起施行。

农村集体财务管理规范化管理办法

农办经〔2006〕6 号

第一条　为推动农村集体财务管理规范化建设健康有序开展，加强对农村集体财务管理规范化示范单位管理，制定本办法。

第二条　本办法适用于进行农村集体财务管理规范化建设的村集体经济组织、代行村集体经济组织职能的村委会及实行村会计委托代理的乡镇会计核算中心等单位（以下简称规范化建设单位）。

第三条　规范化建设单位必须严格执行《会计法》、《会计基础工作规范》，统一按照《村集体经济组织会计制度》进行会计核算。

第四条　规范化建设单位要建立健全财务管理制度，包括：现金银行存款管理制度、财务开支审批制度、资产台账制度、债权债务管理制度、票据管理制度、会计档案管理制度、“一事一议”筹资筹劳制度、土地补偿费监督管理制度、转移性资金收支管理制度等。

第五条　规范化建设单位要建立健全内部控制制度，特别是对土地补偿费监督管理、“一事一议”筹资筹劳、村级债务管理、转移性资金收支管理进行重点控制。

第六条　规范化建设单位要建立健全财产清查制度，定期对资产、负债进行清查，年终进行全面资产清查。

第七条　规范化建设单位必须建立健全民主理财、民主监督制度，成立民主理财小组，明确理财小组职责，制定民主理财办法，召开民主理财会议。

第八条　民主理财小组的成员应按规定程序产生，认真履行职责，要对民主理财小组成员定期进行财会知识培训。

第九条　规范化建设单位必须建立健全财务工作流程，所有经济活动手续必须齐全。

第十条　规范化建设单位必须按期编制财务报表，按要求向部、省、县报送相关报表及材料。

第十一条　规范化建设单位必须设立专门的会计档案柜（室），加强对会计凭证、账簿、报表、资产台账、财务计划、经济合同、财务公开底稿等文字材料以及电子数据等档案管理。

第十二条　规范化建设单位要建立健全财务公开制度，及时进行财务公开，公开的内容要真实、全面。群众普遍关心和重大经济业务或事项发生要逐项逐笔公开。

第十三条　规范化建设单位必须接受各级农村经营管理部门（以下简称农经部门）的审计监督，提供真实、准确的资料，并及时公布审计结果。

发生下列事项，要进行专项审计：

1. 村干部任期届满和离任；

2. 土地补偿费及其他转移性资金的收支；

3. 发生数额较大的一事一议筹资筹劳的项目；

4. 其他重大的经济活动。

第十四条　规范化建设单位必须实行统一电算化管理，使用农业部认定或监制的符合新《村集体经济组织会计制度》标准的农村财务会计电算化管理软件，建立健全电算化内部管理制度。

第十五条　规范化建设单位要定期组织对财会人员有关财会知识、政策法规、电算化管理等知识培训。

第十六条　农业部及省（区、市）农经部门对“全国农村集体财务管理规范化示范单位”实行动态管理，定期进行考核抽查。示范单位出现下列情况之一的，取消其“全国农村集体财务管理规范化示范单位”称号，收回其称号牌匾。

1. 因财务问题造成农民上访，经核查属实的；

2. 不及时进行财务公开或进行虚假公开的；

3. 民主理财小组成员未履行职责的；

4. 民主理财民主监督无法正常开展的；

5. 审计发现重大财务问题的；

6. 财务管理会计核算未按规定开展或未起到示范作用的。

第十七条　未经农业部批准，各级农经部门不得将“全国农村集体财务管理规范化示范单位”牌匾私自授予非示范单位。

农业部、民政部、财政部、审计署《关于推动农村集体财务管理和监督经常化规范化制度化的意见》

农经发〔2003〕11 号

各省、自治区、直辖市、计划单列市农业厅（局、委员会、办公室）、民政厅（局）、财政厅（局）、审计厅（局），新疆生产建设兵团农业局、民政局、财务局、审计局：

农业和农村经济发展进入新阶段后，农村集体财务管理面临一些新情况和新问题，合乡并村过程中平调集体资产、乱批乱占集体土地、不良债务蔓延、集体企业改制中股权混乱等现象时有发生，农民群众反应强烈。中央领导多次就此作出重要批示，并提出了明确要求。为切实解决这些新问题，理顺农村集体资产产权关系，维护农村集体经济组织及其成员的利益，发挥农村集体经济在全面建设小康社会中的作用，必须加强对农村集体财务的管理和监督，推动农村集体财务管理和监督向经常化、规范化、制度化发展。现提出如下意见：

一、明确农村集体资产性质，强化农村集体财务管理

（一）农村集体经济组织的资产是由其成员入股和长期劳动积累所形成的共有资产，属于集体性质，归各该集体经济组织全体成员共同所有。农村集体资产包括经营性资产、非经营性资产和土地、水面、山林等资源性资产。集体资产所有权受国家法律保护，任何单位和个人不得侵占、平调、挪用。要明确集体资产和国有资产以及各集体经济组织资产之间的界限。

（二）加强农村集体财务的管理和监督，关键是贯彻《村民委员会组织法》的规定，实行财务公开和民主管理。村集体经济组织要按照有关规定，建立和完善财务公开和民主管理的各项制度，切实做到财务公开和民主管理。各级农业、财政、审计、民政部门要在党委和政府的领导下，按照部门职能分工，加强对农村集体财务管理和监督的指导工作，帮助农村集体经济组织建立、健全和完善各项规章制度。各级农村经营管理部门要负责对农村集体经济的审计监督，切实维护每个集体经济组织及其成员的合法权益，做到民有、民管、民受益。对农村集体资产的管理不能简单套用国有资产的管理办法，也不能简单套用企业资产的管理办法。

二、全面实行民主管理和财务公开

（三）实行民主管理必须履行民主决策程序。农村各集体经济组织的成员大会或成员代表大会是决定该集体经济组织重大财务活动和财务事项的最高权力机构。凡关系集体经济组织各成员切身利益的事项，如集体土地征用、变卖、出租，集体企业改制，干部报酬，大额举债，大、中型固定资产的变卖和报废处理，“一事一议”筹资筹劳等重大事项，都必须经农村集体经济组织成员大会或成员代表大会讨论决定。

（四）建立民主理财小组，实现民主管理经常化、规范化、制度化。民主理财小组由农村集体经济组织成员大会或成员代表大会推选 3 –5 人组成。民主理财小组享有对本集体经济组织财务活动的民主监督权利，参与制定本组织的财务计划和各项财务管理制度，参与重大财务事项的决策，有权检查审核财务账目，有权否决不合理开支。民主理财小组要有专门的议事规则，定期召开例会，充分履行职责。集体经济组织的成员有权对本集体的财务账目提出质疑，有权委托民

主理财小组查阅审核财务账目，有权要求有关当事人对财务问题作出解释，有权直接向农村经营管理部门反映本集体经济组织的财务管理状况。

（五）实行财务公开，维护农村集体经济组织成员的民主权利。农村集体经济组织的所有财务活动，必须按照农业部、监察部颁布的《村集体经济组织财务公开暂行规定》进行公开，接受成员监督。凡是集体经济组织成员普遍关心的财务活动，都要及时逐项逐笔进行公布，对群众提出的问题，集体经济组织负责人有义务及时给予解答和解决，并将结果向群众公布。

（六）各级农村经营管理部门要加强对农村集体经济组织财务公开和民主管理工作的指导和督促检查。对于财务不公开或假公开的集体经济组织，要组织专人帮助其清理财务，并监督其进行财务公开。当地乡（镇）党委、政府应依据党纪、政纪的有关规定对拒不执行财务公开的有关责任人员作出严肃处理，务必使农民群众满意。

三、建立健全财务管理制度

（七）严格执行村集体经济组织的各项财务管理制度。为适应农村税费改革和推进基层民主管理的需要，农业部、财政部将尽快修订完善《村集体经济组织财务制度》和《村集体经济组织会计制度》。各地要注意纠正在乡镇撤并、村委会合并、村委会转居委会、村干部换届中出现的不交接会计账目、私设账外账、篡改账目等问题。在村委会合并后，各集体经济组织的资产应当分别管理，按照会计核算主体独立设账，杜绝打乱集体经济组织界限，归并、平调集体资产，混淆集体财务会计账目的现象。实行“农村会计委托代理”等会计专业化服务的地方，要按会计核算主体分设账簿，尊重每个农村集体经济组织的资产所有权和财务管理自主权。

（八）加强集体资产管理，防止资产流失。进行清产核资，明确集体资产的归属，科学评估确认资产价值，建立资产台账，完善集体资产的监管办法。集体土地、厂房、设施、设备等发生产权转移时，必须经过农村集体资产管理部门和具有评估资质的单位按照程序科学评估，按照市场原则确定价格；集体的土地、企业、设施、设备出租时，出租方案必须经农村集体经济组织成员大会或成员代表大会讨论通过；集体建设项目、购置大型或大批设备，必须公开招标。

（九）各级农村经营管理部门要帮助农村集体经济组织建立健全各项财务管

理制度，规范财务活动程序。应当着重抓好民主管理和财务公开制度、现金银行存款管理制度、债权债务管理制度、资产台账制度、财务开支审批制度、会计人员管理制度、“一事一议”筹资筹劳等制度建设，特别要抓紧建立农村干部任期和离任审计制度。

（十）建立健全农村集体经济组织财务工作流程规范。财务事项发生时，经手人必须取得有效的原始凭证，注明用途并签字盖章；经集体经济组织负责人审批同意并签字盖章；交民主理财小组审核同意并签字盖章；由会计人员审核记账；按程序实行财务公开，接受群众监督。县、乡（镇）农村经营管理部门要对农村集体经济组织的财务账目和财务公开内容进行审计监督。

（十一）因地制宜创新集体财务管理办法。各地在加强农村集体财务管理和监督方面进行了积极的探索，创造出了一些有效的做法。有的地方实行村会计集中办公，有的地方实行农村会计委托代理，一些经济发达的地区实行了农村集体财务管理和会计核算的电算化，这些做法和经验都要因地制宜地逐步完善推广。

四、切实加强对农村集体财务的审计监督

（十二）建立并完善农村集体财务审计监督制度。这是农业行政主管部门的重要职责。各级农村经营管理部门要采取得力措施，组织好对农村集体财务的审计监督工作。当前要结合财务公开工作，对集体土地征用、集体企业改制等突出问题，组织专项审计，并将审计结果及时向群众公布；结合农村税费改革试点工作，组织村范围内的“一事一议”筹资筹劳审计；结合村干部换届，组织对村干部的任期和离任审计。审计内容主要包括集体资产的管理使用、财务收支、生产经营和建设项目的发包管理、集体的债权债务等，以及群众要求审计的其他事项。

农村经营管理部门在审计中查出被侵占的集体资产和资金，要责成责任人将侵占的集体资产和资金如数退还给集体；涉及国家工作人员及村干部违法乱纪的，要提出处理意见，移交纪检监察部门处理；对于情节严重、构成犯罪的，移交司法机关依法追究当事人的刑事责任。

（十三）财政、审计、民政等部门按照职责分工支持、指导对农村集体财务的监督、审计工作。

五、加大对农村会计人员的培训和管理力度

（十四）实行会计人员持证上岗制度。培养高素质的会计人员是搞好村集体经济组织财务管理的关键。农村集体经济组织会计人员既承担着财务会计工作，还承担着土地承包、农民负担管理等贯彻落实党在农村基本政策的其他业务，任务十分艰巨。各级农村经营管理部门要把加强农村集体经济组织会计人员的培训和管理作为加强农村集体财务管理、土地承包管理、农民负担管理的一个重要措施，结合修订后的《村集体经济组织财务制度》、《村集体经济组织会计制度》的实施，力争在3-5年内对村集体经济组织的会计人员和民主理财小组成员进行一次轮训，普遍提高财务会计人员的业务水平。凡是从事农村集体经济组织会计工作的人员，必须接受农村集体经济财务会计、农业承包合同管理、减轻农民负担政策等业务培训，取得上岗资格，凭证上岗。在实行农村会计电算化的地方，会计人员还应当取得县级以上农村经营管理部门颁发的农村会计电算化证书。对农村会计人员的培训和辅导是一项重要的公益性工作，各级党委、政府和有关部门都应给予必要的支持。

（十五）完善会计人员使用制度。农村集体经济组织会计人员要保持相对稳定，因工作需要确需调换的，必须经集体经济组织成员大会或成员代表大会讨论通过，乡（镇）农村经营管理部门核准，并报县级农村经营管理部门备案。

农村集体财务管理和监督直接关系农民的切身利益，关系农村改革、发展和稳定的大局，关系农村全面建设小康社会的进程，各级农业、财政、审计、民政部门要从贯彻落实“三个代表”重要思想的高度，充分认识抓好这项工作的重要性和紧迫性，在党委、政府的领导下，各司其职，齐抓共管，创造性地开展工作，推动农村集体财务管理和监督向经常化、规范化、制度化发展。

2003 年 12 月 4 日

中纪委、财政部、农业部、民政部印发关于进一步加强村级会计委托代理服务工作指导意见的通知

财会〔2010〕4号

各省、自治区、直辖市纪委、监察厅（局）、财政厅（局）、农业厅（局）、民政厅（局）：

为认真贯彻中央纪委、中组部、民政部等12部委《关于开展村务公开和民主管理“难点村”治理工作的若干意见》（民发〔2009〕20号）和《中共中央纪委、监察部、财政部、农业部关于进一步规范乡村财务管理工作的通知》（中纪发〔2006〕24号）精神，规范农村集体财务管理，强化村集体经济组织会计核算，进一步加强村级会计委托代理服务工作，深入推进农村党风廉政建设，现将《关于进一步加强村级会计委托代理服务工作的指导意见》印发你们，请结合实际情况，认真实施，抓好落实。

中　纪　委
财　政　部
农　业　部
民　政　部
二〇一〇年二月八日

关于进一步加强村级会计委托代理服务工作的指导意见

村级会计委托代理服务，是规范农村集体财务管理、强化村集体经济组织会计工作、深入推进农村党风廉政建设的有效措施。为进一步加强村级会计委托代理服务工作，现提出以下意见：

一、充分认识做好村级会计委托代理服务工作的重要意义

农村集体经济组织的资金资产归该集体经济组织全体成员共同所有，村级财务属集体性质。农村集体财务管理是村级经济事务管理的重要内容，是集体资产管理、土地承包管理、农民负担管理等工作的基础，涉及农民切身利益，历来受到各级党委政府的高度重视和农民群众的广泛关注。近年来，随着农村集体财务管理规范化建设的推进，各地立足实际，积极探索，不断创新，扎实工作，农村集体财务管理工作取得了明显成效。但是一些地方村级财务管理不规范、制度不健全、核算不准确、公开不完善、监管不到位等问题仍不同程度存在，必须引起高度重视。村级会计委托代理服务是农村基层实践工作的创新，是管理农村财务、强化会计监督的有效模式，是服务社会主义新农村建设的具体体现，较好地解决了当前村级财务管理工作存在的问题，对规范村级财务会计行为，提高集体资金使用效率，节约村级财务核算成本，确保财务公开、民主理财落到实处，促进农村党风廉政建设起到了积极作用。各地要以邓小平理论和“三个代表”重要思想为指导，深入贯彻落实科学发展观，以开展村务公开和民主管理“难点村”治理为契机，进一步统一思想认识，采取切实有效措施，强化村级会计委托代理机构建设，完善工作规范，落实工作经费，把做好村级会计委托代理服务工作作为推进农村集体财务管理规范化建设，加强农村集体资金资产资源管理，促进农村党风廉政建设、基层民主政治建设和社会主义新农村建设的一项重要工作抓好抓实。

二、进一步加强对村级会计委托代理服务工作的指导

各级纪检、监察、财政、农业和民政部门要按照农村党风廉政建设任务分工，在尊重历史和现实、坚持现有工作格局不变的基础上，通力协作，密切配合，形成合力，切实加强对村级会计委托代理服务工作的指导和监督。在推进村级会计委托代理服务工作中，必须尊重农民意愿，履行民主程序，依法签订委托代理协议，确保集体资产所有权、使用权、审批权和收益权“四权”不变，切实维护农村集体经济组织及其成员的合法权益。

完善制度建设是做好村级会计委托代理服务的前提。要严格执行《会计法》、《村集体经济组织会计制度》等法规制度，按照农村集体“三资”管理要

求，抓紧完善相关制度建设，不断提高村级会计委托代理服务工作水平。要建立健全村级会计委托代理服务机构岗位责任制度、操作流程制度、财务管理制度、档案管理制度、责任追究制度等，规范村级会计委托代理工作；要切实加强代理资金管理，资金支取实行“双印鉴”监管，确保村级集体资金安全；财政转移支付补助的村级资金，要纳入会计委托代理机构统一管理，建账核算，严格监督使用。

规范票据管理是做好村级会计委托代理服务的基础。要切实加强对村集体经济组织和村级会计委托代理机构各类票据的管理，特别要规范收支凭证和内部结算凭证等；要逐步规范代理机构相关账、证、表等各类票据格式，通过会计电算化软件生成的各类凭证、账簿等，格式必须符合统一标准要求；要切实规范代理机构和村集体经济组织各类票据的使用行为，严格按照会计业务流程规定操作，坚决杜绝“白条”入账等现象的发生，真正做到有据可查、运行规范。

加强队伍建设是做好村级会计委托代理服务的保障。各地要根据工作需要，充实会计委托代理机构工作人员，提供必要的办公场所和设施。要建立村级会计从业人员定期培训制度，凡从事农村集体经济组织会计工作的人员，必须接受村集体经济组织财务会计、农业承包合同管理、减轻农民负担政策、农村集体“三资”管理等业务培训。各级财政和农业部门要密切配合，安排落实好专项培训经费，加强对农村会计人员的业务指导和教育培训，不断提高其整体素质和业务能力。有条件的地方，可以聘请会计师事务所承办村级会计委托代理业务。

三、确保村级会计委托代理服务工作规范有序开展

村级会计委托代理服务工作量大，涉及面广，关系到农村集体经济组织和广大农民群众的切身利益。各级纪检、监察、财政、农业和民政部门要积极加强沟通，协调配合，相互支持，实现资源整合，既发挥各自优势，又统筹协调推进。要切实加强对村级会计委托代理机构的检查、指导和监督，不断提高代理服务工作水平。委托代理机构要严格代理程序，按照村集体经济组织财务会计制度，不断完善内部管理和会计核算，严禁平调、挪用代理资金。要纠正和查处各种违反财经纪律的行为，对代理程序不规范、代理手续不健全、制度执行不力的，要及时进行整改；对代理工作成效明显的，要进行认真总结推广，确保村级会计委托代理服务工作规范有序地推进。

财政部关于进一步加强和规范乡镇财政财务管理工作的暂行办法

为了进一步推进乡镇财政管理体制改革，规范乡镇财务管理，切实缓解乡镇财政困难，推动社会主义新农村建设和农村基层党风廉政建设，现就进一步加强和规范乡镇财政财务管理工作，提出如下暂行办法：

一、健全制度，强化管理，进一步规范乡镇理财行为

各乡镇要严格按照《预算法》、《会计法》和《财政违法行为处罚处分条例》等财经法律法规的要求，针对目前乡镇财政财务管理中存在的问题，进一步健全和完善各项制度，规范理财行为，不断提高理财水平。

（一）加强收入管理，严格依法理财。切实加强对乡镇财政收入、上级转移支付收入、上级各项支农惠农专项补助资金的管理与监督。乡镇所属各行政事业单位要严格按规定取得收入，严禁巧立名目，超标准或自定项目收费。

（二）强化预算管理，严格预算约束。进一步增强依法理财、硬化预算约束的意识，严格按照《预算法》的规定，科学合理地编制乡镇政府及各行政事业单位的年度收支预算。收入预算按照各乡镇和单位上一年度收入实绩和积极、稳妥的原则编制；支出预算要按照“量入为出”和“保工资、保运转、保稳定、促发展”的原则合理安排，不得留有硬缺口。

（三）严格实行“零户统管”和“收支两条线”管理。乡镇财政所要在对本乡镇行政事业单位银行账户进行全面清理的基础上，撤销各单位现有的银行账户。乡镇各项收入全部纳入乡镇国库或财政专户，由乡镇财政所统一核算和管理。各单位支出实行报账制管理。任何单位都不得自行设立账户，更不能私设“小金库”。

（四）加强支出管理，严格支出审批程序和手续。进一步健全和完善各项支出管理和审批制度，制定各项开支标准，严格实行支出“一支笔”审批制度，做到支出有预算、开支有标准、审批按程序。进一步规范财务报销手续，限时办理费用结算。各项开支一律做到有合法的原始凭证、有合规的支出用途、有具体经办人、有单位负责人和审批人签字，不得以领代报，以拨代支。

（五）加强债权债务管理，逐步化解现有债务。坚决控制新增不良债务，严格执行国务院关于制止乡村发生新的债务的“三个不准”和“两项制度”。即：各地一律不得下达乡镇招商引资指标、乡镇政府一律不得为经济活动担保、乡镇政府和村级组织一律不得举债搞建设，以及要建立健全新债责任追究制度和乡村干部离任债务审计制度。凡不能及时清理消化旧债而继续发生新债的乡镇，要严肃追究乡镇主要负责人的责任。

（六）加强财产物资管理。建立健全国有资产管理制度，不得随意改变国有资产产权性质和用途，确保国有资产保值增值。乡镇固定资产要纳入乡镇账务核算，并定期进行盘点，做到账账相符、账实相符，严禁存在账外资产和公物私用。

（七）进一步加强乡镇会计基础工作管理，提高会计工作规范化水平。县级财政部门要进一步加强对财会工作人员的管理，加强业务培训，不断提高财会人员的素质和从业水平。

（八）进一步完善监督约束机制。各乡镇要定期公布乡镇财政财务管理制度、乡镇财政收支和单位财务收支情况；成立以乡镇人大、纪检监察、财政、工会等部门人员参加的民主理财监督小组，定期对本乡镇的财务情况进行审核、分析、评价，提出改进措施；实行乡镇长离任审计制度，未做出审计结论前，不得办理离岗手续。对截留、挪用、贪污的行为，要依法追究单位负责人和直接责任人的责任。

二、积极推进县乡财政管理体制和方式改革，建立健全与事权相匹配的县乡财政管理体制

县乡财政管理体制改革是农村综合改革的重要组成部分，也是强化和规范乡镇财政财务管理的重要内容，必须将这项工作抓实抓好。

（一）进一步完善县乡财政管理体制。各地要根据乡镇经济状况区别对待，合理确定乡镇财政管理体制，妥善处理县乡财政分配关系，确保乡镇财政通过稳定的财政体制获得与事权范围和支出责任相匹配的收入和财力来源。在确定县乡财政管理体制过程中，要适度向乡镇财政倾斜，照顾乡镇财政的利益，保障乡镇政权的基本支出需求。

（二）继续开展“乡财县管”试点，进一步创新县乡财政管理方式。在保持乡镇资金所有权和使用权不变的前提下，各地原则上都要大力推行“乡财县管”财政管理方式改革，实行“预算共编、账户统设、集中收付、采购统办、票据统管”的财政管理方式，由县级财政主管部门直接管理并监督乡镇财政收支。对经济欠发达、财政收入规模小的乡镇，可以积极探索试行由县财政统一管理其财政收支的办法；对经济较发达，财政收支规模大，自身财政收入能够满足支出需要的乡镇，可以暂不实行“乡财县管”办法。

三、积极创新，逐步建立规范乡镇财政财务管理的长效机制

（一）积极支持推进乡镇机构、农村义务教育等农村综合改革。要进一步精简乡镇人员和机构，转变乡镇政府职能，逐步建立精干高效的基层行政管理体制。特别是要创新乡镇事业站所运行机制，积极稳妥推进乡镇机构改革。加大基层农技推广体系改革和兽医管理体制改革力度，按照公益性与经营性相分开、实行分类管理的办法，逐步变“花钱养人”为“花钱办事”，切实减轻基层财政压力，为进一步规范乡镇财政财务管理创造条件。同时，要进一步完善责任明确、分级投入、以县为主管理的农村义务教育管理体制，切实减轻乡镇的教育支出压力。

（二）进一步规范涉农收费管理，不断减轻农民负担。进一步规范涉农收费管理，切实减轻农民负担。严把涉农收费审批关，继续停止审批新的面向农民的行政事业性收费和政府性基金项目。监督落实中央和省两级已公布取消、免收和降低标准的涉农收费。全面执行涉农税收、价格和收费公示制，农村中小学义务教育收费一费制，农村订阅报刊费用限额制以及涉农负担案件事件责任追究制。深入治理农村教育、农村土地、农民建房、道路修建、用水用电、计划生育、农民务工等方面的乱收费、乱罚款和乱摊派行为。

（三）进一步完善支农资金监督管理机制，及时兑现国家补贴农民的政策。对直接补贴农民的资金和政策，要实行公示制，充分发挥群众、社会的监督作用。不断提高补贴政策的透明度，做到公开、公平、公正。同时，进一步完善国库集中支付制度和政府采购制度，不断提高资金使用效率。

（四）建立健全乡镇财政财务管理考核制度。县级有关部门要采取定期考核与随机抽查相结合的方式，对乡镇强化和规范财政财务管理的工作进行考核，逐步建立考核评价机制和考核评价结果公示制度。做到既注重考核工作的数量，更注重考核工作的质量和效果。县级党委政府要把乡镇财政财务管理情况纳入乡镇干部考核责任制的内容，并把考核结果与乡镇干部的任用、奖惩挂钩。

财政部关于开展村级会计委托代理服务工作的指导意见

财会〔2008〕8号

各省、自治区、直辖市、计划单列市财政厅（局），新疆生产建设兵团财务局：

近年来，许多地方在贯彻落实科学发展观，积极构建社会主义新农村过程中，不断加强农村会计管理，规范基层会计工作，出现了村级会计委托代理服务等一些新的有益做法，受到了广大农民群众的一致欢迎。各地财政部门纷纷要求财政部在全国范围内推广该做法，并制定一个指导性文件对这一工作加以规范。根据《会计法》关于“国务院财政部门主管全国的会计工作”的精神，为更好地贯彻落实《中共中央办公厅、国务院办公厅关于加强农村基层党风廉政建设的意见》（中办发〔2006〕32号）和《国务院关于做好农村综合改革工作有关问题的通知》（国发〔2006〕34号）有关要求，切实推进基层会计核算体制改革，更好地促进经济社会，特别是农村经济的和谐稳步发展，现对在全国范围内推广村级会计委托代理服务（以下简称代理服务）工作，提出如下指导意见：

一、开展代理服务工作的重要性

中办发〔2006〕32号文件指出：“在尊重农民群众意愿和民主权力的基础上，推行村级会计委托代理服务制度”；国发〔2006〕34号文件要求：“加强村级财务管理，规范村级会计代理制度等管理办法，促进村级财务监管工作经常化、规范化和制度化”。深入开展代理服务工作，实现行政村各项资金和日常经费（以下简称村级资金）的委托管理、村民自治和规范使用，有利于巩固农村税费改革和乡镇综合配套改革成果，促进农村经济健康持续发展和新农村建设；有利于推进村务公开工作，增强广大农民参政、议政能力，强化农民主人翁意识，密切干群关系，促进农村基层民主政权建设；有利于增强乡镇政府的服务职能，实现乡镇财政部门由征管型向服务型转变；有利于贯彻落实《会计法》和《村集体经济组织会计制度》（财会〔2004〕12号），规范农村会计处理，严肃农村财经纪律，加强农村源头治腐，有效控制农村村级债务增长，提高涉农资金使用效率，进一步减轻农民负担。因此，各地财政部门要高度重视代理服务工作，将代理服务工作作为一项“利民惠民、增强我党执政能力”的大事来抓。同时，要积极争取有关部门和有关方面的理解、支持、配合，注重发挥各方面的积极性，加强协调与沟通，统一思想、提高认识、精心部署、共同努力，确保代理服务工作平稳有序地开展。

二、代理服务工作的组织管理形式及主要内容

（一）代理服务工作实行“属地化”管理，由财政部统筹、指导，财政部负责全国代理服务工作的统筹管理，具体负责制定全国代理服务工作指导意见，协调、督促、指导各地开展代理服务工作，并对各地开展代理服务工作的情况进行检查。省级财政部门负责本地区代理服务工作的具体落实，根据本意见结合本地区实际情况，按照“统一领导，分级管理”的原则，制定适合本地区代理服务工作开展的具体实施办法，加强代理服务的规章制度建设，协调、督促、指导本地区开展代理服务工作，组织对本地区各乡、镇开展代理服务工作实施检查，并向上级主管部门及时汇报有关情况。

（二）代理服务必须符合《村民委员会组织法》、《会计法》和国务院有关文件规定，遵循村民自治、村务公开、民主管理、加强监督的原则，在尊重农民群众意愿和民主权利的基础上，各代理服务机构依法与各村民委员会签订会计委托代理服务协议（以下简称委托协议）。实施代理服务后，维持村委会各项资金的所有权、使用权、审批权和收益权不变。

（三）代理服务主要采取自愿委托管理的形式，实行村级财务与村级资金的“双委托”管理，即各代理服务机构在接受委托后，各行政村不再设会计和出纳，只配备专职或兼职的报账员，其资金由代理机构根据自愿签订的委托协议，以及《会计法》和《村集体经济组织会计制度》有关要求，进行统一管理，规范会计基础工作，实现“五个统一”，即统一资金账户、统一报账时间（段）、统一报账程序、统一会计核算、统一档案管理。代理服务机构可对村级财务的管理与决策提供相关意见和建议。

（四）代理服务工作应加强内部控制管理，科学设置工作流程和工作岗位，明确各环节、各岗位的分工和职责，实现权责一致、相互监督。

1. 村级集体组织法定代表人是村级财务会计工作的负责人，对本村的会计工作和会计资料的真实性、完整性负责。

2. 报账员。由通过民主选举产生的村干部兼任或由通过民主程序产生的村民担任，主要负责村级收入、支出原始凭证的收集整理，村级备用金的领取、保管和定期向代理服务机构报账。报账员产生后应及时向代理服务机构备案，并积极参加财政部门组织的业务培训，经考核合格，具备相应的政策水平和报账业务技能后，方可上岗，在不违犯法律、法规和财经纪律的前提下，不宜随意更换。

3. 村民民主理财小组。实行代理服务的行政村应通过民主程序产生村民民主理财小组，对村级收入、支出情况逐项进行审核，并提出意见。村民民主理财小组的成员不得由村干部以及与村干部有直系亲属关系的人担任。村民民主理财小组组成人员应向代理服务机构进行备案，并留相关印鉴。

4. 代理服务机构。代理服务机构原则上由乡、镇财政部门负责组建，设总会计 1 人，代理会计、资金会计（出纳）若干人，由持有《会计从业资格证》的人员担任，负责发放备用金，审核报销票据，进行账务处理，汇总编制明细账、总账和月报、季报、年报，并对各村的财务档案进行归集管理。担任代理服务机构总会计的人员应当熟悉农村财务工作，并具备助理会计师以上专业技术资格或者专门从事会计工作三年以上。有条件的地方，可以探索由中介机构承担代理服务工作的模式。

（五）实行备用金制度。实行代理服务的村级资金采取备用金领取方式进行管理。备用金的金额由各行政村村民委员会与代理机构协商决定。备用金的使用额度标准由村民会议讨论确定。实际开支时，需经村民主理财小组审核同意并加盖印鉴后，由村集体组织法定代表人审批签字；如遇重大开支和事项，还需先经过村民会议审议通过。

（六）实行村级财务预决算制度。开展代理服务后，各行政村应编制村级财务预算，并经村民会议审议通过后，报代理服务机构备案，作为其当年资金开支的依据。年度终了时，代理服务机构根据该年各行政村资金实际使用情况，编制决算报告，送各行政村村民会议审议。

（七）实行村级财务定期报账制度。开展代理服务后，村级财务实行村报账员向代理服务机构定期统一报账，具体报账时间由代理服务机构与各行政村村民委员会协商确定。

（八）实行村级报账审核制度。开展代理服务后，代理服务机构在受理村报账员报账时，应逐一核实有关凭证，凡符合村财务预算内容，手续、印信齐全，凭证合规的开支方可报销入账。

（九）实行村级财务会计定期公开制度。开展代理服务后，代理服务机构应定期向村民委员会提供详细、完整的村财务信息。村民委员会收到代理服务机构提供的村财务信息后，应定期在本村公开位置予以公布，包括村资产负债表、收益表、收入明细表、支出明细表等，接受村民的监督。

（十）实行村级财务会计人员定期培训制度。开展代理服务后，代理服务机构应定期对村报账员、村民理财小组成员、代理会计、资金会计（出纳）进行相关业务培训，对新任用（命）的村报账员和代理机构工作人员，还应进行相应的岗前培训。

（十一）实行村级财务会计档案管理制度。开展代理服务后，代理服务机构应研究制订村级财务会计档案管理办法，加强对村级财务会计档案的整理和归档，对各村的财务会计档案实行分柜管理，编制档案目录，并妥善保管。

（十二）实行村级财务会计定期审计制度。开展代理服务后，代理服务机构应主动接受上级部门及有关单位实施的审计监督，并公开审计结果。村民委员会换届、代理服务机构主要负责人轮换时，还应组织相应的离任审计。

三、代理服务工作的管理与监督

各地财政部门要重视代理服务工作，应成立专门的工作组或设专人负责管理代理服务工作，加强与各有关职能部门的沟通与协调，强化对代理服务工作的管理和指导。

在开展代理服务工作过程中，各地财政部门应注重引入审计监督机制，加强对代理服务机构的监管，确保委托代理资金安全；应不断细化村财务公开的内容，增强人民群众的知情权，让广大农户认得准、看得懂、算得清，积极发挥群众监督和舆论监督的作用，构建部门监督、群众监督、舆论监督“三位一体”的监督管理体系，切实发挥代理服务工作的效能。

四、村级债务和农村票据的管理

开展代理服务工作前，各乡、镇财政部门应会同纪检监察、农业等相关部门，做好各村债务的清理工作，根据具体情况，研究制定消除村级债务、防止村级债务继续增长的相关政策，核销欠账，锁定旧账，确保村级资金核算由原方式向代理服务的平稳过渡。同时，各级财政部门应加强农村票据的管理工作，规范票据的使用，加强对票据使用的监管，有条件的地方可以由省级财政税务部门统

一印制、发放农村商用票据、报销表格、村集体经济组织内部结算凭证等，消除“白条”入账的现象，有效控制村级债务的持续增长。

五、确保代理服务工作有效实施

各地财政部门应高度重视对代理服务工作的宣传和动员，切实做好协调组织工作，采取多种有效的宣传手段，争取社会各界的支持和理解，让老百姓能够广泛了解代理服务的内容以及其所拥有的权利和义务，打消村干部和村民的顾虑，自愿将村财务资金纳入代理服务的委托管理。

各地财政部门应重视对农村财务会计人员的培训，建立健全代理服务岗前培训和继续教育制度；应积极稳妥地安排开展代理服务所必需的资金和场所，保障代理服务工作的开展，有条件的地方可以探索建立一站式的对外代理服务窗口；应健全代理服务的各项规章制度，不断改进和完善工作方式、方法，有条件的地方，应探索开展电算化代理服务工作，加强软硬件建设，加快电算化人才培养，建立健全代理服务工作电算化模式下的内部控制制度，确保代理服务工作的顺利有效开展。

河北省村集体财务管理条例

（1996年6月21日河北省第八届人民代表大会常务委员会第二十一次会议通过根据2010年7月30日河北省第十一届人民代表大会常务委员会第十七次会议《河北省人民代表大会常务委员会关于修改部分法规的决定》修正）

第一章　总则

第一条　为加强村集体财务管理，巩固壮大集体经济，促进农村经济持续、快速、健康发展，根据国家有关法律、法规的规定，结合本省实际，制定本条例。

第二条　本条例适用于本省行政区域内村集体经济组织或者村民委员会的财

务管理。

第三条　村集体财务管理应当遵守有关法律、法规，坚持民主管理、勤俭办事的原则，实行计划管理，加强财务监督。

第四条　村集体财务管理的主要任务是：制定财务计划；进行经济核算；建立健全财务管理制度，管好用好集体资金和资产；指导、监督所属企业、事业单位的财务活动；做好收益分配工作。

第五条　县级以上人民政府农业行政主管部门和乡级人民政府主管本行政区域内的村集体财务管理工作。

第六条　农村经济经营管理机构（以下简称农经管理机构）是县级以上人民政府农业行政主管部门和乡级人民政府管理村集体财务的具体执行机构，其职责是：

（一）贯彻执行有关村集体财务管理的法律、法规；

（二）指导制定村集体财务管理制度；

（三）对村集体财务管理工作进行业务指导；

（四）负责村集体财务审计监督；

（五）管理村有乡存的资金；

（六）受财政部门的委托对村财会人员进行业务培训、考核、职称评定和任职资格审查；

（七）检查纠正违反村集体财务管理法律、法规的问题；

（八）县级以上人民政府农业行政主管部门和乡级人民政府授予的其他职责。

第七条　各级人民政府财政部门对村集体财务工作进行指导和监督，审计等有关部门和金融机构，依照有关的法律、法规，按照各自的职责，做好与村集体财务管理有关的工作。

第八条　认真执行本条例，忠于职守，做出显著成绩的单位和个人，由乡级以上人民政府给予表彰或者奖励。

第二章　财务计划管理

第九条　村集体经济组织或者村民委员会应当每年编制财务计划。财务计划主要包括：年度财务收支计划、生产经营计划、基本建设计划、固定资产购置计划、收益分配计划等。

第十条　村集体经济组织或者村民委员会编制财务计划，应当执行国家有关规定，坚持因地制宜、统筹安排、量入为出、留有余地的原则。

第十一条　财务计划应当经乡农经管理机构审查，村集体经济组织成员会议或者其代表会议、村民会议或者其代表会议通过。年度财务计划需要作部分变更时，按前款规定的程序办理。

第三章　资金管理

第十二条　村集体经济组织或者村民委员会应当按照法律、法规的规定和本村实际情况组织收入。其资金来源主要有：

（一）原有积累；

（二）发包收入；

（三）直接经营收入；

（四）资产、设施租赁收入；

（五）对内、对外投资的利润收入；

（六）国家征收、征用土地的补偿收入；

（七）变卖集体财产收入；

（八）国家有关单位拨入的资金；

（九）借入资金；

（十）外来投资；

（十一）其他收入。

第十三条　村集体经济组织或者村民委员会的财务应当实行帐、款分管；不得公款私存，不得设小金库，不得坐支现金；非出纳人员不得保管现金。

第十四条　村集体经济组织或者村民委员会的各项收款必须由财会人员经办，并使用统一规定的收款凭证，不得使用白条收款，严禁无据收款。

第十五条　村集体经济组织或者村民委员会的资金可以在自愿的原则下实行村有乡存，由乡农经管理机构代管，所有权、使用权不变，任何单位和个人不得侵占和挪用代管资金。乡农经管理机构对代管的资金可以在金融机构专户储存，并保证及时支付。村留有一定数额的备用现金，其数额由乡农经管理机构根据有关规定和各村实际情况确定。

第十六条　村集体经济组织或者村民委员会应当建立健全财务开支审批制度，严格审批手续，各项开支由主管财务的负责人按制度审批。

第十七条　村集体经济组织或者村民委员会支出现金，应当取得真实、合法的原始凭证，手续不完备的开支，不得付款。

第十八条　村集体经济组织或者村民委员会应当加强对存入银行款项的帐目管理。支票、存折和印鉴应当由会计员、出纳员分别保管。会计员应当定期与开户银行核对帐目，出纳员按月填写现金、存款交接单。

第十九条　村集体经济组织或者村民委员会的资金、有价证券应当详细记载并纳入会计帐内核算，由出纳员保管或者委托银行代管，其他人员不得存放。未经村集体经济组织成员会议或者其代表会议、村民会议或者其代表会议决定，任何人员不得擅自用村集体所有的资金、有价证券为个人或者外单位担保、抵押。

第二十条　村集体经济组织或者村民委员会对各种应付款项应当按期支付；对各种欠款应当按期收回，逾期欠款有合同约定的，从合同约定，无合同约定的，可以根据实际情况收取资金占用费。对无法收回的欠款，由村集体经济组织或者村民委员会提出处理意见，经乡农经管理机构审查，村集体经济组织成员会议或者其代表会议、村民会议或者其代表会议通过后，进行帐务处理。

第四章　固定资产和产品物资管理

第二十一条　村集体所有的房屋、建筑物、机器、设备、工具、器具、大牲畜、林木、农业基本建设设施及其他劳动资料、文化设施、公益福利设施，单位价值三百元以上、使用期限一年以上的为固定资产。主要生产工具和设备，单位价值虽然低于上述规定的标准，但使用年限在一年以上的，也可列为固定资产。村集体所有的农工副产品、半成品、种子、化肥、农药、燃料、原材料、机械零配件和未列入固定资产的低值易耗品为产品物资。

第二十二条　禁止任何单位和个人哄抢、破坏、侵吞、私分或者非法查封、扣押、冻结、没收村集体所有的固定资产和产品物资。未经村集体经济组织成员会议或者其代表会议、村民会议或者其代表会议决定，任何人员不得擅自用集体所有的固定资产和产品物资为个人或者外单位担保、抵押。

第二十三条　村集体经济组织或者村民委员会应当建立固定资产折旧制度。应当折旧的按规定提取折旧费，提取的折旧费用于固定资产的购建更新。

第二十四条　村集体所有的固定资产、产品物资的变卖和报废处理，除法律、法规另有规定的以外，由村集体经济组织或者村民委员会提出意见，经乡农经管理机构审查，村集体经济组织成员会议或者其代表会议、村民会议或者其代表会议通过。

第二十五条　村集体经济组织或者村民委员会应当建立健全固定资产和产品物资登记、保管制度，定期盘点，做到帐实相符，保障集体财产的安全和完整。

第五章　财会人员

第二十六条　村集体经济组织或者村民委员会应当配备会计员、出纳员，根据实际需要配备保管员。会计员、出纳员不得相互兼职。村和村集体经济组织的主要负责人及其直系亲属不得在本村或者本集体经济组织担任财会人员；个别人口少的行政村需由主要负责人担任财会人员时，必须经乡级人民政府批准。

第二十七条　村集体经济组织或者村民委员会的财会人员，应当接受财政部门委托的农经管理机构的管理、培训和考核，实行持证上岗。

第二十八条　村集体经济组织或者村民委员会主管会计的任免和调换，必须经村集体经济组织成员会议或者其代表会议、村民会议或者其代表会议通过，经乡农经管理机构考核、批准，报县级人民政府农业行政主管部门和财政部门备案。

第二十九条　村集体经济组织或者村民委员会的财会人员，应当依照法律、法规的规定进行会计核算，实行会计监督；参加本村与财务有关的会议；管理本村资金筹集、使用和资产保管；指导监督所属企业、事业单位的财务工作。

第三十条　村集体经济组织或者村民委员会的财会人员，应当忠于职守，坚持原则，依法办理会计事务，抵制侵犯集体和农民合法权益的行为，拒绝办理违反财经制度的收支，向上级主管部门反映违反财经制度的问题；不得超越职权，不得谋取私利，不得违反财务会计制度。

第三十一条　村集体经济组织或者村民委员会的主要负责人，应当支持财会人员履行职责，保证财会人员依法行使权力。任何人不得打击报复财会人员。

第三十二条　村集体经济组织或者村民委员会应当按照国家有关规定建立健全会计帐目和财务会计档案管理制度，对财务会计档案应当妥善保管。

第六章　财务监督

第三十三条　村集体经济组织或者村民委员会应当建立民主理财小组。民主理财小组成员由村集体经济组织成员会议或者其代表会议、村民会议或者其代表会议选举关心集体、办事公道、懂得财会业务的人员组成，任期三年，可以连选连任。村和村集体经济组织的主要负责人及其直系亲属不得担任民主理财小组成员。民主理财小组对村集体经济组织成员会议或者其代表会议、村民会议或者其代表会议负责，接受乡农经管理机构的指导。村集体经济组织或者村民委员会应当接受民主理财小组对财务管理的监督，为他们履行职责提供方便，不得妨碍、阻挠民主理财小组执行职务。

第三十四条　民主理财小组的职责是：

（一）检查监督村集体经济组织或者村民委员会的财务活动；

（二）听取和反映群众对村集体财务工作的意见和建议；

（三）审查各项收支并否决不合理的开支；

（四）协助农经管理机构对村集体财务进行审计；

（五）村民会议或者村民代表会议授予的其他职责。

第三十五条　村集体经济组织或者村民委员会的财务应当公开，收支帐目至少每半年逐笔张榜公布一次，涉及向农户收费、罚款的项目，应当分户公布，接受群众的监督。

第三十六条　村集体财务的审计工作，由农经管理机构负责。乡农经管理机构对所辖村的财务每年至少审计一次；县级以上人民政府农业行政主管部门每年进行抽查审计；专项审计根据实际工作需要安排。

第三十七条　村集体经济组织或者村民委员会的主要负责人和财会人员离任时，民主理财小组协助乡农经管理机构对离任人员经办的财务工作进行审计。财会人员离任时，应当在民主理财小组的监督下办清交接手续。

第七章　法律责任

第三十八条　违反本条例规定有下列行为之一的，由乡级人民政府或者农经管理机构对责任人员进行批评教育，并责令其限期改正：

（一）未编制财务计划或者编制财务计划及财务计划的变更未按规定程序办理的；

（二）银行存款支票、存折和印鉴没有由会计员、出纳员分别保管，未按时核对帐目或者未按月填写现金、存款交接单的；

（三）未按规定提取固定资产折旧费或者折旧费未用于固定资产的购建更新的；

（四）对固定资产和产品物资的安全、完整无保障措施的；

（五）未能及时支付代管资金的。

第三十九条　违反本条例规定，有下列行为之一的，由县级人民政府农业等有关部门依据法律、法规规定的职责负责处理，并对责任人员处以一百元至二千元的罚款，造成损失的应予赔偿：

（一）未执行帐、款分管制度或者非出纳人员保管现金的；

（二）未使用统一规定的收款凭证或者白条收款、无据收款的；

（三）未按制度规定批准开支的；

（四）违反有价证券核算、保管规定的；

（五）对无法收回的欠款擅自进行帐务处理的；

（六）固定资产、产品物资的变卖和报废处理，未按规定程序办理的；

（七）会计员、出纳员相互兼职的，或者村和村集体经济组织的主要负责人及其直系亲属担任本村本集体经济组织财会人员的，或者个别人口少的行政村主要负责人未经乡级人民政府批准担任财会人员的；

（八）主管会计的任免未按规定程序办理的；

（九）未建立会计帐目的；

（十）未按规定公布财务收支帐目的；

（十一）对侵犯集体和农民合法权益的行为未进行抵制的；

（十二）妨碍、阻挠民主理财小组履行职责的。

第四十条　违反本条例第十三条规定，公款私存、设小金库、坐支现金的；村集体经济组织或者村民委员会支出现金违反本条例第十七条规定的，由县级人民政府农业行政主管部门对责任人员处以违法金额百分之十至百分之三十的罚款。

第四十一条　违反本条例第十五条规定，侵占、挪用代管资金；违反本条例第二十二条第一款规定的，由乡级以上人民政府责令其归还，并责令其对造成的损失予以赔偿；责任人是国家机关工作人员的，由其主管部门给予行政处分；构成犯罪的，依法追究刑事责任。

第四十二条　违反本条例第十九条第二款、第二十二条第二款规定的，由县级人民政府农业行政主管部门对责任人员处以担保、抵押总额百分之十的罚款；造成的损失由责任人员赔偿。

第四十三条　违反本条例第三十一条规定打击报复财会人员的，按国家有关规定处理；构成犯罪的，依法追究刑事责任。

第四十四条　当事人对行政处罚决定不服的，可以在接到处罚决定之日起六十日内，向作出处罚决定的机关的上一级机关申请复议；当事人也可以直接向人民法院起诉。复议机关应当在接到复议申请之日起六十日内作出复议决定。当事人对复议决定不服的，可以在接到复议决定之日起六十日内向人民法院起诉。复议机关逾期不作出复议决定的，当事人可以在复议期满之日起六十日内向人民法院起诉。

当事人逾期不申请复议也不向人民法院起诉，又不履行处罚决定的，作出处罚决定的机关可以申请人民法院强制执行。

第四十五条　国家机关的工作人员玩忽职守、滥用职权、徇私舞弊给村集体财产造成损失，情节轻微的，由其所在单位或者主管机关给予行政处分；构成犯罪的，依法追究刑事责任。

第四十六条　村集体经济组织或者村民委员会的负责人、财会人员挪用公款、侵占集体财物的，应当限期归还；造成损失的，应予赔偿；构成犯罪的，依法追究刑事责任。

第八章　附则

第四十七条　省农业行政主管部门可以根据本条例会同财政部门制定实施办法，报省人民政府批准后施行。

第四十八条　本条例自1997年1月1日起施行。

福建省村集体财务管理条例

（2000年9月21日福建省第九届人民代表大会常务委员会第二十一次会议通过）

第一章　总则

第一条　为规范和加强村集体财务管理，维护村民合法权益，促进农村经济发展，根据有关法律、法规，结合本省实际，制定本条例。

第二条　本条例所称村集体是指本省辖区内的村民委员会、村集体经济组织。

独立核算的村民小组、乡（镇）所在地的居民委员会的财务管理活动参照本条例规定执行。

第三条　村集体依法履行财务管理职能，实行财务公开、民主理财制度。

第四条　村集体资产受法律保护，任何单位和个人不得平调、侵占、截留、挪用、私分。

第五条　县级以上地方人民政府农业行政主管部门和乡（镇）人民政府负责本辖区内村集体财务管理工作的指导、监督，具体工作由其所属的农村经营管理机构承担。

第二章　财务计划管理

第六条　村集体应当根据收支平稳的原则，编制年度财务计划。财务计划主要包括：财务收支、资金管理、生产经营、基础建设、固定资产购置、收益分配等。

第七条　财务计划须经村民会议或者村民代表会议通过后执行。

会计年度结束后，村集体应当在次年的二月底前将财务计划执行情况向村民会议或者村民代表会议报告。

第八条　村集体应当依法、合理组织资金收入。资金收入主要包括集体统一经营收入、发包及上交收入、投资收入、农民法定承担费用的收入和其他收入。

第九条　村集体管理费支出实行限额管理。具体限额标准由村集体拟订，经村民会议或者村民代表会议通过，并报县级农业行政主管部门和乡（镇）人民政府备案。

乡（镇）人民政府应当对村集体管理费支出限拟订予以指导。

第十条　村集体进行收益分配前，应当核算全年的收入支出，清理财产和债权债务，做好承包合同的结算和兑现。

收益分配应当正确处理国家、集体、个人三者之间的利益关系，坚持以丰补欠、适当积累、壮大集体经济实力。收益分配方案须经村民会议或者村民代表会议通过后方可执行。

第三章　流动资产管理

第十一条　村集体应当依照有关规定，加强资金管理。账和款、物，支票和印鉴应当分别管理。每月与银行或者信用社核对账目，盘点库存现金，做到账款、账实、账证、账账、账表相互符合。禁止公款私存或者私款公存。禁止出租或者转借账户。

村集体应当建立财务开支审批制度，并经村民会议或者村民代表会议通过。财务开支审批制度应当对村集体主管财务负责人的审批权限作出明确规定。

资金收付应当取得合法的原始凭据，并有经手人、验收人（证明人）、批准人的签名。禁止无据收付款。

非出纳人员不得保管现金。因工作需要委托他人代收款项的，代收人应当自收到代收款之日起十日内如数交给出纳员。

第十二条　村集体对各级财政或者有关部门下拨的款物以及接受社会捐赠、赞助的其他款物，应当入账核算。资金应当专款专用，不得挪作他用。

村集体接受乡（镇）人民政府和有关部门委托收取的款物，应当登记造册、及时上缴、张榜公布。代收款物不得截留挪用。

村集体购买的有价证券，应当入账核算。

第十三条　村集体应当设立专户依法管理土地补偿费。土地补偿费计入公积金，用于发展生产。但法律法规另有规定应当支付给被征地农民的除外。禁止任何单位和个人截留、挪用、侵占或者以其他形式非法使用土地补偿费。

第十四条　村集体因发展生产需要借贷资金的，应当先提出方案，并经村民会议或者村民代表会议通过，报县级农业行政主管部门和乡（镇）人民政府备案。所借款项必须专款专用，不得挪作他用。

第十五条　村集体应当及时催收、清理各项应收款项。对村民因丧失劳动能力又无经济来源造成无力偿还的款项，由村集体研究决定予以缓交或者减免，并张榜公布。

村民困难补助款的发放，由村集体研究决定，并张榜公布。

第四章　固定产与投资管理

第十六条　村集体应当依照有关规定，建立固定资产管理制度。固定资产的存量、增减变动情况，应当及时准确登记，并建立健全明细账册，定期盘点，做到账实相符。

第十七条　村集体应当依照有关规定，提取固定资产折旧。折旧费提取的比例应当保证对固定资产损耗价值的补偿。对承包给单位或者个人使用、管理的固定资产，应当在承包合同中确定折旧费的提取比例和提取方式。

第十八条　村集体固定资产的拍卖、转让、入股，应当由依法取得相应资质的资产评估机构评估；无资产评估机构评估的，可由村集体组织评估小组按照国家有关规定进行评估，评估结果须经村民会议或者村民代表会议确认。

将村集体资产用于投资的，应当编制投资方案，并经村民会议或者村民代表会议通过后，方可实施。

第十九条　村集体建设项目的施工，应当实行招标。招标方案由村集体拟定，经村民会议或者村民代表会议通过。具体招标办法由县级人民政府制定。

村集体生产经营项目发包依照有关法律法规的规定执行。

第二十条　村集体应当依法管理土地、林木以及无形资产、递延资产，确保集体资产的保值增值。

第五章　财会人员

第二十一条　村集体应当配备会计和出纳人员，并可根据实际需要配备保管员。会计人员与出纳人员不得相互兼职。

村集体会计人员由农业行政主管部门依照有关法律、行政法规和本条例进行管理，接受财政部门指导、监督。

第二十二条　村集体提名聘用的会计人员，应当经乡（镇）农村经营管理机构业务考核合格，村民会议或者村民代表会议通过，并报县级农业行政主管部门、乡（镇）人民政府和县级财政部门备案。

聘用会计应当优先选用持有会计从业资格证书的村民或者其他人员；对未持有会计从业资格证书的，必须取得省农业行政主管部门发给的《农村财会任用证》后，方可聘任。

村集体主要负责人及其近亲属不得担任本村集体的财会人员。

在本条例施行之日起一年内，村集体会计人员应当取得会计从业资格证书或者《农村财会任用证》。

第二十三条　财会人员应当保持相对稳定，确需更换的，由村集体或者村务监督小组提出，经村民会议或者村民代表会议通过。被更换的会计人员有权陈述意见。

村集体财会人员应当定期接受业务培训和考核。

第二十四条　财会人员行使下列职权：

（一）执行国家财务制度，遵守财经纪律；

（二）参加财务计划的编制和有关生产、经营管理会议；

（三）承担资金筹措和使用的财务监督以及资产保管工作；

（四）检查指导村集体所属单位的财务工作；

（五）拒绝办理违反财务制度的收支，抵制侵犯村集体财产所有权的行为；

（六）真实、准确、及时填写会计账目，填报农村经济报表，保管会计档案；

（七）向农业行政主管部门和乡（镇）人民政府反映违反财务制度的问题。

第二十五条　财会人员离职，应当办理交接手续，编制交接清单。交接清单需经移交人、接交人、监交人签字后存档。未办妥交接手续的不得离职。

前款所指监交人包括村集体负责人、村务监督小组成员。

农村经营管理机构应当对村集体财会人员离职交接工作予以指导、监督。

第六章　财务监督

第二十六条　村集体财务应当统一建账，禁止设账外账。

村集体应当按照国家统一的会计制度，设置会计科目，使用借贷记账方法。登记会计账簿，填写会计凭证，编制财务会计报告，应当统一使用省农业行政主管部门规定的账、表、簿、据。

不符合财务制度和未经村务监督小组审的会计凭证不得入账归档。

第二十七条　村集体财务活动应当接受村务监督小组监督。村务监督小组对村集体财务活动的监督职责：

（一）审查各项财务收支；

（二）检查监督村集体负责人和财会人员执行财务制度、遵守财经纪律的情况；

（三）检查监督财务公开情况；

（四）协助对村集体财务进行审计；

（五）听取和反映村民对村集体财务工作的意见和建议。

村务监督小组在履行职责中发现有违反财务制度行为的，应当提出处理意见，有关人员应当及时纠正。情节严重的，应当向村民会议或者村民代表会议报告，并向农业行政主管部门、乡（镇）人民政府或者其他有关部门反映，有关单位应当及时处理。

第二十八条　村集体财务收支情况必须定期向村民公开。每月或者每季终了之日起十日内和会计年度终结之日起十五日内，财会人员必须将经过村务监督小组审查后的账目，在村务公开栏上逐项或者逐户张榜公布。

对五分之一以上村民或者三分之二以上村务监督小组成员要求公开的专项或者重要的财务活动，村集体应当单独公布，并附具说明。

第二十九条　村民对公布的财务内容有异议的，可以直接向村集体询问或者提出意见，也可以通过村务监督小组要求村集体作出解答，村集体应当在十五日内作出解答。

对有违反财务制度的，村民有权向村务监督小组反映，也可以向乡（镇）农村经营管理机构或者有关部门反映；村务监督小组、乡（镇）农村经营管理机构或者有关部门应当及时处理。

第七章　财务审计

第三十条　县级以上地方人民政府农业行政主管部门，负责本辖区内的村集体财务的审计工作。具体审计事项由乡（镇）以上农村经营管理机构承担。

村集体财务审计工作接受国家审计机关的指导、监督。

第三十一条　农村经营管理机构应当配备专职审计人员，经培训、考核合格后，持证上岗。具体办法由省人民政府农业行政主管部门规定。

农村经营管理机构履行法定审计职权时，不得向村集体收取审计费用。审计经费列入农业部门行政管理经费，由同级财政安排。

第三十二条　审计事项主要包括：

（一）年度财务收支计划及其执行情况；

（二）村集体资产的管理、使用和债权、债务、损益情况；

（三）财务会计报表、凭证、账簿的完整性、真实性和合法性；

（四）政府、部门所拨资金、物资的管理和使用情况；

（五）接受捐赠、赞助资金、物资的管理和使用情况；

（六）有价证券收益、承包金、租金等收入及其使用情况；

（七）土地补偿费、土地作价入股金的收支和建设项目的预算、决算情况；

（八）村集体投资项目的账目和损益情况；

（九）村集体主要负责人任期经济责任的履行情况；

（十）其他需要审计的事项。

第三十三条　县级农村经营管理机构应当根据上级业务主管部门和乡（镇）人民政府的要求，编制年度审计工作计划，并结合下列情况确定专项审计任务：

（一）因村集体经济管理问题引起群众不满，需要审计的；

（二）需要进行重点审计调查的。

第三十四条　农村经营管理机构审计村集体财务，可以行使下列职权：

（一）要求被审计单位如实提供财务收支计划及其执行情况、会计报表、经济合同以及其他有关资料；

（二）检查被审计单位的有关账目，查阅有关文件资料，参加被审计单位的有关活动；

（三）向有关单位和人员调查与审计事项有关的问题，被调查的单位和人员应当如实提供有关资料，并出具相关的证明材料；

（四）发现被审计单位转移、隐匿、篡改、毁弃会计报表、凭证、账簿以及其他有关资料的，可以登记保存与被审计事项有关的账册资料。

第三十五条　实施村集体财务审计，应当提前三日将书面通知送达被审计单位，并指派至少二名审计人员按下列规定进行：

（一）编制审计工作底稿，对审计中发现的问题，作出详细、准确的记录，并注明资料来源；

（二）搜集能够证明审计事项的原始资料、有关文件、会议记录和实物等，对不能或者不宜提取的，进行复制、拍照或者制作书面说明；

（三）向有关单位和个人调查取证，所作的记录或者提供的证明材料，由提供者签名或者盖章，不能取得提供者签名或者盖章的，审计人员应当注明原因；

（四）审计终结应当提出审计报告，并征求被审计单位意见，被审计单位应当在收到审计报告之日起十日内提出书面意见，逾期未提出的，视为无异议；

（五）被审计单位对审计报告有异议的，审计人员应当进一步核实情况，根据所核实的情况对审计报告作必要的修改，并将审计报告和被审计单位的书面意见一并报送县级农业行政主管部门。

第三十六条　县级农业行政主管部门审定审计报告后，应当对审计事项作出评价，出具审计结论。对违反财务收支规定的，同时应当作出审计意见书；对有关责任人员需要由有关部门和单位处理的，应当作出审计建议书，及时送达有关部门或者单位。

有关部门或者单位收到审计建议书后，应当在六十日内将处理结果向县级农业行政主管部门反馈。

县级农业行政主管部门应当自收到审计报告之日起三十日内作出审计结论或者审计结论和审计意见书。

第三十七条　被审计单位对审计结论和意见书有异议的，可以在收到审计结论和意见书之日起六十日内，向作出审计结论和意见书的上一级农业行政主管部门或者同级人民政府申请复议；也可以依法直接向人民法院提起诉讼。

上一级农业行政主管部门或者同级人民政府应当在接到申请之日起六十日内作出复议决定。遇有特殊情况，作出复议决定的期限可以适当延长，但延长的期限不得超过三十日，并应当将延长的期限和理由及时通知申请人。

复议期间，原审计结论和意见书不停止执行。

第八章　法律责任

第三十八条　违反本条例规定，有下列行为之一的，由县级以上地方人民政府农业行政主管部门责令限期改正；逾期未改正的，对直接负责的主管人员和其他直接责任人员予以通报批评，并处以五百元以上一千元以下的罚款；给村集体经济造成损失的，应当赔偿损失：

（一）不按规定编制财务计划或者财务计划未经村民会议或者村民代表会议通过而执行的；

（二）不按规定定期公开财务账目或者报告财务计划执行情况的；

（三）不按规定及时入账核算政府下拨和社会捐赠、赞助的款物或者以村集体名义购买的有价证券的；

（四）不按规定建立固定资产登记保管制度或者提取折旧费的；

（五）不按规定实行账和款、物，支票和印鉴分别管理的；

（六）会计凭证未经村务监督小组审核擅自入账归档的。

第三十九条　违反本条例规定，有下列行为之一的，由县级以上地方人民政府农业行政主管部门责令其限期改正，通报批评或者给予警告；逾期未改正的，可以对直接负责的主管人员和其他直接责任人员处以一千元以上二千元以下的罚款：

（一）违反财务开支审批制度擅自批准现金支出的；

（二）不按规定程序更换村集体财会人员的；

（三）财会人员不按规定办理离职交接手续，编制交接清单的；

（四）不按规定程序擅自以村集体名义投资或者借贷资金的；

（五）不按规定程序擅自拍卖、转让、入股集体资产的；

（六）在审计工作中不如实提供财务账目及其有关资料或者对审计意见书无异议又拒不改正的。

第四十条　平调村集体或者村民小组集体资产或者截留上级下拨和社会捐赠、赞助款物的，由县级以上地方人民政府农业行政主管部门责令责任人限期退还，原物不能退还的应当作价赔偿；构成犯罪的，依法追究刑事责任。

挪用村集体生产性资金用于非生产性支出，将上级下拨专项资金和接受社会捐赠、赞助的其他资金挪作他用，或者个人挪用村集体资金的，由县级以上地方人民政府农业行政主管部门责令责任人限期改正；构成犯罪的，依法追究刑事责任。

侵占、私分村集体资产的，由县级以上地方人民政府农业行政主管部门责令责任人限期退还；原物不能退还的应当作价赔偿；构成犯罪的，依法追究刑事责任。

第四十一条　对取得《农村财会任用证》的财会人员有第三十八条、第三十九条、第四十条所列行为之一，情节严重的，由县级以上地方人民政府农业行政主管部门吊销《农村财会任用证》。

对取得会计从业资格证书的财会人员的违法行为，由县级以上地方人民政府财政部门依法追究其责任。

有关法律、行政法规对本条例第三十八条、第三十九条、第四十条所列行为的处罚另有规定的，从其规定。

第四十二条　不按规定程序聘用会计、聘用未取得会计从业资格证书或者

《农村财会任用证》人员从事村集体会计工作的，由县级以上地方人民政府农业行政主管部门责令限期改正；逾期未改正的，对村集体负责人和其他直接责任人员处以五百元以上一千元以下的罚款。

第四十三条　村务监督小组成员不依法履行财务监督职责或者滥用职权、弄虚作假的，由乡（镇）人民政府责令改正；拒不改正的，建议村民会议或者村民代表会议依照法定程序予以更换。

第四十四条　国家工作人员玩忽职守、滥用职权、徇私舞弊的，由其所在单位或者上级机关给予行政处分；给村集体造成损失的，应当依法赔偿损失；构成犯罪的，依法追究刑事责任。

第四十五条　当事人对行政处罚不服的，可以依法向作出行政处罚决定的上一级主管机关或者同级人民政府申请复议，也可以依法直接向人民法院提起诉讼；当事人逾期不申请复议也不提起诉讼，又不履行行政处罚决定的，作出行政处罚决定的机关可以依法强制执行或者依法申请人民法院强制执行。

第九章　附则

第四十六条　对村集体直接负责的主管人员或者其他责任人员处以罚款的，不得在村集体财务中列支或者变相列支。

第四十七条　本条例自2001年3月1日起施行。

山东省农村集体经济审计条例

（1995年10月12日省八届人大常委会第18次会议通过）

第一章　总则

第一条　为加强对农村集体经济活动的审计监督，保证国家财务制度的贯彻实施，保护农村集体经济组织和农民的合法权益，促进农村经济的发展，根据国家有关法律、法规，结合我省实际，制定本条例。

第二条　乡镇、村集体经济组织及其所属单位，以及按照本条例和国家规定应当接受审计的其他单位的财务收支等有关经济活动，依照本条例规定接受审计监督。

第三条　县级以上农业行政主管部门和乡镇人民政府负责本行政区域内农村集体经济的审计工作，其日常业务由县（市、区）、乡镇农村合作经济经营管理部门（经下简称经营管理部门）承担。乡镇办企业的审计监督，由县级以上乡镇企业主管部门负责，乡镇人民政府也可以直接审计。

农村审计工作应当接受国家审计机关的业务指导。

第四条　农村审计人员应当具备与其从事的审计工作相适应的专业知识的业务能力，并持证上岗，依据有关法律法规和规章制度进行审计。

农村审计证由省农业行政主管部门统一制发。

第五条　对农村集体经济的审计监督权，依照本条例规定，由有关机关独立行使，不受任何行政机关、社会团体和个人的干涉。

第六条　农村审计人员办理审计事项，必须客观公正，实事求是，廉洁奉公，保守秘密，不得接受被审计单位的请客送礼，不得索取或者接受贿赂。

第二章　审计职责和权限

第七条　县级经营管理部门对下列事项进行审计：

（一）乡镇合作基金会的奖金筹集、投放与收益分配情况；

（二）乡镇统筹费的预算、决算、提取、使用情况；

（三）社会捐赠、国有直接拨付给乡镇、村集体经济组织的款项、物资使用情况；

（四）接受委托的其他审计事项。

第八条　乡镇经营管理部门对村集体经济组织及其所属单位的下列事项进行审计：

（一）财务管理制度是否健全、有效及执行情况；

（二）会计凭证、帐簿、报表的完整性、真实性、合法性；

（三）资产、负债、损益情况及其有关的经济活动；

（四）村提留的预算、决算、提取、使用情况；

（五）各种承包费、租金、土地征用补偿费及其他村集体经济组织收入的收取、使用情况；

（六）义务工、劳动积累工的使用情况；

（七）负责人任期目标及离任的经济责任；

（八）接受委托的其他审计事项。

乡（镇）经营管理部门对村办企业进行审计时，应当会同乡镇企业主管部门进行。

第九条　县级经营管理部门可以将其审计范围内的审计事项授权乡镇经营管理部门审计；对乡镇经营管理部门审计范围内和重大审计事项，也可以直接进行审计，但是应当避免不必要的重复审计。

第十条　经营管理部门在审计过程中有下列职权：

（一）有权要求被审计单位提供财务收支计划、财务收支执行情况、财务报告及有关材料；

（二）有权检查被审计单位的会计凭证、会计帐簿、会计报表等有关文件资料和资产；

（三）有权就审计事项的有关问题向有关单位的人员进行调查，被调查的单位和人员应当如实提供有关资料及证明材料；

（四）对损害集体经济利益；违反财经法纪的行为，有权制止；

（五）审计结果可以向有关部门通报或者向社会公布。

第三章　审计程序

第十一条　经营管理部门应当根据同级人民政府和上级主管部门的要求，结合本地实际，确定审计工作重点，编制审计项目计划和工作方案。

第十二条　经营管理部门根据审计项目计划确定的审计事项组成审计组，并在实施审计3日前，向被审计单位送达审计通知书，被审计单位应当配合审计工作并提供必要的工作条件。

第十三条　审计人员应当通过审查凭证、帐表，查阅与审计事项有关的文件、资料检查现金、实物，向有关单位和人员调查等方式进行审计，并取得证明材料。

审计人员向有关单位和个人进行调查时，应当出示农村审计证和审计通知书副本。

第十四条　审计组对审计事项实施审计后，必须向经管部门提出审计报告。审计报告在报送前，应当征求被审计单位意见，被审计单位在收到审计报告之日起10日内提出书面意见。

重大审计事项的审计报告及被审计单位对审计报告提出的书面意见，经营管理部门应当报送同级人民政府和上级主管部门。

第十五条　经营管理部门审定审计报告，对审计事项作出评价，出具审计意见书；对违反国家规定的财务收支行为，需要依法给予处理，处罚的，在法定职权范围内作出审计决定或者向有关主管机关提出处理、处罚建议。

经营管理部门应当自收到审计报告之日起30日内，将审计意见书或者审计决定送达被审计单位和有关单位。

审计决定自送达之日起生效。

第十六条　审计决定经送达生效后，被审计单位和有关单位必须执行。任何单位和个人都不得干扰和阻挠。

第十七条　被审计单位对经营管理部门出具的审计意见书和作出的审计决定有异议的，可在收到审计意见书或者审计决定之日起15日内，向上一级主管机关申请复审。复审机关应当在收到复审申请之日起30日内，作出复审结论或者复审决定。

复审期间，原审计意见书或者审计决定继续执行。

第十八条　经营管理部门对办理的审计事项必须建立统一的审计档案，并按照规定及时上报报表。

第四章　法律责任

第十九条　被审计单位违反本条例规定，拒绝或者拖延提供与审计事项有关的资料或者拒绝、阻碍检查的，由县级农业行政主管部门或者乡镇人民政府责令其改正，并可以给予警告或者通报批评；拒不改正的，依法追究责任。

第二十条　被审计单位违反本条例规定，转移、隐匿、篡改、毁弃会计凭证、会计帐簿、会计报表以及与财务收支有关的资料的，经营管理部门有权予以制止。以有关责任人员，县级农业行政主管部门或者乡镇人民政府可以给予批评教育、警告；属于国家工作人员的，由有关主管机关按照干部管理权限，给予行政处分。构成犯罪的，由司法机关依法追究刑事责任。

第二十一条　违反本条例第十六条规定，拒不执行审计决定的，由县级农业行政主管部门或者乡镇人民政府责令其限期执行，并给予批评教育、警告或者行政处分；干扰、阻挠审计决定执行的，由有关主管部门依法处罚。

第二十二条　对被审计单位的财务收支和用工违反国家和省有关规定的，由县级农业行政主管部门或者乡镇人民政府按下列规定处罚：

（一）警告、通报批评；

（二）责令纠正违反规定的收支、用工；

（三）责令退还非法所得；

（四）法律、法规规定的其他处罚。

第二十三条　审计人员玩忽职守、滥用职权、徇私舞弊、泄露秘密的，由其所在单位或者上级主管部门给予行政处分；构成犯罪的，由司法机关依法追究刑事责任。

第二十四条　打击报复陷害审计人员和检举人员的，由当地人民政府或者有关主管部门根据情节予以处理；构成犯罪的，由司法机关依法追究刑事责任。

第五章　附则

第二十五条　对农村集体经济的审计不收取费用。受委托审计时，按照国家有关规定执行。

第二十六条　本条例自发布之日起施行。

广东省人民政府办公厅印发广东省农村集体财务公开制度的通知

（粤府办〔2002〕44号）

各市、县、自治县人民政府，省府直属有关单位：

《广东省农村集体财务公开制度》业经省人民政府同意，现印发给你们，请认真贯彻执行。

广东省人民政府办公厅

二〇〇二年六月十日

广东省农村集体财务公开制度

第一条　为了加强农村集体财务活动的管理与监督，促进农村集体经济健康发展和社会稳定，根据国家有关法律、法规，结合本省实际，制定本制度。

第二条　本制度适用于本省行政区域范围内拥有、占用、使用农村集体资产的村、组社区性组织的财务公开。

第三条　乡镇人民政府和县级以上农业行政管理部门负责指导、监督本行政区域村、组集体财务公开工作，监察、组织、财政、民政等部门按照各自的职能分工予以配合。

第四条　村、组社区性组织实行财务公开制度。

村、组社区性组织财务公开坚持“实际、实用、实效”的原则，并做到“公布地点公众化、公布形式专栏化、公布内容通俗化、热点问题专项化”，通过设立公布栏（墙）、召开发布会、公布到户等多种形式，将农村集体财务信息和资产状况及时、准确、完整地向群众公布。有条件的村、组应实行集体财务电算化管理，运用电脑触摸屏进行公开。

村、组社区性组织财务公布栏（墙）旁边设立意见箱，接受群众监督。

村、组社区性组织财务公开的样式由县级农业行政管理部门统一规定。

第五条　村、组社区性组织财务公开的主要内容：

（一）财务计划：

1. 财务收支计划；

2. 固定资产购建计划；

3. 基本建设计划；

4. 兴办企业及资源开发投资计划；

5. 收益分配计划；

6. 其他与集体经济或农民负担有关的财务收支计划。

（二）损益性收入：

1. 村提留收入；

2. 发包及上交收入；

3. 集体统一经营收入；

4. 其他收入。

（三）损益性支出：

1. 干部工资、补贴、奖金、公务活动支出；

2. 招待费支出；

3. 集体统一经营支出；

4. 其他支出。

（四）非损益性收支：

1. 土地补偿费收支；

2. 福利费收支；

3. 捐赠款及捐赠物资收支；

4. 上级拨款收支；

5. 乡镇统筹费及涉农税费收支；

6. 扶贫救济收支；

7. 依法向群众专项筹集的公益性、生产性建设资金收支；

8. 各项建设开支（包括购建生产性固定资产等支出）；

9. 公益福利开支（包括购建公益性固定资产支出和合作医疗支出等）；

10. 其他非损益性收支。

（五）债权债务：

1. 应收款；

2. 应付款；

3. 各项借款；

4. 其他债权债务。

（六）集体资产：

1. 现金及银行（信用社）存款；

2. 产品物资；

3. 固定资产；

4. 对外投资；

5. 其他资产。

（七）收益分配：

1. 收益总额；

2. 缴纳税金；

3. 提取公积金；

4. 提取公益金；

5. 提取福利费；

6. 投资分利；

7. 其他分配；

8. 未分配收益。

第六条　村、组社区性组织财务公开的时间及要求：

年初公布财务计划；经济发达村组每月后 10 日内、经济次发达和落后地区每季后 10 日内公布财务收支情况；年度终了后 15 日内公布各项财务收支、各种财产、债权债务、收益分配、预决算；现金及银行存款应按出纳帐原原本本公开，征地款、应收款、应付款、救灾救济款、上级拨款、干部报酬以及其他重要财务事项、专项经济事项和多数群众或民主理财监督机构要求公开的经济事项，应及时进行专题明细公布。

第七条　村、组社区性组织财务公开的程序：

（一）由民主理财监督机构对帐目、凭证和实物、存款进行全面核实；

（二）民主理财监督机构出具审核意见，经村、组社区性组织主要负责人、主管会计和民主理财监督机构成员共同签字；

（三）按县级农业行政管理部门要求公开的样式进行公布。

第八条　村、组社区性组织按照本制度第五条规定的公开内容向群众公布后，其主要负责人应安排专门时间，接待群众来访，解答群众提出的问题，听取群众的意见和建议。对群众在财务公开中反映的问题要及时解决；一时难以解决的，要作出解释。不得对提出和反映问题的群众进行压制或打击报复。

第九条　民主理财监督机构是对村、组集体财务公开实行民主管理和民主监督的代表机构。

民主理财监督机构由村、组集体经济组织成员大会或成员代表大会选举产生，成员一般 3 –7 人，组长由民主理财监督机构成员会议选举产生。民主理财监督机构每 3 年改选一次，与村民委员会换届同步进行，可连选连任。

第十条　民主理财监督机构成员应具备以下基本条件：

（一）具有一定的文化水平，懂基本的财会知识；

（二）非村、组主要领导干部及其直系亲属；

（三）秉公办事，作风正派。

第十一条　民主理财监督机构的权力和义务：

（一）享有预决算初审权、财务开支监督权和对不合理开支否决权：

1. 有权对财务收支的原始凭证及有关资料、实物进行逐单、逐项审核、签字。未经民主理财监督机构成员共同签字同意的原始凭证，不准会计人员入帐；

2. 有权对财务公开、财务制度、经济合同、财务预算、决算的执行情况进行定期检查、监督；

3. 有权对库存现金、银行存款、物资、产成品、固定资产存量等进行不定期的盘查、核实；

4. 有权监督张榜公布的财务、资产内容是否及时、真实、完整。未经民主理财监督机构审核盖章或成员共同签字的财务公布表不得上墙公布；

5. 有权要求村、组社区性组织纠正审核中发现或财务公开中发现的问题，并向上级主管部门反映有关财务管理中存在的问题和提出处理建议。

（二）听取和反映全体村民和社员对社区性集体经济财务、会计工作的意见和建议。接受村民和社员的咨询并作出解释。每年向本组织成员大会或成员代表会议提出民主理财监督工作报告。

（三）自觉接受上级主管部门的指导和当地党支部的领导，处理事情公平、公正，以事实为依据，以有关的制度、规定为尺度。凡违反制度、规定使集体经济受到损失的，要承担责任。

（四）民主理财监督机构依法履行监督职责受法律保护，任何单位和个人不得阻碍、威胁和打击报复。

（五）民主理财监督机构成员的报酬，采用误工补助的办法。补助标准由各村、组确定，报乡镇人民政府备案。

民主理财监督机构的活动经费及其成员的补助经费由村、组社区集体经济组织在管理费用中列支。

第十二条　村、组社区性组织成员享有下列监督权：

（一）有权对所公布的财务帐目提出质疑。对财务帐目的真实性、合法性、合理性有怀疑的，可由10人以上（含10人）的村、组成员联名向村、组社区性组织提出书面申请，并提供联名委托书委托民主理财监督机构或镇经管部门查阅审核有关财务帐目；民主理财监督机构或镇经管部门负责将查阅审核的情况和结果在公布栏张榜公布。

（二）有权要求有关当事人对有关财务问题进行解释或解答。

（三）有权逐级反映财务公开中存在的问题，提出意见和建议。

（四）有权对财务公开不及时、不完整、弄虚作假等行为向乡镇人民政府或县级以上农业行政管理部门及其他有关部门反映和举报。

第十三条　村、组社区性组织应定期或不定期召开村民或社员议事会议。凡属财务管理的重大事项以及农民关注的热点、难点问题的处理，都应先召集党员大会讨论，再提交村民或社员大会或代表会议讨论，按大多数人的意见进行决策。

第十四条　县级以上农业行政管理部门和乡（镇）政府对村、组社区集体财务公开工作承担下列指导和监督职责：

（一）指导和监督村、组社区性组织建立健全财务管理制度和财务公开制度，实行财务公开和民主理财。

（二）组织有关财会人员对村、组社区性组织的财务活动进行交叉会审，对群众反映强烈的社区性组织进行重点审计，对村、组干部进行任期经济责任和离任审计，对占用农村集体资产的企业和单位进行定期审计，并及时公开审计结果。

（三）对村、组社区性组织财会人员和民主理财监督机构成员进行培训，不断提高他们的政治、业务素质。

（四）对村、组社区性组织与民主理财监督机构在预决算、财务开支、管理制度等方面存在的不同意见进行协调与裁决。

第十五条　县、乡（镇）两级政府应将村、组社区集体财务公开纳入工作目标进行管理，并作为考核农村基层干部政绩的重要内容。

第十六条　各级政府对村、组集体财务公开工作应加强监督检查：县、镇每半年、地级以上市每年组织一次检查或抽查，省每年组织工作组到各市抽查。

第十七条　乡镇人民政府或县级以上农业行政管理部门和其他有关部门对违反本制度的村、组社区性组织应责令其限期整改；对有关责任人员给予批评教育并责令其改正；对拒不改正或者有打击报复行为的，依法作出处理或向有关单位提出处理建议；对挥霍、侵占、挪用、私吞集体财物及其他违法行为的依法及时处理，情节严重构成犯罪的，移交司法机关追究刑事责任。

第十八条　本制度自公布之日起施行。此前我省村、组社区性组织财务公开规定与本制度不一致的，以本制度为准。

北京市实施《农村集体经济组织财务公开规定》办法

第一条　为了加强对农村集体经济组织财务活动的管理和民主监督，促进农村经济发展和农村社会稳定，根据农业部、监察部颁布的《农村集体经济组织财务公开规定》和《北京市农村集体资产管理条例》，结合本市实际，制定本办法。

第二条　本办法适用于本市村经济合作社和产权制度改革后成立的村股份合作经济组织（以下统称“村集体经济组织”）。

代行村集体经济组织职能的村民委员会、撤村后代行原村集体经济组织职能的农村社区（居委会）适用本办法。

第三条　村集体经济组织实行财务公开制度。村集体经济组织应当将其财务活动情况及其有关账目，以便于群众理解和接受的形式如实向全体成员公开，接受监督。实行村级会计委托代理服务的，代理机构应当按规定及时提供相应的财务公开资料。

第四条　村集体经济组织应当建立以成员群众为代表的民主理财监督机构，对财务公开活动进行监督。

村经济合作社的监察委员会负责对本组织的财务公开活动进行监督；村股份合作经济组织的监事会负责对本组织的财务公开活动进行监督。

没有建立村集体经济组织，由村民委员会代行村集体经济组织职能的，其民主理财监督机构成员由村集体经济组织成员会议或成员代表会议从村务监督委员会成员中推选产生。

村集体经济组织主要负责人、财务人员及其近亲属不得担任民主理财监督机构成员。

第五条　村集体经济组织应当根据本组织的实际财务情况，公开所涉及的内容。具体包括：

（一）财务计划

1. 财务收支预算；

2. 固定资产购建计划；

3. 农业基本建设计划；

4. 集体资产经营与处置、资源开发利用、对外投资等计划；

5. 收益分配计划；

6. 经村集体经济组织成员会议或成员代表会议讨论确定的其他财务计划。

（二）各项收入

1. 产品销售收入、租赁收入、服务收入等集体经营收入；

2. 发包及上交收入；

3. 投资收入；

4. 上级专项补助款项；

5. 征占土地补偿款项；

6. 救济扶贫款项；

7. 社会捐赠款项；

8. 资产处置收入；

9. 其他收入。

（三）各项支出

1. 集体经营支出；

2. 集体经济组织管理人员报酬；

3. 报刊费支出；

4. 办公费、差旅费、会议费、卫生费、治安费等管理费支出；

5. 集体公益福利支出；

6. 固定资产购建支出；

7. 征占土地补偿支出；

8. 救济扶贫专项支出；

9. 社会捐赠支出；

10. 其他支出。

（四）各项资产

1. 现金及银行存款；

2. 产品物资；

3. 固定资产；

4. 生物资产；

5. 对外投资；

6. 其他资产。

（五）债权债务

1. 应收单位和个人欠款；

2. 金融机构贷款；

3. 应付单位和个人款项；

4. 其他债权债务。

（六）净资产

1. 实收资本（股本）；

2. 资本公积；

3. 盈余公积；

4. 未分配利润。

（七）收益分配

1. 利润总额；

2. 提取盈余公积数额；

3. 外来投资分利数额；

4. 成员分配数额；

5. 其他分配数额。

（八）各类资源

包括集体所有的耕地、林地、草地、园地、滩涂、水面、“四荒地”、集体建设用地等。

（九）其他需要公开的事项

第六条　村集体经济组织应当按规定的公开内容进行逐项逐笔公开。下列事项，应当专项公开：

（一）集体土地征收补偿及使用情况

1. 土地补偿费期初账面结余金额；

2. 本期土地补偿费使用项目及金额；

3. 期末结余土地补偿费金额。

（二）集体资产资源发包、租赁、出让、投资情况

1. 发包、租赁、出让、投资合同应兑现金额；

2. 当期合同实际兑现金额；

3. 当年合同累计兑现金额。

（三）集体工程招投标情况

1. 工程项目招投标方案；

2. 评标结果；

3. 工程预算；

4. 工程质量验收报告；

5. 工程决算。

（四）其他需要进行专项公开的事项

第七条　村集体经济组织财务公开时，应注明主要负责人集中答疑的具体时间、地点和参加人员等。

第八条　村集体经济组织财务公开可以结合成员代表例会进行，但至少每季度公开一次；财务往来较多的，收支情况应当每月公开一次，具体公开时间由所在区（县）农村经营管理部门统一确定。对于多数成员或民主理财监督机构要求公开的内容，应当及时单独进行公开。涉及村集体经济组织及其成员利益的重大事项应当随时公开。

第九条　村集体经济组织应当设置固定的公开栏进行财务公开。同时，也可以通过电子触摸屏、广播、网络、村报、“明白卡”、会议等形式进行辅助公开。

第十条　村集体经济组织财务公开内容必须真实可靠。财务公开前，应当由民主理财监督机构对公开内容的真实性、完整性进行审核，提出审查意见并签字或加盖印章。财务公开资料经村集体经济组织负责人、民主理财监督机构负责人和主管会计签字后公开，并报乡（镇）农村经营管理部门备案。

第十一条　村集体经济组织主要负责人应当在财务公开之日起五日内安排专门时间，集中解答群众提出的质疑和问题，听取群众的意见和建议，民主理财监督机构成员列席。对群众反映的问题要及时答复解决；一时难以答复解决的，要作出解释。不得对提出和反映问题的群众进行压制或打击报复。

第十二条　乡（镇）、村两级要建立村集体经济组织财务公开档案管理制

度，及时搜集、整理财务公开档案，并妥善保存。财务公开档案应当包括财务公开内容及审查、审核资料，成员意见、建议及处理情况记录等。

第十三条　村集体经济组织成员享有下列监督权：

（一）有权对公开的内容提出质疑；

（二）有权委托民主理财监督机构查阅审核有关财务账目；

（三）有权要求有关当事人对财务问题进行解释或解答；

（四）督促村集体经济组织对反映查实后的问题进行整改；

（五）有权逐级反映财务公开中存在的问题，提出意见和建议。

第十四条　村集体经济组织民主理财监督机构行使下列监督权：

（一）参与制定本集体经济组织的财务计划和各项财务管理制度；

（二）审核原始凭证，查阅有关财务账目及相关的经济活动事项，否决不合规开支。对否决有异议的，可提交村集体经济组织成员会议或成员代表会议讨论决定；

（三）对财务公开情况进行检查和监督，对公开中有关问题提出处理建议；

（四）向上一级部门反映有关财务和公开中存在的问题。

第十五条　村集体经济组织民主理财监督机构应当自觉接受村党支部和村务监督委员会的工作指导，依法依规履行监督职责，定期向成员会议或成员代表会议汇报民主理财和财务公开监督工作情况，不得徇私舞弊、滥用职权。

第十六条　市、区（县）农村经营管理部门和乡（镇）党委、政府行使下列指导和监督职责：

（一）指导和监督村集体经济组织依照本办法实行财务公开；

（二）指导和监督村集体经济组织建立健全财务公开制度；

（三）对财务公开中存在的问题进行查处。

第十七条　对违反本办法的村集体经济组织和会计委托代理服务机构，由市、区（县）农村经营管理部门和乡（镇）党委或政府责令限期纠正；仍不纠正的，由区（县）纪检监察机关和乡（镇）党委或政府依照有关规定给予相关责任人相应处分。

第十八条　区（县）、乡（镇）两级应将执行本办法纳入党委和政府工作的目标管理，作为考核乡（镇）、村干部的重要内容，定期检查和监督。

第十九条　各区（县）可以根据本办法，结合当地实际情况，制定具体实施细则。

第二十条　本办法自2012年10月1日起施行。

湖南省农村集体经济组织财务公开办法

第一条　为进一步加强农村集体经济组织财务管理和民主监督，促进农村经济发展和农村社会稳定，维护农村集体经济组织和农民群众利益，根据《农业部监察部关于印发〈农村集体经济组织财务公开规定〉的通知》（农经发〔2011〕13号）和《中共湖南省委办公厅湖南省人民政府办公厅印发〈关于建立村务监督委员会的意见〉通知》（湘办发〔2011〕31号）要求，结合我省实际，制定本办法。

第二条　本办法适用于按村或村民小组设置的农村集体经济组织（以下称村集体经济组织）。代行村集体经济组织职能的村民委员会（村民小组）、撤村后代行原村集体经济组织职能的农村社区（居委会），适用本办法。

第三条　村集体经济组织实行财务公开制度。村集体经济组织应当将其财务活动情况、有关账目，以便于群众理解和接受的形式如实向全体成员公开，接受成员监督。实行村级会计委托代理服务的，代理机构应当按规定及时提供相应的财务公开资料，并指导、帮助和督促村集体经济组织依法进行财务公开。

第四条　村集体经济组织要建立健全村务监督组织机构，强化工作措施，充分发挥其民主监督作用。村务监督委员会由村集体经济组织成员会议或者成员代表会议推选产生，成员设置依村规模和理财工作量大小确定，一般为3至5人；村干部、财会人员及其近亲属不得担任村务监督委员会成员。县级农村经营管理部门和乡镇人民政府（街道）、纪委（纪工委）对村集体经济组织财务公开工作给予指导、支持和帮助，督促引导村务监督委员会对村集体经济组织财务公开实行有效监督。

第五条　村集体经济组织财务公开的内容包括：

（一）财务计划

1. 财务收支计划；

2. 固定资产购建计划；

3. 农业基本建设计划；

4. 公益事业建设及“一事一议”筹资筹劳计划；

5. 集体资产经营与处置、资源开发利用、对外投资等计划；

6. 收益分配计划；

7. 误工补贴标准制订；

8. 土地承包经营权流转方案；

9. 征地补偿费的使用、分配方案；

10. 经集体经济组织成员会议或成员代表会议确定的其他财务计划。

（二）各项收入

1. 产品销售收入、资产资源租赁收入、服务收入等集体经营收入；

2. 发包及上交收入；

3. 投资收入；

4. “一事一议”筹资及以资代劳款项；

5. 村级组织运转经费财政补助款项；

6. 上级专项补助款项；

7. 救灾扶贫款项；

8. 上级下拨的专项工程款项，包括道路、水利、卫生、教育等公益设施建设款项；

9. 征占土地补偿款项；

10. 社会捐赠款项；

11. 资产处置收入；

12. 其他收入。

（三）各项支出

1. 集体经营支出；

2. 村组（社）干部报酬；

3. 报刊费支出；

4. 办公费、差旅费、会议费、卫生费、治安费等管理费支出；

5. 集体公益福利支出；

6. 固定资产购建支出；

7. 征占土地补偿支出；

8. 救济扶贫专项支出；

9. 社会捐赠支出；

10. 误工补贴支出；

11. 各类补贴发放支出；

12. 其他支出。

（四）各项资产

1. 现金及银行存款；

2. 产品物资；

3. 固定资产；

4. 农业资产；

5. 对外投资；

6. 其他资产。

（五）各类资源

包括集体所有的耕地、林地、草地、园地、滩涂、水面、“四荒地”、集体建设用地等。

（六）债权债务

1. 应收单位和个人欠款；

2. 银行（信用社）贷款；

3. 欠单位和个人款；

4. 其他债权债务。

（七）收益分配

1. 收益总额；

2. 提取公积金、公益金数额；

3. 提取福利费数额；

4. 外来投资分利数额；

5. 成员分配数额；

6. 其他分配数额。

（八）财务制度执行情况。包括村账乡代管、收支管理、财务审批、财务审计、民主理财等制度落实情况。

（九）其他需要公开的事项

第六条　村集体经济组织应当按规定的公开内容进行逐项逐笔公开，下列事项应当专项公开：

（一）集体土地征占补偿及分配情况；

（二）集体资产资源发包、租赁、出让、投资及收益（亏损）情况；

（三）集体工程招投标及预决算情况；

（四）“一事一议”筹资筹劳及财政奖补资金使用情况；

（五）救灾救济、社会捐赠款物的管理使用情况；

（六）其他需要进行专项公开的事项。

第七条　村集体经济组织财务公开内容必须真实可靠。财务公开前，应当由民主理财小组对公开内容的真实性、完整性进行审核，提出审查意见。财务公开资料经村集体经济组织负责人、民主理财小组和主管会计签字后公开，并报乡（镇）农村经营管理机构备案。

第八条　村集体经济组织财务公开形式，要坚持方便实用、因地制宜的原则，由县级农村经营管理部门统一公开格式，采取群众便于接受的方式进行。

（一）利用村务公开栏公布。村集体经济组织须在村委会（村部）及各自然村人口密集、主要交通路口等地设置财务公开栏，按照要求向成员公布，并及时更新公开内容。

（二）利用召开村组干部会、村民代表会、村民大会等时机进行公布。

（三）利用广播电视、《阳光三农网》、QQ 和微信等现代媒体平台向外出务工成员公布。

第九条　村集体经济组织财务至少每季度公开一次，财务往来较多的，财务收支每月公开一次，并在每季度首月或者每月 15 日前公布上一个季度或者上一个月的财务活动情况。对于多数成员或民主理财小组要求公开的内容，应当及时单独进行公开。涉及村集体经济组织和成员利益的征用土地、宅基地审批、救灾救济款物发放、各类惠农补贴发放、公益事业建设、资产资源变动等重大事项应当随时公开，公开期不得少于 7 个工作日。

第十条　村集体经济组织财务公开按照以下程序进行：

（一）村集体经济组织按照要求提出公开内容；

（二）村务监督委员会对财务公开的内容、方式、时间和程序进行审查，对审查不符合规定的，要督促村集体经济组织及时进行修改完善；

（三）提交村党组织和村民委员会联席会议讨论确定；

（四）向村集体经济组织成员公开。

第十一条　村集体经济组织财务公开后，自公布之日起30日内，其成员对公开内容有质疑的，可以口头或书面形式，向村集体经济组织咨询或者向村务监督委员会投诉。村集体经济组织须对成员咨询与投诉在10个工作日内予以答复解决；一时难以答复解决的，要作出解释。不得对提出和反映问题的群众进行压制或打击报复。村务监督委员会对群众反映的问题应当及时进行调查，确有内容遗漏或者不真实的，应当督促村集体经济组织进行完善公开内容。

第十二条　乡镇（街道）、村两级要建立村集体经济组织财务公开档案管理制度，及时搜集、整理财务公开档案，并妥善保存。财务公开档案应当包括财务公开内容及审查、审核资料、成员意见、建议及处理等情况的资料。

第十三条　村务监督委员会应当接受乡镇（街道）农村经营管理机构的业务指导，依法履行监督职责，定期向村民会议或村民代表会议报告财务公开监督工作情况，不得徇私舞弊、滥用职权。村务监督委员会成员监督不力、怠于履职的，村集体经济组织成员大会或成员代表会议应当终止其职务。

第十四条　村集体经济组织成员对会计委托代理服务机构和村集体经济组织违反本办法，财务不公开或者公开不及时、弄虚作假等问题，有权逐级向上级党组织、政府及有关主管部门反映。乡镇（街道）及有关主管部门接到反映后15个工作日内负责调查核实，经查证属实的，应当督促其予以整改；村集体经济组织应当将整改结果及时反馈乡镇（街道）、有关主管部门和成员。

第十五条　乡镇（街道）对违反本办法的会计委托代理服务机构和村集体经济组织，应当进行批评教育，并责令其限期改正；发现对提出和反映问题的村集体经济组织成员进行压制或打击报复的，要依据相关规定追究有关人员的责任。

第十六条　建立村级财务公开责任追究制度。村集体经济组织成员大会或成员代表会议对财务公开不及时、内容不全面、弄虚作假，或者不实行财务公开的村集体经济组织，应当提出批评并要求其限期改正；对拒不改正的，应依据有关规定予以调查处理，依法罢免主要负责人的职务。

第十七条　本办法自发布之日起执行。

河南省农村集体经济组织财务公开实施办法

第一章　总则

第一条　为了加强对农村集体经济组织财务活动的管理和民主监督，促进社会主义新农村建设和农村改革发展稳定，根据农业部、监察部《农村集体经济组织财务公开规定》，结合我省实际，制定本实施办法。

第二条　农村集体经济组织财务公开，是指集体经济组织应当将其财务活动情况及其有关账目，以符合相关规定的形式定期按时向全体成员公开，接受成员监督。

第三条　财务公开应当坚持依法依纪，全面真实，方便群众，注重实效的原则。

第四条　本办法适用于按村或村民小组设置的集体经济组织（以下称村集体经济组织）。代行村集体经济组织职能的村民委员会（村民小组）、撤村后代行原村集体经济组织职能的农村社区（居委会）、村集体经济组织产权制度改革后成立的股份合作经济组织，适用本办法。

第二章　财务公开的内容

第五条　村集体经济组织财务公开的内容包括：

（一）财务计划

1. 财务收支计划；

2. 固定资产购建计划；

3. 农业基本建设计划；

4. 公益事业建设及“一事一议”筹资筹劳计划；

5. 集体资产经营与处置、资源开发利用、对外投资等计划；

6. 收益分配计划；

7. 误工补贴标准；

8. 土地承包经营方案；

9. 征地补偿费的使用、分配方案；

10. 经村集体经济组织成员会议或成员代表会议讨论确定的其他财务计划；

11. 其他应当公开的计划或方案。

（二）各项收入

1. 产品销售收入、租赁收入、服务收入等集体经营收入；

2. 发包及上交收入；

3. 投资收入；

4. “一事一议”筹资及以资代劳款项；

5. 村级组织运转经费财政补助款项；

6. 上级专项补助款项；

7. 征占土地补偿款项；

8. 救济扶贫款项；

9. 社会捐赠款项；

10. 资产处置收入；

11. 其他收入。

（三）各项支出

1. 集体经营支出；

2. 村组（社）干部报酬；

3. 报刊费支出；

4. 办公费、差旅费、会议费、卫生费、治安费、车辆购置及燃油费、修理费等管理费支出；

5. 集体公益福利支出；

6. 固定资产购建支出；

7. 征占土地补偿支出；

8. 救济扶贫专项支出；

9. 社会捐赠支出；

10. 其他支出。

（四）各项资产

1. 现金及银行存款；

2. 产品物资；

3. 固定资产；

4. 农业资产；

5. 对外投资；

6. 其他资产。

（五）各类资源

包括集体所有的耕地、林地、草地、园地、滩涂、水面、“四荒地”、集体建设用地等。

（六）债权债务

1. 应收单位和个人欠款；

2. 银行（信用社）贷款；

3. 欠单位和个人款；

4. 其他债权债务。

（七）收益分配

1. 收益总额；

2. 提取公积公益金数额；

3. 提取福利费数额；

4. 外来投资分利数额；

5. 成员分配数额；

6. 其他分配数额。

（八）其他需要公开的事项

村集体经济组织应当按以上规定的内容进行逐项逐笔公开。

第六条　村集体经济组织下列事项，应当专项公开：

（一）集体土地征占补偿收入及分配、使用情况；

（二）集体资产资源发包、租赁、出让、投资合同签订和执行情况及收益（亏损）情况；

（三）集体工程招投标及预决算情况；

（四）“一事一议”筹资筹劳及财政奖补资金管理使用情况；

（五）水电费的价格、用量和代收代缴情况；

（六）救灾救济、社会捐赠款物的管理使用情况；

（七）涉及村集体经济组织及其成员利益的其他事项；

（八）其他需要进行专项公开的事项。

第三章 财务公开的时间和形式

第七条 村集体经济组织财务至少每季度公开一次；财务往来较多的，收支情况应当每月公开一次。村集体经济组织应当在每季度或每月结束后 10 日内公开集体财务；本办法第六条所列内容应当随时公开。

三分之一以上成员或村务监督委员会要求公开的内容，应当及时单独进行公开。涉及集体经济组织及其成员利益的重大事项应当随时公开。

第八条 村集体经济组织应当在方便群众阅览的地方设置长期固定的公开栏进行财务公开；张贴公开公示时间不少于 7 天。同时，也可以通过广播、网络、“明白纸”、会议、电子触摸屏等形式进行辅助公开。

第四章 财务公开的程序

第九条 村集体经济组织财务公开内容必须真实可靠。财务公开前，应当由村务监督委员会对公开内容的真实性、完整性进行审核，提出审查意见。财务公开资料经村集体经济组织负责人、村务监督委员会负责人和报账员签字，并报农村集体“三资”委托代理服务中心审核备案。

第十条 村集体经济组织主要负责人应当在财务公开之日起及时解答群众提出的质疑和问题，听取群众的意见和建议。一时难以答复解决的，要作出解释。不得对提出和反映问题的群众进行压制或打击报复。

第十一条 乡（镇）农村集体“三资”委托代理服务中心、村两级都要建立村集体经济组织财务公开档案管理制度，及时搜集、整理财务公开档案，并妥善保存。财务公开档案应当包括记载和反映有关会议、财务公开内容及审查、审核资料，村集体经济组织成员意见、建议及处理情况记录，财务张贴公开副本及其它公开副本等。

第五章 财务公开的组织与管理

第十二条 行政村村民委员会（村民小组）、城区（农村社区）居民委员会是村集体经济组织财务公开的主体，负责实施财务公开，乡镇（办事处）“三

资”委托代理服务中心应当按规定及时提供相应的财务公开资料，并指导、帮助、督促村集体经济组织进行财务公开。

第十三条　村集体经济组织成员享有下列监督权：

（一）有权对公开的内容提出质疑；

（二）有权委托村务监督委员会查阅审核有关财务账目；

（三）有权要求有关当事人对财务问题进行解释或解答；

（四）有权逐级反映财务公开中存在的问题，提出意见和建议。

第十四条　村务监督委员会对财务公开活动进行监督，督促集体经济组织及时进行财务公开。

第十五条　村务监督委员会享有下列监督权：

（一）全程参与监督制定本村集体的财务计划和各项财务管理制度；

（二）审核原始凭证，查阅有关财务账目及相关的经济活动事项，否决不合规开支。村集体经济组织主要负责人对否决有异议的，可将否决事项提交村集体经济组织全体成员会议或成员代表会议讨论决定；

（三）对财务公开情况进行检查和监督，对公开中有关问题提出处理建议；

（四）及时向有关人员反馈委托查阅审核有关财务账目的情况和结果；

（五）督促村集体经济组织对反映查实后的问题进行整改；

（六）向上一级部门反映有关财务和公开中的问题。

第十六条　村务监督委员会应当自觉接受乡（镇）党委、政府、纪委及县级以上农村经营管理部门的有关业务工作指导，依法依规履行监督职责，定期向全体成员会议或成员代表会议汇报民主理财和财务公开监督工作情况，不得徇私舞弊、滥用职权。村务监督委员会监督不力、怠于履行职责的，全体成员会议或成员代表会议可按照法律法规启动罢免程序，依法终止或暂停其行使职务。

第十七条　县级以上农村经营管理部门和乡（镇）党委、政府行使下列指导和监督职责：

（一）指导和监督村集体经济组织依照本规定实行财务公开；

（二）指导和监督村集体经济组织建立健全财务公开制度；

（三）对村集体经济组织财务公开结果进行抽查审计；

（四）对财务公开后村集体经济组织成员反映的突出问题实施审计；

（五）对财务公开中存在的问题进行查处。

第十八条 对违反本实施办法的村集体经济组织和农村集体“三资”委托代理服务中心，由县级以上农村经营管理部门和乡（镇）党委或政府责令限期纠正，仍不纠正的，由纪检监察机关依照有关法律法规追究相关责任人的责任；涉嫌犯罪的，移交司法机关处理。

第六章 附则

第十九条 县、乡两级应将执行本实施办法纳入党委和政府工作的目标管理，作为考核农村基层干部的重要内容，定期检查和监督，并严格兑现奖惩。

第二十条 本实施办法自发布之日起施行。

后　记

本书是作者齐金勃、李百超2017年承担的河北省社会科学基金项目“河北省农村财务治理机制创新研究”（项目编号：HB17GL098）的研究成果。

本书成稿于2018年底，但是稿件修改需要一个过程，考虑到进度应该服从质量，因此并未着急出版，项目组成员结合国家新出台的有关政策文件，进一步吸收借鉴学界研究的新成果，继续进行补充与修改，其中有些章节还做出了较大调整。项目负责人齐金勃对全书进行了统改。

河北农业大学赵邦宏教授、王建中教授、赵慧峰教授、路剑教授、许月明教授，河北大学成新轩教授、孙健夫教授为本书提出了很重要的学术指导意见，在此表示衷心感谢！同时感谢河北省哲学社会科学规划办公室为本项目立项所提供的支持，感谢河北省哲学社会科学规划办公室、中央司法警官学院的领导和同志们为本项目的完成所提供的支持和帮助。

本书在编写过程中，作者参考了许多著作、论文，在书末列出了主要参考文献，在此向所有参考著作和论文的原作者表示衷心的感谢。

由于作者水平有限，所以书中疏漏与不足之处在所难免，恳请广大读者批评指正并提出宝贵意见，以便进一步修改完善。

2019年7月15日